HANS GEORG SCHÜTZE

Der Erlaß von Rechtsvorschriften durch die Bundeswirtschaftsverwaltung in den USA

Schriften zum Öffentlichen Recht

Band 245

Der Erlaß von Rechtsvorschriften durch die Bundeswirtschaftsverwaltung in den USA

Eine rechtspolitische Untersuchung der rechtsstaatlichen Sicherungen und politischen Kontrollen der Rechtsetzung im „administrative process“

Von

Dr. Hans Georg Schütze LL. M. (Berkeley)

DUNCKER & HUMBLOT / BERLIN

Gedruckt 1974 bei Buchdruckerei Bruno Luck, Berlin 65
Printed in Germany
ISBN 3 428 03198 9

Meinen deutschen und amerikanischen Freunden
als Dank für ihr Verständnis für mein bisweilen
ungeselliges Verhalten, als diese Arbeit entstand

Vorwort

Diese Arbeit hat im Sommersemester 1973 der Juristischen Fakultät der Universität Göttingen als Dissertation vorgelegen. Sie ist zweimal geschrieben worden. Das weitgehend abgeschlossene Manuskript verschwand irgendwo zwischen San Francisco und New York aus einem Greyhound-Bus, zusammen mit dem Koffer, in dem es sich befand. Dieser unglückliche Umstand hatte die glückliche Folge, daß ich noch einmal für wenige Monate an meine amerikanische Universität, der Boalt Hall in Berkeley (Kalifornien) zurückkehren mußte und konnte, um anhand eines zufällig erhaltenen Literaturverzeichnisses für die erste Fassung noch einmal von vorn anzufangen.

Für die Anregung zu dieser Arbeit bin ich meinem Lehrer, Herrn Professor Peter Badura, München, zu Dank verpflichtet, der nicht nur mein Interesse für das öffentliche Recht geweckt, sondern auch den Fortgang und Wiederbeginn dieser Arbeit durch Ermunterung und Kritik gefördert hat. Dem Deutschen Akademischen Austauschdienst bin ich für das Stipendium dankbar, das mir den Aufenhalt in den USA ermöglicht hat. Bei der Vorbereitung für den Druck haben mir Heidi Merk, Dr. Hartmut Friedemann und besonders Heather Jean Rader geholfen. Herrn Dr. J. Broermann danke ich für die Aufnahme der Arbeit in die Reihe der Schriften zum öffentlichen Recht.

Hannover, den 10. Mai 1974

H. G. S.

Inhaltsverzeichnis

Einführung

Erster Teil

Zweiter Teil

Abkürzungsverzeichnis

Die allgemeingebräuchlichen deutschen Abkürzungen werden hier nicht aufgeführt.

Amerikanische Abkürzungen

ABA	=	American Bar Association
APA	=	Administrative Procedure Act
CAB	=	Civil Aeronautics Board
Cal.	=	California
Cir.	=	Circuit
FCC	=	Federal Communications Commission
FTC	=	Federal Trade Commission
FPC	=	Federal Power Commission
F. Supp.	=	Federal Supplement
F. 2d	=	Federal Reporter Second Series
ICC	=	Interstate Commerce Commission
I.C.C.	=	Reports of the Interstate Commerce Commission
Ind.	=	Indiana
IRC	=	Independent Regulatory Commission
NLRB	=	National Labor Relations Board
N. E.	=	North Eastern Reporter
N. W.	=	North Western Reporter
SEC	=	Securities and Echxange Commission
US	=	United States Supreme Court Reports
U.S.	=	United States
USC	=	United States Code
v.	=	versus
Wheat.	=	Wheaton (Reihe für Supreme Court-Entscheidungen von 1816 bis 1827)

Zitierweise

Die Entscheidungen amerikanischer Gerichte sind in verschiedenen Entscheidungssammlungen („Reporter") enthalten.

Sie werden folgendermaßen zitiert: Name der Parteien, Band der Entscheidungssammlung, deren abgekürzter Name, Seitenzahl und Jahreszahl, z. B. *Kilbourn v. Thompson*, 103 US 168 (1881). Die Entscheidungen der Supreme Court werden nach den United States Supreme Court Reports zitiert, mit Ausnahme der frühen Entscheidungen, die in den Reihen *Cranch* oder *Wheaton* enthalten sind. Die Entscheidungen der unteren Bundesgerichte erscheinen im *Federal Reporter* und *Federal Supplement;* bei ihnen wird zusätzlich noch das entscheidende Gericht angegeben, z. B. *Yellow Freight Transit Lines v. U.S.*, 221 F. Supp. 465 (N.D. Texas 1963), d. h. die Entscheidung stammt vom erstinstanzlichen Bundesgericht für den Northern District of Texas.

Die Entscheidungen der unabhängigen Regulierungsbehörden werden in den Entscheidungssammlungen der Behörden nach demselben Prinzip zitiert.

Die Zitierweise der Zeitschriftenliteratur ist ähnlich. Nach Autorennamen und Titel des Aufsatzes folgt die Bandzahl der Zeitschrift, dann deren Name, sodann Seitenzahl und Jahreszahl, z. B. *Fuchs*, Agency Development of Policy Through Rule Making, 59 Northwestern University Law Review 781 (1965). Um den deutschen Leser nicht zu sehr zu verwirren, werden die Zeitschriften stets mit dem unabgekürzten Namen zitiert.

Die amerikanischen Gesetzesstellen werden nach dem United States Code zitiert, der dem deutschen Bundesgesetzblatt Teil III entspricht. Die Bandzahl wird wieder jeweils vorausgestellt, z. B. 15 USC § 469.

Einführung

§ 1. Ziel und Problemstellung der Arbeit

Zu den wichtigsten Erscheinungen des modernen Sozial- und Planungsstaates gehört es, daß das Parlament als institutioneller Träger der Gesetzgebungsgewalt nicht mehr in der Lage ist, die einer Normierung bedürftigen Materien vorausschauend, abstrakt und abschließend durch Gesetz zu regeln, so daß ein großer Teil der staatlichen Regelungsgewalt in zunehmendem Maße auf die Exekutive übergeht. Diese Tendenz oder eher: Zwangsläufigkeit tritt im Bereich der staatlichen Wirtschaftsaufsicht und -lenkung angesichts der technischen Kompliziertheit und der Detailliertheit der Regelungen auf der einen, und des Zwanges zu schnellem und flexiblem staatlichen Handeln auf der anderen Seite besonders deutlich hervor. Technischer Mechanismus für die Kompetenzverlagerung ist die Delegation, d. h. die gesetzgeberische Ermächtigung zum Erlaß untergesetzlicher Normen. Diese Erscheinung der Funktionenverlagerung ist allen modernen Staaten mit einem demokratischen und gewaltenunterscheidenden Regierungssystem gemein. Die jeweilige Ausgestaltung in den verschiedenen Rechtssystemen unterscheidet sich aber hinsichtlich der Art der Ermächtigung, der Organisationsform des Ermächtigungsempfängers, des Verfahrens der Ausübung der übertragenen Befugnisse, der politischen Kontrolle des Ermächtigungsempfängers und der gerichtlichen Nachprüfung seiner Akte.

a) Ziel und Gang der Arbeit

Diese Arbeit will den hier angesprochenen Problemkreis für die USA untersuchen. Auf die Frage, was eine solche Darstellung leisten kann, steht als Antwort die klärende Bedeutung der Antithese zu dem eigenen Rechtssystem und seiner Ausgestaltung der Problemlösung[1]. Klärend kann sie mit zweierlei Zielrichtung sein. „Jede Rechtstheorie wird heute angesichts der noch zunehmenden Gleichartigkeit der Lebensverhältnisse und Rechtsüberzeugungen in großen Teilen der Welt ihre Ergebnisse auch rechtsvergleichend gewinnen und überprüfen müssen, und zwar um so mehr auch durch die Vergleichung öffentlicher Rechte, je

---

[1] *Morstein Marx*, Amerikanische Verwaltung — Hauptgesichtspunkte und Probleme, Berlin 1963, S. 13 ff. und 175 ff.

stärker die öffentliche Gewalt hoheitlich in den Rechtsverkehr eingreift[2].“ Die Erörterung der ausländischen Lösung eines öffentlichrechtlichen Problems kann aber auch nur dazu dienen, die spezifische Lösung im eigenen Rechtssystem in klarerem Licht erscheinen zu lassen[3]. Vor allem dieses letztere Ziel verfolgt diese Arbeit.

Voraussetzung hierfür ist, daß sowohl die untersuchte Problemstellung im Grundsätzlichen gleich als auch das ausländische Verfassungssystem dem eigenen ähnlich[4] ist. Das trifft für den hier dargestellten amerikanischen Rechtskreis zu. Dabei werden die zum Teil beträchtlichen sozialen, politischen, wirtschaftlichen und kulturellen Unterschiede nicht verkannt. Es bestehen aber gerade im Bereich der Wirtschaftsverwaltung grundlegende Gemeinsamkeiten[5]. Wie die Bundesrepublik stehen die USA, gleichermaßen hochindustrialisiert und demokratisch-repräsentativ regiert, vor der Aufgabe, ein durch Privateigentum, Privatautonomie, Vertrags- und Gewerbefreiheit gekennzeichnetes Wirtschaftssystem den Bedürfnissen des modernen Sozialstaates anzupassen. Die Notwendigkeit staatlicher Aufsicht, Lenkung und Planung tritt allerdings in den USA dadurch quantitativ in besonderem Maße hervor, daß sowohl die Versorgungs- und Verkehrsbetriebe, als auch der Telephon- und Telegrammdienst, sowie die Massenmedien Funk und Fernsehen ganz überwiegend im Privateigentum stehen. Als Alternative zu den bei uns vorherrschenden Verwaltungsmonopolen der Daseinsvorsorge und der öffentlich-rechtlichen Trägerschaft der drahtlosen Massenmedien bieten hier — zum Teil ebenfalls monopolistische — Unternehmungen der Privatwirtschaft Leistungen an, an denen ein besonderes öffentliches Interesse besteht und die daher einer intensiven staatlichen Regelung und Aufsicht, insbesondere hinsichtlich des Umfangs und der Art ihrer Leistungserbringung und der Höhe ihrer Tarife unterliegen (sog. „public utilities“).

Die Entwicklung der zunehmenden Übertragung rechtsetzender Gewalt auf die Verwaltung in diesem Bereich am Beispiel der USA aufzuzeigen, scheint deshalb von besonderem Interesse, weil diese, obwohl an dem europäischen, besonders dem deutschen Beispiel zentraler staatlicher Wirtschaftslenkung orientiert[6], in den unabhängigen Regu-

---

[2] *Kaiser*, Vergleich im öffentlichen Recht — Einleitung, in: ZaöRV Bd. 24 (1964), S. 391 ff., 393.

[3] *Fraenkel*, Das amerikanische Regierungssystem, 2. Aufl., Köln 1962, S. 13, benutzt hierfür als Beispiel die Muttersprache, die man erst nach Studium einer fremden Sprache voll begreifen könne.

[4] Vgl. *Bernhardt*, Eigenheiten und Ziele der Rechtsvergleichung im öffentlichen Recht, ZaöRV Bd. 24 (1964), S. 431 ff., 436.

[5] Vgl. für das deutsche und das amerikanische Verwaltungssystem insgesamt *Morstein Marx*, Amerikanische Verwaltung, S. 12.

[6] Vgl. z. B. den Brief *Laskis* an *Holmes* vom 2. Januar 1916: "I suppose American worship of regulation has two main roots (1) the national reaction

lierungsbehörden und im „administrative process" Instrumente bzw. Verfahren staatlicher Kontrolle und Beeinflussung gefunden haben, die bei uns keine Entsprechung haben und einen alternativen Weg, einen „originellen Beitrag ... zur Entwicklung des modernen Verwaltungsstaates"[7] darstellen.

Diese Arbeit soll nun aber nicht rechtsvergleichend in dem Sinne sein, daß sie gleichgewichtig die deutsche und amerikanische Lösung nebeneinanderstellt, vielmehr soll die deutsche Problemlage nur einführend kurz berührt, im wesentlichen aber als bekannt vorausgesetzt werden. Rechtsvergleichend ist sie aber insoweit, als sie bewußt auf den deutschen Leser und dessen Problembewußtsein und Begriffsapparat abstellt und insofern doch eine Gegenüberstellung ist. Als solche kann sie sich jedoch nicht mit der Darstellung der fremden Strukturen oder Institutionen begnügen, also Verwaltungsbehörde mit Verwaltungsbehörde oder Preisgesetz mit Preisgesetz gleichsetzen (schon deshalb nicht, weil oft diese Strukturen im anderen Rechtssystem keine Entsprechung finden), sondern muß funktional vergleichen, d. h. von der Grundlage der gemeinsamen Problemstellung her andersartige Problemlösungen in ihren Bedingungen und Grenzen aufzeigen[8].

Daß eine solche Untersuchung notwendig über den Bereich des rein Rechtlichen hinausgeht, liegt in der Natur der untersuchten Problematik. Die verfassungsrechtlichen Institutionen und die ihren Tätigkeitsbereich normierenden Rechtsvorschriften sind eingebettet in verfassungshistorische und besonders politische Bezüge, ohne deren skizzenhafte Erwähnung jene unverständlich bleiben müßten[9]. Eine damit zusammenhängende Schwierigkeit der Darstellung eines ausländischen Rechtsproblems besteht darin, mit Rechtsbegriffen arbeiten zu müssen, die, mit spezifisch rechtshistorischem und politischem Inhalt gesättigt, nicht übersetzbar sind, weil sie kein Äquivalent in der deutschen Ter-

---

from the late period of laissez-faire and (2) an admiring imitation of the success of centralization in Germany.", in: Howe (Hrsg.), The Correspondence of Mr. Justice Holmes and Harold J. Laski, 2 Bde., 1953, Bd. 1, S. 50.

[7] *Fraenkel*, S. 204 f.

[8] Zur funktionalen Vergleichung siehe *Luhmann*, Theorie der Verwaltungswissenschaft — Bestandsaufnahme und Entwurf, Köln 1966, S. 58 f. und 103 ff.; *Scharpf*, Die politischen Kosten des Rechtsstaats — Eine vergleichende Studie der deutschen und amerikanischen Verwaltungskontrollen, Tübingen 1970, S. 12 f.; *Almond/Powell*, Comparative Politics: A Development Approach (1966).

[9] Vgl. *Strebel*, Vergleichung und vergleichende Methode im öffentlichen Recht, ZaöRV Bd. 24, S. 405 ff., 411 f. und *Bernhardt*, S. 435. — Dieser Zusammenhang kommt in den USA dadurch sichtbar zum Ausdruck, daß Teile der bei uns im öffentlichen Recht angesiedelten Materien, wie die Staatslehre und Teile des Staats- und Verwaltungsrechts, nicht der Rechts-, sondern der Politikwissenschaft unterfallen; vgl. dazu *Saipa/Schütze*, Das öffentlichrechtliche Schrifttum in den Vereinigten Staaten von Amerika — Überblick und Analyse, AöR Bd. 96 (1971), S. 113 ff., 113 f. und 129 f.

minologie haben. „Due process of law“, „government“, „administration“ oder „policy“ sind Beispiele, die entweder überhaupt nicht sinnvoll wörtlich übersetzt werden können, oder deren Übersetzung im Deutschen vergleichsweise zu enge oder zu weite Bedeutung haben. Aus diesem Grunde soll der überwiegenden Übung jüngerer rechtsvergleichender Arbeiten gefolgt und spezifisch amerikanische Begriffe ohne genaue Entsprechung in der weiteren Darstellung auf englisch verwendet werden[10].

Die Arbeit ist folgendermaßen gegliedert:

Zunächst soll in einem kurzen Aufriß der deutschen Problematik der Delegation und der Funktionsverschiebung von Parlament und Regierung allgemein kurz die verschiedenartige Fragestellung und Problemlage des amerikanischen Bereichs gegenübergestellt werden. In dem ersten (überwiegend verwaltungsrechtlichen) Teil wird der Gesamtbereich der Wirtschaftsregulierung im „administrative process“ dargestellt, wobei das Schwergewicht auf Organisation, Verfahren und gerichtlicher Nachprüfung liegt. Im zweiten (verfassungsrechtlichen) Teil wird die Frage der verfassungsrechtlichen Zulässigkeit und Begrenzung der Übertragung von Rechtsetzungsbefugnissen auf die Verwaltung erörtert, wobei das Schwergewicht auf den verfassungstheoretischen Maximen der amerikanischen Gründerzeit liegt. Der dritte Teil behandelt das Delegationsproblem und generell Fragen des Verhältnisses von Kongreß und Exekutive im Bereich der Rechtsetzung im Lichte modernerer politikwissenschaftlicher Theorien und versucht, die Frage nach Legitimation und Kontrolle administrativer Rechtsetzung in den allgemeineren Rahmen des Verhältnisses von Politik und Bürokratie und Politik und Sachverstand zu stellen.

b) Problemlage im deutschen Recht

Angesichts der Erfahrungen der Weimarer Verfassung mit dem unbeschränkten Delegationsrecht[11], dessen großzügiger Gebrauch am Ende den Erlaß eines Gesetzes zur Ausnahme gegenüber dem Regelfall des

---

[10] Zwei Ausnahmen werden davon gemacht. Das förmliche Verfahren zur Entscheidung eines Einzelfalls („adjudication“) wird als „adjudikatorisches Verfahren“ eingedeutscht. Desgleichen wird das Wort „Regulierung“ („regulation“) übernommen, und zwar in der Bedeutung der rechtlichen Regelung wirtschaftlicher Tatbestände und Abläufe, womit es die deutschen Begriffe Wirtschaftslenkung, Wirtschaftsplanung und Wirtschaftsaufsicht einschließt. Zu diesen Begriffen siehe *Badura*, Wirtschaftsverwaltungsrecht, in: v. Münch (Hrsg.), Besonderes Verwaltungsrecht, 3. Aufl., Bad Homburg 1972, S. 239 ff., 279 - 84 und *Bullinger*, Staatsaufsicht in der Wirtschaft, VVDStRL Bd. 22 (1965), S. 264 ff., 286 f., der freilich Wirtschaftslenkung enger definiert.

[11] Vgl. *Anschütz/Thoma*, Handbuch des Deutschen Staatsrechts, 2. Bd., Tübingen 1932, S. 227 und *Triepel*, Delegation und Mandat im öffentlichen Recht, Stuttgart 1942.

Normenerlasses im Verordnungswege werden ließ, ist die Funktion der Gesetzgebung in der demokratischen Ordnung des Grundgesetzes unlösbar mit dem Parlament verbunden[12]. Wenn auch Art. 80 GG vorsieht, daß die Verwaltung zum Erlaß untergesetzlicher Normen ermächtigt werden kann, so soll doch auch im Falle der Delegation der Bundestag Herr des Normensetzungsverfahrens bleiben, indem er Inhalt, Zweck und Ausmaß der Ermächtigung im Gesetz selber bestimmen muß und damit gezwungen wird, „die für die Ordnung eines Lebensbereichs entscheidenden Vorschriften selbst zu setzen und soweit Einzelregelungen der Exekutive überlassen bleiben, sie nach Tendenz und Ausmaß soweit selbst zu bestimmen, daß der mögliche Inhalt der zu erlassenden Verordnung voraussehbar ist"[13].

In der Rechtsprechung des Bundesverfassungsgerichts kehren diese beiden Anforderungen an Verordnungsermächtigungen, nämlich die Voraussehbarkeit der untergesetzlichen Regelung und das Postulat der Selbstentscheidung des parlamentarischen Gesetzgebers zur Bestimmung des in Art. 80 Abs. 1 Satz 2 Grundgesetz enthaltenen Konkretisierungsgebots von Anbeginn regelmäßig wieder. Beide Formeln entsprechen sich zum Teil, stellen aber auf einen verschiedenen Adressaten ab. Während die Selbstentscheidungsklausel sich an das Parlament richtet, den nach dem in der Verfassung verankerten Demokratieprinzip zuständigen Funktionsträger der staatlichen Normsetzung, bezieht sich die Vorhersehbarkeitsformel auf den Bürger als Normadressaten und konkretisiert den im Rechtsstaatsprinzip enthaltenen Gedanken der Rechtssicherheit[14]. Der Bundestag darf den Verordnungsgeber mithin nur soweit zu einer Regelung durch Rechtsverordnung ermächtigen, als er selbst das zu regelnde Sachgebiet (Inhalt), die Grenzen der Regelung (Ausmaß) und eine Art gesetzgeberische Leitlinie oder Programm (Zweck)[15] festgelegt hat.

Hinsichtlich deren Bestimmtheit hat das Bundesverfassungsgericht seinen ursprünglich strengen Maßstab, wonach sich Inhalt, Zweck und

---

[12] *Hesse*, Grundzüge des Verfassungsrechts der Bundesrepublik Deutschland, 6. Aufl., Karlsruhe 1973, S. 203 und 209.

[13] BVerfGE 7, 301.

[14] *Hasskarl*, Die Rechtsprechung des Bundesverfassungsgerichts zu Art. 80 Abs. 1 Satz 2 GG, AöR Bd. 94 (1969), S. 85 ff., 111; ihm folgend *Starck*, Ermächtigung zum Erlaß von Verordnungen, Baden-Baden 1972, S. 46 f.

[15] Die Programm-Formel zur Konkretisierung des Zwecks der Regelung wird seit der Entscheidung über das Kriegsgefangenenentschädigungsgesetz (BVerfGE 5, 71, 77) verwendet. Sie geht ebenso wie die übrigen Auslegungsgrundsätze zu Art. 80 Abs. 1 Satz 2 GG auf Bernhard *Wolff* zurück, Die Ermächtigung zum Erlaß von Rechtsverordnungen nach dem Grundgesetz, AöR Bd. 78 (1952), S. 194 ff. „Programm" wird dort von ihm definiert als „das staatspolitische, rechtspolitische, sozialpolitische, kulturpolitische Ziel, das der Verordnungsgeber erreichen soll, das, was im Englischen mit den schwer übersetzbaren Ausdrücken policy oder standards gemeint ist", S. 197.

Ausmaß grundsätzlich ausdrücklich, jedenfalls aber „mit einwandfreier Deutlichkeit“[16] aus dem Ermächtigungsgesetz ergeben sollten, erheblich gelockert, indem es von dem Grundsatz der Ausdrücklichkeit abgegangen ist und entschieden hat, daß diese Kriterien aufgrund der allgemeinen Auslegungsgrundsätze aus dem Gesetz als ganzem abgeleitet werden könnten[17]. Nach jüngeren Entscheidungen soll auch der Verweis auf Vorschriften und Begriffe anderer Gesetze, ja auch auf Rechtsvorschriften der Europäischen Gemeinschaften für die Inhalts-, Ausmaß- und Zweckbestimmung der Ermächtigung ausreichen[18]. Daß die Kritik an dieser Rechtsprechung[19] zur Rückkehr zu strengeren Maßstäben führt, erscheint im Hinblick auf die Besonderheit wirtschaftsregelnder Ermächtigungen für diesen Bereich unwahrscheinlich[20]. Das Bundesverfassungsgericht hat dazu schon in einer früheren Entscheidung festgestellt, daß solche Ermächtigungen auf die Verwendung allgemeinerer Formeln nicht verzichten könnten. In der hochentwickelten und in hohem Maße vom Ausland abhängigen Wirtschaft der Bundesrepublik seien die sich schnell wandelnden wirtschaftlichen Situationen, die sich als Folge weltpolitischer Krisen ergeben könnten, nicht voraussehbar, daher könne nicht im voraus festgelegt werden, auf welche Weise im einzelnen diesen von solchen Krisen ausgehenden Gefahren wirksam zu begegnen sei. „Angesichts dieses Sachverhalts“, fand das Gericht, „ist dem gesamten Recht der staatlichen Intervention in den Wirtschaftsablauf die Verwendung unbestimmter Begriffe zur Kennzeichnung der Befugnisse der Exekutive geläufig, die allein die notwendigen Regelungen mit gebotener Schnelligkeit erlassen kann“[21].

„Exekutive“, d. h. Delegationsempfänger sind nach Art. 80 GG die Bundesregierung, ein Bundesminister oder — wenn eine bundeseinheitliche Verordnungsregelung nicht erforderlich erscheint — die Landesregierungen[22]. Diese können ihrerseits subdelegieren, wenn das Er-

---

[16] Zuerst in BVerfGE 2, 307 ff.

[17] Zuerst im Preisgesetzbeschluß BVerfGE 7, 301.

[18] BVerfGE 26, 338, 367 und 29, 198, 210.

[19] Vgl. *Hesse*, S. 211; *Hasskarl*, bes. S. 105; *Winkelmann*, Die Rechtsprechung des Bundesverfassungsgerichts zu Art. 80 Grundgesetz, NJW 1959, 961 ff.; *Wilke*, Bundesverfassungsgericht und Rechtsverordnungen, AöR Bd. 98 (1973), S. 196 ff., 230.

[20] Das Gericht ist seitdem auf der Linie des Preisgesetzes geblieben, vgl. *Lange*, Die neuere Rechtsprechung des Bundesverfassungsgerichts zu Rechtsverordnungsermächtigungen, JZ 1968, 417 ff.; die von *Hasskarl* beobachtete erneute Hinwendung zu schärferen Anforderungen an die Bestimmtheitsermittlung (S. 107) ist in späteren Entscheidungen nicht zu erkennen. Vgl. die in FN 18 genannten Entscheidungen.

[21] BVerfGE 8, 274, 311.

[22] Letztere setzen auch aufgrund einer bundesgesetzlichen Ermächtigung *Landes*recht, d. h. die Verordnungen der Landesregierungen teilen nicht den Bundesrechtscharakter der ihnen zugrundeliegenden Ermächtigungsgesetze, vgl. BVerfGE 18, 407 ff., 418 f.; kritisch *Wilke* S. 223.

mächtigungsgesetz es vorsieht. Der Gesetzgeber ist an diese aufgeführten Erstdelegatare gebunden und kann nicht im Wege der vorweggenommenen Subdelegation andere Stellen, etwa den Leiter einer Bundesoberbehörde, zum Erlaß von Rechtsverordnungen ermächtigen. Damit wird verhindert, daß die Verordnungsgewalt auf allzu viele Träger zersplittert wird und erreicht, daß die Subdelegatare der Steuerung und dem korrigierenden Einfluß der Erstermächtigten unterliegen, die im übrigen die Subdelegation jederzeit widerrufen oder durch eigene Verordnungsgebung ihren Willen mit Vorrang vor dem des Subdelegataren durchsetzen können[23].

Was für das Verhältnis von Delegataren zu Subdelegataren gesagt worden ist, gilt auch für das Verhältnis Gesetzgeber und Erstdelegatar. Bei der Übertragung rechtsetzender Befugnisse auf die Verwaltung handelt es sich um den Fall einer konservierenden oder konkurrenzschaffenden Delegation, die zwar einen Zuständigkeitsgewinn der Exekutive, nicht aber aber zugleich einen Zuständigkeitsverlust des Parlaments begründet. „Übertragung“ darf nämlich nicht im bürgerlichrechtlichen Sinne verstanden und mit einer Zession gleichgesetzt werden. Vielmehr entspricht dem Verlust des parlamentarischen Gesetzgebungsmonopols nicht ein Rechtsetzungsmonopol des Verordnungsgebers, sondern die Exekutive wird unter dem Vorbehalt des jederzeitigen Widerrufs an der gesetzgebenden Gewalt beteiligt[24].

Das durch Delegation begründete „Kondominium zwischen Gesetzgeber und Verordnungsgeber“[25] wird deutlich an der Praxis des Bundestages, an gewisse Ermächtigungen den Vorbehalt parlamentarischer Zustimmung zu knüpfen. Neben dem in Art. 80 Abs. 2 GG geregelten Zustimmungsvorbehalt des Bundesrats für Verkehrs- und Förderativverordnungen[26] ist ein solcher Vorbehalt des Bundestages als Gültigkeitsvoraussetzung für Rechtsverordnungen zwar im Grundgesetz nicht vorgesehen, wird aber ganz überwiegend mit der auch vom Bundesverfassungsgericht vertretenen Auffassung, daß Zustimmungsverordnungen dieser Art gegenüber der ungebundenen Delegation ein Minus an Kompetenzverlagerung bedeuteten, als zulässig anerkannt[27]. Dabei

---

[23] *Maunz/Dürig/Herzog*, Grundgesetz, Art. 80 RN 15; *v. Mangoldt/Klein*, Grundgesetz, Art. 80 Anm. V a.

[24] *Wilke* S. 215.

[25] *v. Mangoldt/Klein*, Anm. II, 3 b.

[26] Ebenda Anm. V 7 a und *Wilke* S. 224 ff.

[27] BVerfGE 8, 274, 321; vgl. auch das bei *v. Mangoldt/Klein*, Art. 80 FN 144 aufgeführte Schrifttum. Man wird *v. Mangoldt/Klein* zustimmen müssen, daß dieser Zustimmungsvorbehalt nicht auf Sachbereiche zu beschränken ist, für die wegen der Bedeutung der zu treffenden Regelungen ein legitimes Interesse der Legislative anerkannt werden muß, so aber das Bundesverfassungsgericht aaO. Vielmehr wird man von dem Zustimmungsvorbehalt in der

hat das Bundesverfassungsgericht betont, daß das Zustimmungserfordernis nicht den Charakter der Verordnung als solcher verändere, daher müßten auch die Ermächtigungen zu Zustimmungsverordnungen den Anforderungen des Art. 80 Abs. 1 Satz 2 GG genügen, d. h. hinsichtlich Zweck, Inhalt und Ausmaß begrenzt sein[28]. Trotzdem ist nicht zu übersehen, daß der Gesetzgeber in einer Reihe wirtschaftspolitischer Gesetze „zur Wahrung der mit dem Grundsatz der Gesetzmäßigkeit der Verwaltung verfolgten verfassungspolitischen Ziele die relative Unbestimmtheit der materiellen Delegationen durch verfahrensmäßige Vorkehrungen zu kompensieren gesucht" hat[29]. Ob das Bundesverfassungsgericht auch in Zukunft „verfahrensmäßige Vorkehrungen" wie den Zustimmungsvorbehalt als Erschwerung der Ausübung des Verordnungsrechts, nicht aber als Begrenzung der ihr zugrunde liegenden Ermächtigung bewertet, bleibt abzuwarten[30].

In jedem Fall betreffen solche verfahrensmäßigen Sicherungen, wie sie beispielsweise in Art. 109 Abs. 4 Satz 2 - 4 GG vorgesehen sind, lediglich die parlamentarische Kontrolle der delegierten Rechtsetzung oder die Auswahl des Delegatars, nicht aber, wie das für das amerikanische Normenerlaßverfahren durch die Exekutive zu zeigen sein wird, die Beteiligung der Öffentlichkeit bzw. der betroffenen Wirtschaftsgruppen. Eine solche Beteiligung an dem Verfahren der administrativen Normengebung ist nicht zwingend vorgeschrieben. Soweit die Bundesregierung oder einzelne Ministerien die Rechtsverordnung erlassen, gilt die für die Beteiligung der Öffentlichkeit am Gesetzgebungsverfahren einschlägige Regelung des § 23 der Gemeinsamen Geschäftsordnung der Bundesministerien Teil II (i. V. m. § 62), wonach zur Beschaffung von Unterlagen für die Vorbereitung der Verordnungen die Vertretungen der beteiligten Fachkreise herangezogen werden können. Aller-

---

Ermächtigung auf das legitime Interesse des Gesetzgebers schließen können, den Verordnungsgeber effektiv zu kontrollieren und auf den Inhalt der Verwaltungsrechtsetzung Einfluß zu nehmen. Zu beurteilen, ob das dem Entlastungsinteresse des Parlaments widerspricht, ist ausschließlich Sache des Parlaments selbst.

28 BVerfGE 8, 274, 319 - 323.

29 *Badura*, Wirtschaftsverwaltungsrecht, S. 266 mit Hinweis auf Art. 109 Abs. 4 Satz 2 - 4 GG.

30 Die Gelegenheit dazu hätte sich bei der Überprüfung der einfachen Notstandsgesetze von 1965 ergeben, gegen die die DFU ein Normenkontrollverfahren angestrengt hatte. Die materielle Prüfung scheiterte aber an prozessualen Hindernissen, vgl. BVerfGE 21, 52. Gegen die Vereinbarkeit dieser Gesetze mit Art. 80 GG *Hamann/Lenz*, Grundgesetz, 3. Aufl. 1970 Art. 80 Anm. 8, dafür *Schmidt*, Wirtschaftslenkung und marktgerechte Maßnahmen, Diss. jur., Göttingen 1967, S. 163 ff., u. a. mit dem Argument, daß die auf das Wirtschaftssicherstellungsgesetz gestützten Verordnungen zeitlich befristet und an die nachträgliche Zustimmung des Gesetzgebers gebunden seien.

dings ist Zeitpunkt und Umfang der Beteiligung, sowie die Auswahl der Beteiligten ausdrücklich in das Ermessen des Verordnungsgebers gestellt. Schon aus diesem Grunde besteht kein Rechtsanspruch der Interessenverbände auf Anhörung oder eine andere Form der Mitwirkung am Verordnungserlaßverfahren.

Mit dem Einbau verfahrensmäßiger Sicherungen in die Verordnungsermächtigung sichert sich das Parlament eine gewisse Kontrolle ihres Gebrauchs. Aber auch diese Kontrollen durch parlamentarische Zustimmungs- und Genehmigungsvorbehalte ermöglichen nur eine punktuelle, keine permanente und generelle Nachprüfung oder Einflußnahme auf die Verwaltungsrechtsetzung. Immerhin ist diese Technik den übrigen gängigen parlamentarischen Kontrollmitteln wie Anfragen, Einsetzung von Untersuchungsausschüssen oder gar Mißtrauensvoten überlegen, weil diese offensichtlich wenig geeignet für die Aufgabe sind, die exekutive Normengebung auf ihre Vereinbarkeit mit den im Ermächtigungsgesetz festgelegten gesetzgeberischen Leitlinien zu überprüfen. Aber auch die Technik der verfahrensmäßigen Sicherung durch parlamentarische Zustimmungs- oder Genehmigungsvorbehalte begegnen gewissen Zweifeln an ihrer Effektivität, da sie dem Entlastungsinteresse des Parlaments zuwiderlaufen, das gerade der Grund für die Übertragung der Gesetzgebungsgewalt auf die Exekutive war[31]. Aufgrund dieser Überforderung des Parlaments als ganzem scheint sich eher der Weg durchzusetzen, die Kontrolle der Verordnungsgebung und eine gewisse Mitwirkung daran auf die Fachausschüsse des Bundestages zu übertragen[32], ein Weg, den, wie in dieser Arbeit gezeigt werden wird, die USA eingeschlagen haben.

Insgesamt läßt sich sagen, daß die parlamentarische Mitwirkung an der administrativen Rechtsetzung und ihre parlamentarische Kontrolle hierzulande wenig ausgebaut sind. *Scharpf* hat es geradezu als einen der charakteristischen Unterschiede zwischen dem deutschen und dem amerikanischen Verfassungssystem bezeichnet, daß in der Bundesrepublik die politische Kontrolle des Verwaltungshandelns generell einen vergleichsweise unbedeutenden Rang im Verhältnis zu gerichtlichen Nachprüfung einnimmt[33]. Diese These trifft sicherlich für den

---

[31] Vgl. *Klein*, Die Übertragung rechtsetzender Gewalt nach deutschem Verfassungsrecht und *Scheuner*, Ausländische Erfahrungen zum Problem der Übertragung rechtsetzender Gewalt, *beide* in: Institut zur Förderung öffentlicher Angelegenheiten (Hrsg.), Die Übertragung rechtsetzender Gewalt im Rechtsstaat, Frankfurt 1952, S. 79 - 117 und S. 118 - 166, S. 102 f. bzw. 153 ff., letzterer mit Hinweis auf die nicht befriedigenden Erfahrungen des britischen Systems des „Laying on the Table".

[32] Vgl. *Kewenig*, Staatsrechtliche Probleme parlamentarischer Mitregierung am Beispiel der Arbeit der Bundestagsausschüsse, Frankfurt 1970.

[33] Die Kosten des Rechtsstaats.

Bereich der Vollzugsakte zu. Dagegen ist die gerichtliche Kontrolle der Verwaltungsrechtsetzung, d. h. der aufgrund einer gesetzlichen Ermächtigung erlassenen Rechtsverordnungen, geringer einzuschätzen.

Zwar können grundsätzlich Rechtsverordnungen im Rechtswege angegriffen werden. Wo der Landesgesetzgeber ein Normenkontrollverfahren nach § 47 VwGO vorgesehen hat, können mit diesem Verfahren alle Verordnungen angegriffen werden, die die Landesregierung als Delegatar oder eine Verwaltungsbehörde des Landes als Subdelegatar erlassen haben, da diese Landesrecht sind. Dagegen ist für bundesrechtliche Verordnungen ein Normenkontrollverfahren vor den Verwaltungsgerichten nicht vorgesehen, und es ist umstritten, ob Rechtsetzungsakte als „Akte der öffentlichen Gewalt" i. S. d. Art. 19 Abs. 4 GG anzusehen sind und diese Vorschrift damit eine Normenkontrolle durch die Gerichte ermöglicht[34]. Jedenfalls besteht die Möglichkeit der Nachprüfung durch das Bundesverfassungsgericht, und zwar sowohl im abstrakten Normenkontroll- und im Organstreitverfahren (Art. 93 Abs. I Nr. 2 und 1 GG) als auch im Wege der Verfassungsbeschwerde (Art. 93 Abs. 1 Nr. 4 a GG).

Da jedoch selten eine Rechtsverordnung ohne weiteren Vollzugsakt schon eine unmittelbare und gegenwärtige Verletzung eines einzelnen in seinen Grundrechten begründen dürfte, ist von größerer Bedeutung die konkrete Normenkontrolle durch die Verwaltungsgerichte, d. h. die in einem gegen einen behördlichen Einzelakt gerichteten Verfahren von Amts wegen angestellte incidenter-Prüfung, ob diesem eine rechtswirksame Ermächtigung zugrundelag. Eine solche Nachprüfung der Rechtsverordnung ist jedoch, wie auch im abstrakten Normenkontrollverfahren, auf die Einhaltung der von der Ermächtigung normierten Begrenzungen hinsichtlich Inhalt, Zweck und Ausmaß, sowie die Vereinbarkeit mit höherrangigem Recht, d. h. Verfassungsrecht und einfachem Gesetzesrecht beschränkt. Bisweilen wird bezweifelt, ob diese Kontrolle des Verordnungsgebers, insbesondere im Hinblick auf die Lockerung der Bestimmtheitsanforderungen an Inhalt, Zweck und Ausmaß der Ermächtigung, ausreichend ist, und die Frage gestellt, ob der Ermächtigungsempfänger innerhalb der durch das Ermächtigungsgesetz gezogenen Grenzen ähnlich wie das Parlament Gestaltungsfreiheit haben oder aber hinsichtlich der Ausgestaltung der untergesetzlichen Rechtsvorschriften weiteren rechtsstaatlichen Einschränkungen unterliegen sollte. Der hierauf zielende, auf Art. 20 Abs. 3 Grundgesetz gestützte Vorschlag, den Verordnungsgeber hinsichtlich eines in der Ermäch-

---

[34] Ablehnend BVerfGE 24, 33 ff. für den Erlaß eines Gesetzes; vgl. die Zusammenstellung der verschiedenen Meinungen bei *Maunz/Dürig/Herzog*, Art. 19 Abs. 4 RN 18.

tigung eingeräumten Ermessensspielraums denselben — gerichtlich nachprüfbaren — Ermessensregeln wie beim Erlaß von Verwaltungsakten zu unterwerfen, ihn jedoch bei der Konkretisierung unbestimmter Rechtsbegriffe Gestaltungsfreiheit zuzugestehen[35], ist daher rechtspolitisch interessant[36], wenn auch infolge der fehlenden Begründungspflicht für Verordnungen eine Schwierigkeit darin bestehen dürfte, Ermessensfehler zu erkennen. Gerade unter rechtspolitischen Gesichtspunkten müßte zudem gefragt werden, ob eine stärkere rechtliche Kontrolle der Verordnungstätigkeit der Regierung nicht die Justiz überfordern würde.

Ein Vorschlag, der auf eine weitergehende gerichtliche Kontrolle des Gebrauchs der Verordnungsermächtigung abzielt und damit die exekutive Rechtsetzung stärker als bisher als eine Art unselbständigen Gesetzesvollzuges behandeln will, verkennt aber auch Möglichkeiten und Funktion des Parlaments und den Anteil der Exekutive an der Gesamtheit staatlicher Normensetzung in einem modernen Wohlfahrtsstaat.

Der soziale Rechtsstaat ist dadurch gekennzeichnet, daß sich die staatlichen Aufgaben gegenüber dem liberalen Staat beträchtlich ausgeweitet haben. Wo dieser auf Ordnungsfunktion und punktuelle Intervention beschränkt war, erstreckt jener seine Aktivität auf globale wirtschaftliche Lenkung und soziale Leistung. Der Ausweitung der Staatsaufgaben entspricht eine höhere Arbeitsbelastung des parlamentarischen Gesetzgebers, dessen Kompetenz jetzt nicht mehr negativ durch den die Freiheits- und Eigentumssphäre der Gesellschaft sichernden Gesetzesvorbehalt bestimmt wird, sondern der für die gesamte wohlfahrtsstaatliche Sozialgestaltung zuständig ist[37]. Dieser Aufgabenzuwachs bedeutet nicht nur, daß sich das Parlament neuer Formen von Arbeitsteilung und -erleichterung, z. B. durch Verstärkung der Ausschußarbeit und Ausbau des Gesetzgebungshilfsdienstes bedienen muß. Er hat auch zur Folge, daß angesichts der Komplexität des Regelungsbereichs und der Kompliziertheit der Regelungsmaterien die Gesetzesinitiative und -vorbereitung zu einem überwiegenden Teil auf die Regierung übergegangen ist, die dem Parlament an Information, Sachverstand und Personal überlegen ist. Angesichts dieser Lage ist zu Recht die Frage aufgeworfen worden, wieweit das Parlament nicht schon „unter der

---

[35] *Zuleeg*, Die Ermessensfreiheit des Verordnungsgebers, DVBl. 1970, 157 ff.

[36] So die Regelung in Frankreich, vgl. *Zuleeg*, S. 160; anders dagegen, wie zu zeigen sein wird, in den USA.

[37] Zu dieser Entwicklung insgesamt und ihrer Bedeutung für das moderne Verwaltungsrecht siehe *Badura*, Verwaltungsrecht im liberalen und sozialen Rechtsstaat, Tübingen 1966.

Hand zu einem Kontrollorgan der Gesetzgebung geworden ist"[38]. Obwohl der parlamentarische Gesetzgeber zwar weiterhin unter formellem Aspekt die ausschließliche Gesetzgebungshoheit besitzt, liegt doch das materielle Übergewicht bei der Regierung[39].

Diese Beobachtung gilt nicht nur für das förmliche Gesetzgebungsverfahren, sondern erweist sich auch an dem quantitativen Anteil der Rechtsvorschriften, die die Regierung im Verordnungswege erläßt: zwei Drittel aller Rechtsvorschriften sind Rechtsverordnungen[40]. Damit ist der Anteil der Exekutive an der Rechtsetzung jedoch nicht erschöpft. Obwohl das Grundgesetz von dem Rechtsetzungsmonopol des Parlaments nur die Ausnahme der gem. Art. 80 GG übertragenen Rechtsetzungsgewalt der Exekutive kennt, gibt es neben diesen abgeleiteten Rechtssetzungsakten eine „sehr ausgedehnte graue Zone quasirechtsetzender Tätigkeit der Exekutive"[41].

Dazu gehört in erster Linie die gesetzesfreie Regelungskompetenz der Bürokratie im Bereich der staatlichen Leistungen. Der dogmatische Streit um die rechtliche Anerkennung des selbständigen Rechtsetzungsrechts der Exekutive auf diesem Gebiet wird unter den Schlagworten des Vorbehalts des Gesetzes und der Rechtsnormqualität der Verwaltungsvorschriften (Verwaltungsverordnungen) geführt.

Es ist streitig, ob sich der Vorbehalt des Gesetzes, an dem die herrschende Lehre für den Bereich der Eingriffsverwaltung festhält[42] auch auf die leistende Tätigkeit der Verwaltung erstreckt. Das Schweigen des Grundgesetzes zu dieser Frage ist verschieden interpretiert worden. Einige Autoren haben die These verfochten, das Grundgesetz gehe von einem Totalvorbehalt für jede Rechtsregelung aus, die sich auf das (Außen-)Verhältnis Verwaltung - Bürger beziehe[43]. Sie haben sich aber unter dem schon angesprochenen Gesichtspunkt nicht durchsetzen kön-

---

[38] *Leibholz*, Die Kontrollfunktion des Parlaments, in: Strukturprobleme der modernen Demokratie, 3. Aufl., Karlsruhe 1967, S. 295 ff., 295.

[39] *Grimm*, Aktuelle Tendenzen in der Aufteilung gesetzgeberischer Funktionen zwischen Parlament und Regierung, Zeitschrift für Parlamentsfragen 1970, S. 448 ff., 454 ff.

[40] *Grimm*, Aktuelle Tendenzen, S. 456.

[41] *Kewenig*, Reform der Regierungsermächtigung zum Erlaß von Rechtsverordnungen (Art. 80 GG) — Ein Mittel zum Vollzug oder zur Umgehung des parlamentarischen Willens, Zeitschrift für Parlamentsfragen 1973, S. 424 ff., 427.

[42] Dagegen aber *Vogel*, Gesetzgeber und Verwaltung, VVDStRL 24 (1966), der den Vorbehalt des Gesetzes nur noch für einen Anwendungsfall der Bindung der Verwaltung an Verfassung und Gesetz hält (Leitsatz 4); kritisch dazu *Badura* und *Bachof* in ihren Diskussionsbeiträgen, S. 210 - 214 und 224 bis 228.

[43] *Jesch*, Gesetz und Verwaltung, 2. Aufl., Tübingen 1968 und *Rupp*, Grundfragen der heutigen Verwaltungsrechtslehre, Tübingen 1965, S. 115 ff.

nen, daß schon heute, d. h. unter der faktischen Rechtslage des Bestehens gesetzesfreier Räume, der Gesetzgeber seinem Normierungsauftrag nur mit Mühe und unter weitgehender Beteiligung der Regierung bei der Gesetzesvorbereitung nachkommen kann[44, 45]. Jedoch haben sich auch diejenigen Autoren bisher nicht durchsetzen können, die für den Bereich der gewährenden Verwaltung ein nicht gesetzesabhängiges selbständiges Rechtsetzungsrecht der Exekutive behaupten[46], das allerdings nur so lange dauern und so weit reichen kann, als das Parlament die Vergabe von Leistungen nicht selber durch Gesetz regelt und damit nach dem in Art. 20 Abs. 3 GG festgelegten Prinzip des Vorranges des Gesetzes die Verwaltungsvorschriften außer Kraft setzt. Die herrschende Lehre lehnt zwar diese Auffassung ab, ist aber gezwungen — wenn sie eine gesetzesfreie Exekutivtätigkeit nicht strikt als verfassungswidrig ansehen will, was angesichts der Verfassungswirklichkeit Schwierigkeiten bereiten würde —, eine „Außenwirkung der Verwaltungsvorschriften kraft Selbstbindung der Verwaltung" anzuerkennen[47]. Diesen (Um-)Weg über die auf dem Gleichheitsgrundsatz beruhende Selbstbindungskonstruktion nimmt auch die Judikatur in ständiger Rechtsprechung[48], so daß man trotz der rechtsdogmatisch ungelösten Frage davon ausgehen muß, daß Verwaltungsvorschriften praktisch für den Bürger die Wirkungen von Rechtsnormen haben[49]. Angesichts dieser kaum bestrittenen Tatsache wird man nicht umhin können, neben bzw. unter der „legislativen" eine „administrative" Regelungsgewalt anzuerkennen[50], durch die ebenfalls die weitverbreitete, auf dem Grundsatz einer rigiden Gewaltenteilung beruhende Auffassung widerlegt wird, daß der Bundestag das Rechtsetzungsmonopol habe. Vermutlich noch gewichtiger als diese Funktionenverlagerung im Bereich der Normensetzung ist die Erscheinung, daß Wirtschaftsplanung, Konjunktur-, Struktur- und Wachstumspolitik, deren Bedeutung bei der Ver-

---

[44] Vgl. dazu nur *Hans Schneider*, Der Niedergang des Gesetzgebungsverfahrens, in: Festschrift für Gebhard Müller, Tübingen 1970, S. 421 ff., der das Gesetzgebungsverfahren als „aufwendige, aber unseriöse Farce" bezeichnet.

[45] Zu den übrigen Argumenten gegen den Totalvorbehalt siehe statt aller anderen *Ossenbühl*, Verwaltungsvorschriften und Grundgesetz, Bad Homburg 1968, S. 213 ff. und 227 ff.

[46] So *Vogel*, aaO., ihm folgend *Ellwein/Görlitz*, S. 71 f.; *Ossenbühl*, S. 17 f. und 214 ff.

[47] *Ossenbühl*, S. 514 FN 147.

[48] *Ders.* S. 514 FN 148.

[49] Kritisch zur Rechtsprechung des Bundesverfassungsgerichts, das den Verwaltungsvorschriften trotz ihrer abstrakt-generellen Formulierung und ihren Auswirkungen auf den Bürger die Qualität eines Rechtssatzes abspricht, *Wilke*, S. 208 ff.

[50] *Ossenbühl*, S. 166.

wirklichung des Sozialstaates ständig wächst, in erster Linie als Aufgabe der Regierung, nicht des Parlaments angesehen werden[51].

Angesichts dieser Grenzverschiebung bzw. (wo die Regelung, wie im Bereich der zentralen Finanz- und Wirtschaftsplanung, Regierung und Parlament sozusagen zur gesamten Hand übertragen ist:) Grenzverwischung stellt sich die Frage nach der Funktion des Parlaments im sozialen Rechtsstaat. Sie kann schon deshalb nicht unter der herkömmlichen Blickweise einer starren Funktionentrennung von Legislative und Exekutive beantwortet werden, weil sich diese nicht mehr als autonome Gewalten, denen ein sozialer Dualismus zugrundeliegt, gegenüberstehen, sondern beide aufgrund des gleichen Vorganges der Parlamentswahl Legitimation und politischen Auftrag erhalten[52]. Vielmehr muß eine Antwort heute unter dem Aspekt einer vernünftigen Arbeitsteilung und dem Grundsatz des politischen Primats des Parlaments über die Bürokratie gegeben werden.

In dieser Weise muß auch die Befugnis der Regierung zum Erlaß von Normen von dem Regelungsbereich abgegrenzt werden, der dem parlamentarischen Gesetzgeber vorbehalten bleiben muß. Angesichts der Wandlung des Gesetzesbegriffs von der dauerhaften, die Allgemeinheit auch sittlich bindenden Regelung zum kurzlebigen Instrument, zur dauernden Abänderung und Anpassung unterworfenen Technik sozialer Gestaltung, wird die prinzipielle Abgrenzung von Rechtsetzung und Normenvollzug unmöglich[53]. Eine Antwort auf die Frage der gesetzgeberischen Funktion läßt sich nicht aus dem Wesen der dem Parlament zustehenden Regelungsbefugnis herleiten, also nicht aus der Frage, was der Gesetzgeber regeln darf, sondern aus den materiellen Grenzen, die der Übertragung dieser Befugnisse auf ein anderes Staatsorgan gesetzt sind. Die Frage danach muß lauten: welche Materien muß der Gesetzgeber selber regeln, d. h. welche Fragen innerhalb des Bereichs der Rechtsetzung machen den allein ihm zur Regelung aufgegebenen Kernbereich der Gesetzgebung aus[54]? Damit muß aber heute wieder als Kriterium für die Funktionsbestimmung des Parlaments ein materialer

---

[51] Vgl. *Badura*, Wirtschaftsverfassung und Wirtschaftsverwaltung, Frankfurt 1971, S. 60 ff.

[52] Vgl. nur Werner *Weber*, Gewaltenteilung als Gegenwartsproblem, Festschrift für C. Schmitt, Berlin 1959, S. 253 ff. und *Böckenförde*, Gesetz und gesetzgebende Gewalt, S. 130 ff.

[53] Vgl. *Badura*, Verwaltungsrecht im liberalen und sozialen Rechtsstaat, S. 6 f. und 23 f.; *Scheuner*, Die staatliche Intervention im Bereich der Wirtschaft, VVDStRL 11 (1954), S. 53 - 55 und LS 18; *Vogel*, Gesetzgeber und Verwaltung, S. 129 ff. und LS 1 und 2; *Ellwein/Görlitz*, Parlament und Verwaltung, S. 9.

[54] *Ehmke*, Wirtschaft und Verfassung, S. 77 und *ders.* bei der Aussprache auf *Vogels* Referat VVDStRL 24, S. 231; vgl. auch *Badura*, ebenda, S. 213.

Gesetzesbegriff eingeführt werden, der zwischen Wichtigem und Nebensächlichem, Politischem und Technischem, Dauerhaftem und Kurzfristigem, Grundsatz und Ausführung unterscheidet[55]. Daß sich eine solche Abgrenzung nicht nach logischen Gesichtspunkten vollziehen läßt, sondern der Bestimmung durch die demokratische Grundordnung, durch Tradition, Rechtsbewußtsein, politische Kräfteverhältnisse und schließlich durch die verfassungsgerichtliche Rechtsprechung unterliegt, ist ohne weiteres einsichtig[56]. Eine solcherart vorgenommene Abgrenzung der delegierbaren von den undelegierbaren Materien könnte verhindern, daß das Parlament im gesetzesfreien Raum der staatlichen Leistung unzulässigerweise auf seine politische Führungsaufgabe, „sein Erstgeburtrecht bei der Entscheidung wichtiger Fragen von allgemeiner Bedeutung“ verzichtet[57]. Ob eine solche Trennung zwischen Grundsatz und Anwendung, Wichtigem und Unwichtigem, Politischem und Technischem angesichts der schon erwähnten zunehmenden Verzahnung von prinzipieller Entscheidung und Vollzug, wonach „das Politische nur im scheinbar Technischen Gestalt anzunehmen vermag“, überhaupt möglich ist, ist allerdings eine noch zu beantwortetende Frage des Verhältnisses von Politik und wissenschaftlich legitimierten Expertentum[58].

In diese Richtung gehen auch eine Reihe von Vorschlägen zur Parlamentsreform, die eine Entlastung des Bundestages durch eine Lockerung, eine Erweiterung des „sich wie ein enger Flaschenhals präsentierenden“[59] Art. 80 GG bezwecken[60]. Wo nicht überhaupt seine Streichung und die Anerkennung eines selbständigen Verordnungsrechts der Regierung gefordert wird[61], wird vorgeschlagen, Abs. 1 Satz 2 entweder weitherziger als bisher auszulegen[62] oder aber wegfallen zu lassen und damit die Anforderungen an das zum Erlaß von Verordnungen ermächtigende Gesetz spürbar zu verringern. Daß die ersten Schritte auf dem Weg in diese Richtung gemacht worden sind, ist oben bei der Erörterung

---

[55] *Ehmke*, S. 78; *Grimm*, S. 448 ff. mit dem Hinweis auf *Peters*, *Jahrreis* und *Scheuner*; vgl. auch *Ellwein/Görlitz*, S. 152 ff.

[56] So *Ehmke*, S. 78; ungewiß *Grimm*, S. 465 f.

[57] So *Bachof* in seinem Diskussionsbeitrag VVDStRL 24, 225 f.; anders noch *Triepel*, S. 113 f., der die Trennung in Wichtiges und Unwichtiges ablehnte und darauf abstellen wollte, ob die Verfassung vorsähe, daß die in Frage stehende Kompetenz aus persönlichen oder sachlichen Gründen von ihrem Träger allein ausgeübt werden könne.

[58] *Grimm*, S. 466 mit Hinweis auf *Bracher*, *Schelsky* und *Habermas*.

[59] *Kewenig*, Reform der Regierungsermächtigung, S. 427.

[60] Zu der Diskussion vgl. die Übersicht bei *Grimm*, Tendenzen, S. 463 ff. und *ders.*, Verfassungsfunktion und Grundgesetzreform, AöR Bd. 97 (1972), S. 489 ff., 510 ff. jeweils m. w. N.

[61] Vgl. nur *Kewenig*, Reform der Regierungsermächtigung, S. 431 ff. und *Grimm*, Verfassungsfunktion, S. 516.

[62] Vgl. die Nachweise bei *Grimm*, Tendenzen, FN 82 und 83.

der Rechtsprechung des Bundesverfassungsgerichts zu der Bestimmtheit der Kriterien des Art. 80 Abs. 1 Satz 2 GG schon angeklungen. Der Blick auf die Entwicklung in den USA wird eine ähnliche Tendenz zeigen.

c) Die amerikanische Problemlage

Eine vergleichende Erörterung des Komplexes der untergesetzlichen Rechtsetzung muß sich der verschiedenen verfassungsrechtlichen Ausgangssituationen beider Länder bewußt sein, die im wesentlichen historisch bedingt sind. Im Gegensatz zu Deutschland, wo es zunächst Staatsgewalt nur in der Form der monarchischen Exekutivgewalt gab, deren Omnipotenz dann erst im 19. Jahrhundert für einen begrenzten, durch die Freiheit- und Eigentum-Klausel bestimmten Bereich durch das die Interessen der Gesellschaft repräsentierende Parlament eingeschränkt wurde, regierte in den USA zunächst ein allzuständiges Parlament, während sich eine umfassende Zentralverwaltung des Bundes erst später herausbildete. Die aus dieser Verfassungsentwicklung resultierende Fragestellung hinsichtlich der Delegation lautete in Deutschland dahin, zu welchen Rechtsetzungsakten die Verwaltung ohne Gesetz befugt sei, während sie in den USA in der Weise gestellt wurde, ob überhaupt rechtsetzende Gewalt auf die Exekutive übertragen werden könne[63].

Aus diesem Unterschied der verfassungshistorischen Ausgangslage erklärt sich, warum die Exekutive in Deutschland auch Recht ohne Ermächtigung des Parlaments setzen durfte (z. B. im Bereich der besonderen Gewaltverhältnisse und auf allen den Gebieten, die dem Vorbehalt des liberalen Gesetzes nicht unterlagen) und deshalb auch die „Rückdelegation" ehemals von der Krone innegehabter Rechtsetzungsbefugnisse kein verfassungstheoretisches Problem war. Dagegen konnte unter der demokratischen amerikanischen Verfassung, die die Gesetzgebungsgewalt ausdrücklich dem Kongreß zuwies, eine Übertragung dieser Befugnisse auf die vom Präsidenten geleitete Bundesexekutive prinzipiell nicht infrage kommen, eine Überzeugung, die sich in der sogenannten „non-delegation"-Doktrin niederschlug. Für die amerikanische Verfassungstheorie mußte daher der zuerst im wirtschaftspolitischen Regelungsbereich fühlbare Zwang zur Delegation von Rechtsetzungsbefugnissen auf die Verwaltung zur Aufgabe der mit der Patina eines Verfassungsgrundsatzes belegten Doktrin oder eines ursprünglich mit Rechtsetzung identischen Gesetzesbegriffes führen. Diese Alternative wurde nach einer Zeit babylonischer Begriffsverwirrung

---

[63] *Riegert*, Das amerikanische Administrative Law, Berlin 1967, S. 43.

zugunsten der Ausbildung eines demokratischen Gesetzesbegriffes in der oben definierten Art und der Anerkennung einer „secondary legislation“ durch die Verwaltung entschieden.

Diese Entwicklung war gekennzeichnet durch die Einrichtung einer von der politischen Exekutive unabhängigen Spezialverwaltung und die Ausbildung eines besonderen rechtsförmlichen Verwaltungsverfahrens, und sie wurde ermöglicht durch die Gerichte, die der Verwaltung — nicht zuletzt wegen dieser Kriterien — weitgehende Handlungsfreiheit einräumten.

Erster Teil

Wirtschaftsregulierung durch administrative Rechtsetzung

Wie alle modernen Industriestaaten mit einem gewaltenteilenden, demokratisch-repräsentativen Regierungssystem haben auch die USA in der ersten Hälfte dieses Jahrhunderts eine Entwicklung erlebt, die die Grundlagen dieses Systems zu erschüttern scheinen. Die die Bürger bindenden Regeln werden nicht mehr ausschließlich von den gewählten Vertretern des Volkes, sondern in zunehmendem Maße von der Bürokratie aufgestellt. Ein Vergleich des seit 35 Jahren erscheinenden *Code of Federal Regulations,* in dem die „rules and regulations, general and permanent in nature“ aller Bundesbehörden veröffentlicht werden, mit dem seit fast 200 Jahren erscheinenden Bundesgesetzblatt[1] zeigt, daß erstere Sammlung bedeutend umfangreicher als die letztere ist[2]. Gleichermaßen liegt die rechtsprechende Gewalt keineswegs mehr allein bei den Gerichten. Die meisten der mit Wirtschaftslenkung befaßten Behörden üben auch materiell-rechtsprechende Gewalt aus und entscheiden Fälle, die bei uns von der Arbeits-, Sozial- oder Kartellgerichtsbarkeit entschieden werden. Ebenso übertrifft die Zahl der urteilsähnlichen Entscheidungen der wirtschaftsregulierenden Behörden, auch als „administrative tribunals“ bezeichnet, die der Bundesgerichte[3, 4].

Obwohl die Übertragung legislativer und justizieller Funktionen auf Verwaltungsbehörden mit den Grundlagen der amerikanischen Verfassung in Widerspruch zu stehen schienen, ist das Delegationsproblem von den Anfängen staatlicher Wirtschaftsregulierung an pragmatisch,

---

1 Den *U.S. Statutes at Large,* die nicht nur allgemeine, sondern auch Einzelfallgesetze („private laws“), d. h. staatliche Entschädigungen oder Pensionen für einzelne festsetzende Parlamentsakte, sowie Erlasse und Verordnungen des Präsidenten enthalten.

2 Siehe *Davis,* Administrative Law Treatise, Bd. 1 (1958), § 1.02 S. 8; vgl. auch *Blachly/Oatman,* Administrative Legislation and Adjudication (1934), S. 11: "about eight or ten times as many as the acts passed by Congress."

3 *Blachly/Oatman,* Administrative Legislation, S. 11; siehe auch die Vergleichszahlen für das Jahr 1963 bei *Davis,* Treatise, Ergänzungsband (1970), § 1.02 S. 4.

4 Anders als bei uns sind Bundesgerichte nicht nur Obergerichte; in den USA besteht neben der Ländergerichtsbarkeit ein selbständiges Bundesgerichtssystem mit Unter-, Mittel- und Revisionsinstanz, das für alle Rechtsstreitigkeiten aufgrund von Bundesrecht zuständig ist.

nämlich, wie es in einer früheren Delegationsentscheidung des Supreme Court heißt, „according to common sense and the inherent necessities of the governmental coordination“[5] gehandhabt worden. Auf der anderen Seite ist gerade die dogmatische Frage der verfassungsrechtlichen Zulässigkeit der Delegation mit einer für amerikanische Verhältnisse sonst unbekannten Heftigkeit geführt worden. Diese Diskussion betraf aber wohl weniger die Frage der Zulässigkeit solcher Übertragungen als solche, als vielmehr den daran sichtbar werdenden Wandel des liberalen, negativ definierten laissez-faire-Staates zum aktiv eingreifenden Sozialstaat, der in den USA nicht durch eine so sichtbare Zäsur wie in Deutschland, wo sie etwa mit demEnde der Monarchie zusammenfiel, gekennzeichnet wurde.

§ 2. Das Entstehen des Delegationsproblems

Wie die Tatsache zeigt, daß die Verfassung von 1789 keine Bestimmung über mögliche Delegationen gesetzgebender Gewalt an die Exekutive enthält, ist das Delegationsproblem erst jüngeren Ursprungs. Es tauchte in der zweiten Hälfte des 19. Jahrhunderts auf, noch ohne freilich recht ins Bewußtsein der Verfassungsrechtler vorzudringen. Ähnlich wie in Deutschland[6] war auch in den USA die Ausbildung einer auch rechtsetzenden Wirtschaftsverwaltung „not the result of any new social and political philosophy, or of any conscious attempt to create a new machinery for the handling of new problems“[7], sondern die Antwort auf wirtschaftspolitische Notwendigkeiten. Die verfassungsrechtlichen Fragen nach der Zulässigkeit der Delegation, und später nach ihrer Begrenzung und der Kontrolle der übertragenen Befugnisse, wurden erst zu einem Zeitpunkt gestellt, als die tatsächliche Frage nach einer effektiven staatlichen Wirtschaftsregulierung bereits durch Ermächtigungen der Verwaltung zu untergesetzlicher Rechtsetzung und außergerichtlicher Rechtsprechung beantwortet worden war[8]. Denn ob-

---

[5] *Hampton Jr. and Co. v. United States*, 276 US 394, 406 (1928); vgl. auch *Landis*, The Administrative Process (1938), S. 2 ff.

[6] Es wurde oben schon erwähnt, daß weder unter der Reichsverfassung von 1871, noch bei Erlaß der Weimarer Verfassung die Delegation rechtsetzender Gewalt als besonderes Problem angesehen wurde. Erst *Triepel* brachte dieses mit seinem Bericht auf dem 32. Deutschen Juristentag in das allgemeine Bewußtsein und sprach sich für eine explizite Zwecks- und Inhaltsdeterminierung durch den Gesetzgeber im Ermächtigungsgesetz aus, vgl. seinen Bericht in Verhandlungen des 32. Deutschen Juristentages (1922).

[7] *Blachly/Oatman*, Administrative Legislation, S. 15.

[8] Für die Bewältigung des Problems durch die amerikanische Rechtswissenschaft siehe *Schlephorst*, Amerikanisches Verwaltungsrecht im Spannungsfeld zwischen zunehmender staatlicher Betätigung und bürgerlichen Freiheitsrechten, Diss. jur. Münster 1963, S. 14 ff.

wohl solche Übertragungen nicht auf Zwecke der Wirtschaftsregulierung begrenzt sind, ist die Delegation doch im wesentlichen Mittel der Wirtschaftslenkung und spielt in diesem Bereich eine hervorragende Rolle[9].

a) Die Notwendigkeit staatlicher Wirtschaftslenkung

Obwohl es angesichts des heutigen Ausmaßes staatlicher Eingriffe in die Wirtschaft, staatlicher Förderung der einzelnen Wirtschaftszweige und nicht zuletzt staatlicher wirtschaftlicher Selbstbetätigung überflüssig erscheinen mag, die Notwendigkeit staatlicher Wirtschaftsregulierung zu begründen, so sind doch für die Zwecke dieser Arbeit die Gründe für das Notwendig*werden* dieser staatlichen Aktivität, insbesondere in ihrer spezifisch amerikanischen Bedingtheit, für eine Betrachtung der gegenwärtigen Ausbildung des rechtlichen Instrumentariums der Regulierung von Interesse. *Benjamin Cardozos'* Bemerkung: „Some conceptions of the law owe their existing form almost exclusively to history. They are not to be understood except as historical growths"[10] gilt in besonderem Maße für das Verständnis der amerikanischen Handhabung der staatlichen Intervention in die Wirtschaft[11].

Die Anfänge staatlicher Wirtschaftslenkung in den USA werden allgemein in dem Erlaß des *Interstate Commerce Act* von 1887 gesehen, der die erste bedeutende wirtschaftslenkende Behörde, die *Interstate Commerce Commission* (ICC) schuf und ihr die Kontrolle der Tarife für die Personen- und Frachtbehörden im zwischenstaatlichen („interstate") Eisenbahnverkehr mit dem Ziel übertrug, überhöhte Preise auf Monopolstrecken und unlauteren Wettbewerb auf den Konkurrenzstrecken zu verhindern. Dabei muß aber beachtet werden, daß auch schon vorher der Staat in verschiedener Weise regelnd, zumeist fördernd, auf die Privatwirtschaft Einfluß genommen hatte. Die Vergabe von Land zu Siedlungszwecken und zum Bau von Eisenbahnlinien, die Subventionierung bzw. Kreditvergabe für den Bau von Kanälen, die gesetzliche Be-

---

9 Die Delegation wird daher auch „handmaiden" bzw. „dynamo of regulation" genannt, vgl. *Jaffe*, Judicial Control of Administrative Action (1965), S. 33. Das Schwergewicht der vom Supreme Court entschiedenen Delegationsfälle liegt daher auch erkennbar auf dem Gebiet der Wirtschaftsregulierung, vgl. *Ehmke*, S. 483 und passim im Kapitel 3.

10 The Nature of the Judicial Process (14. Aufl. 1948).

11 Natürlich würde jedes genauere Eingehen auf die Anfänge staatlicher Wirtschaftslenkung den Rahmen dieser Arbeit sprengen. Daher sei hier nur verwiesen auf *Redford*, Administration of National Economic Control (1952); *Anderson*, The Emergence of the Modern Regulatory State, (1962); *Fainsod/Gordon/Palamountain*, Government and the American Economy (3. Aufl. 1959); *Smead*, Governmental Promotion and Regulation of Business (1969); *Koontz/Gable*, Public Control of Economic Enterprise (1956); *Dimock*, Business and Government (1949).

stimmung, daß nur auf amerikanischen Werften gebaute Schiffe im Küstenhandel tätig sein durften, die Errichtung einer Schutzzollmauer, um den rauhen Wind des Wettbewerbs mit Europa von der eben aufblühenden Industrie abzuhalten, die Errichtung eines Patentschutzes und die Beaufsichtigung des privaten Bankwesens dienten dazu, die amerikanische Wirtschaft, die Erschließung des Landes und seiner Naturschätze zu fördern; eine Kontrolle der Ausbeutung und Verwendung dieser Resourcen war zu dieser Zeit noch nicht notwendig. Nur einige wenige wirtschafts*regelnde* Aktivitäten des Bundes, die aber kaum Bedeutung für die Gesamtwirtschaft hatten, sind zu nennen, wie die Kontrolle der Dampfschiffahrt, die Arbeitsbedingungen in der Handelsmarine und der Pelzhandel mit dem Westen des Landes.

Mit dem Bürgerkrieg (1861 - 65) wurde auch der Wandel von einer vorwiegend ländlich-landwirtschaftlichen Gesellschaft zu einer Industriegesellschaft sichtbar. Natürlich war das eine Entwicklung über Jahrzehnte hin, und die Industrie hatte schon vor dem Bürgerkrieg eine gewisse Rolle gespielt. Mit dem Krieg jedoch hatte sie einen derartigen Aufschwung genommen, daß sie schon bald die Landwirtschaft als den bis dahin wichtigsten Wirtschaftszweig ablöste[12]. Mit der stürmischen Entwicklung Hand in Hand — teils Ursache, teils Folge — gingen das sog. *Corporate Movement*, der Aufschwung der großen Kapitalgesellschaften, das rapide Wachstum der großen Städte, die Kommerzialisierung der bis dahin weitgehend für den eigenen oder doch zumindest lokalen Bedarf produzierenden Landwirtschaft und der Ausbau der Verkehrsverbindungen. Dazu kam der Abschluß der Besiedlung des Westens, der das ökonomische „Sicherheitsventil" schloß, das die Möglichkeit dargestellt hatte, Land in Besitz zu nehmen, um es zu besiedeln oder seine Bodenschätze abzubauen[13].

Die Philosophie, die dieser Entwicklung zugrunde lag, war das Prinzip des Laissez-faire, jene Idee eines wirtschaftlichen Naturrechts, das, ursprünglich gegen die Restriktionen des merkantilistischen Staates gerichtet[14], nun dazu diente, Industrie und Handel („Big Business") gegen jede Art von Regulierung, abgesehen von der Selbstregulierung

---

[12] Vgl. die Zahlen bei *Fainsod/Gordon/Palamountain*, S. 4 - 11, bes. die Tabelle S. 5.

[13] Vgl. *Turner*, The Frontier in American History (1920), S. 259 f., abgedruckt bei *Anderson*, S. 6 ff.

[14] *Adam Smith'* berühmtes Werk „The Wealth of Nations" (1776) war der Ursprung dieser Philosophie; sie wurde in den USA besonders durch *William G. Sumner* (vgl. The Essays of William G. Sumner, hrsg. von Albert G. Keller und Maurice R. Davie, 2 Bde. 1934) und *Andrew Carnegie*, The Gospel of Wealth and Other Timely Essays (1900), vor allem durch die Idee des „Social Darwinism" weiterentwickelt, der *Darwins* Evolutionstheorie auf den wirtschaftlichen Prozeß übertrug: die Freiheit des einzelnen zwang

durch die Konkurrenz und die Gesetze des Marktes, zu verteidigen. Der Staat war auf die Rolle des Nachtwächters, bzw. des Polizisten beschränkt, der dem einzelnen nichts anderes schuldete als „peace, order and the guarantee of rights", war „negative state", wie sich sinnfällig in der Überzeugung ausdrückte, daß „that government governs best which governs least"[15].

Die „industrielle Revolution" brachte jedoch eine Reihe von neuen wirtschaftlichen, aber auch sozialen Problemen mit sich, deren eine laissez-faire-Wirtschaft nicht Herr werden konnte. Die Verbraucher, zunächst insbesondere diejenigen, die auf die Beförderung ihrer Produkte angewiesen waren, verlangten nach staatlicher Kontrolle. Die Überzeugung wuchs, daß „the free play of forces ... (and) the ... law which administers itself through the moral conscience of the citizen (are) no longer enough to deal with the vast machinery of power and abuses which economic control can become if unfettered from the ties of public interest"[16]. Die Folgen dieser Erkenntnis waren tiefgreifende Wandlungen in der Auffassung von der Natur des Rechts im allgemeinen und der Rolle des Staates in der Wirtschaft. Der Glaube an Naturrecht und Laissez-faire begann der „sociological jurisprudence" Platz zu machen[17],

---

ihn zum Konkurrenzkampf, in dem „the fittest" überleben würde. Vgl. *Sumner*, The Challenge of Facts, Essays Bd. 1 S. 235:

"Competition ... is a law of nature. Nature is entirely neutral; she submits to him who most energetically and resolutely assails her. She grants her rewards to the fittest, therefore,... if we do not like it, and if we try to amend it, there is only one way in which we can do it. We can take from the better and give to the worse ... We shall thus lessen the inequalities. We shall favor the survival of the unfitted, and we shall accomplish this by destroying liberty. ... we cannot go outside of this alternative: liberty, inequality, survival of the fittest; non-liberty, equality, survival of the unfittest. The former carries society forward and favors all its best members; the latter carries society downwards and favors all its worst members."

[15] Es ist interessant zu sehen, daß selbst die USA, die gewöhnlich als das klassische Land des ökonomischen Laissez-faire angesehen werden, dieses Prinzip nie vollständig verwirklicht haben. Oben sind schon die wirtschaftslenkenden Maßnahmen des Bundes im 19. Jh. erwähnt worden. Daneben wurden auch die Einzelstaaten in verschiedenen Formen wirtschaftslenkend tätig. Neben wirtschaftsfördernden Maßnahmen waren nahezu von Anbeginn der wirtschaftlichen Entwicklung des Landes auch wirtschaftslenkende Eingriffe der Staaten üblich. Beispielsweise verbot der Staat New York bis 1851 einzelnen Eisenbahnlinien die Frachtbeförderung, um den von ihm finanzierten Erie-Kanal rentabel zu machen. Die Vergabe von Land und Subventionen an Kanal- und Eisenbahngesellschaften erfolgte häufig unter der Bedingung der Einhaltung gewisser Beförderungspreise. Bekannt ist die „Granger-Bewegung" der mit den überhöhten und gegenüber der Industrie diskriminierenden Beförderungssätzen unzufriedenen Farmer des Mittelwestens, die zur gesetzlichen Festsetzung von Höchstpreisen und zum Verbot der Diskriminierung führte. — Vgl. hierzu *Koontz/Gable*, S. 11 f.

[16] *W. Friedmann*, Law in a Changing Society (1959), S. 348.

[17] Hauptvertreter dieser neuen Richtung waren *Roscoe Pound*, Bundesrichter *Brandeis* (zuerst in *Muller v. Oregon*, 208 US 412 [1908], wo er, zu der

einer Auffassung, die das Recht als Mittel sozialer Kontrolle und zur Befriedigung sozialer Bedürfnisse anstatt als ein System absoluter Individualrechte oder abstrakter Gerechtigkeit ansah. Es war der das Ende des 19. Jahrhunderts bestimmende allgemeine Glaube an den Fortschritt („progressivism"), der sich mit dieser sociological jurisprudence verband, bzw. sie hervorbrachte. Die Fortschrittler waren der Überzeugung, daß die Gesellschaft dynamisch, nicht statisch sei, der Staat, bzw. seine Institutionen die Hebel zur Herbeiführung wirtschaftlicher und sozialer Gerechtigkeit, und das Recht das Mittel sozialer Veränderung.

Dieser Umschwung im Denken brach jedoch nicht völlig mit den Grundlagen amerikanischer Überzeugungen, insbesondere nicht mit dem Respekt für die Freiheits- und Eigentumsrechte des einzelnen. Infolgedessen war die Lösung des Problems der Beherrschung des wirtschaftlichen Lebens durch die Verkehrs- und Versorgungsgütermonopole nicht die Sozialisierung dieser Monopole[18], sondern die Modifizierung des privatwirtschaftlichen Systems durch vom Staat eingeleitete und kontrollierte Sozialbindung der Individualrechte im wirtschaftlichen Bereich, die Einführung eines Regulativs des „public interest". Das wurde bei den natürlichen Monopolen wie Wasser-, Elektrizitäts- und Gasversorgung oder Telephonverkehr durch die immer enger wendende Einbindung der Management-Entscheidungen hinsichtlich Betrieb und Preisen, aber auch Kapazität, Investitionen etc. erreicht, die schließlich einer faktischen Übernahme des Managements durch die Regulierungsbehörden gleichkam. Demselben Zweck diente das Verbot der Monopolisierung gewisser Wirtschaftszweige, also die Schaffung oder Aufrechterhaltung eines Wettbewerbs unter Konkurrenten, ein Prinzip, dem die laissez-faire-Überzeugung zugrundelag, daß der Wettbewerb auf dem Markte das allgemeine Wohl zu fördern geeignet sei. Allerdings wurde der Grundsatz dahingehend korrigiert, daß zur Erreichung dieses Zieles — besserer Service und niedrigere Preise — der Wettbewerb nicht nur „free", sondern auch „fair" sein müsse. Fairness, d. h. Lauterkeit des Wettbewerbs aber konnte nicht dem freien Spiel der Kräfte überlassen bleiben:

Zeit noch Anwalt am Supreme Court, einen Schriftsatz einreichte — den sog. „Brandeisbrief" — in dem er die sozialpolitischen Erwägungen darlegte, die der die Arbeitszeit begrenzende Gesetzgebung zugrundelagen), *Henry C. Adams* (in Economics and Jurisprudence [1897] und Relation of the State to Industrial Action [1887], beide Essays in den Publications of the American Economic Association [1954]), *James W. Garner* (in: Introduction to Political Science [1910]) und *Thomas N. Carner* (in: Essays on Social Justice [1915]).

[18] Obwohl auch dafür Stimmen laut wurden, vgl. als den bedeutendsten amerikanischen marxistischen Wirtschaftstheoretiker *Laurence Gronlund*, The Coöperative Commonwealth (1884), bes. Kapitel 5 („Collective Control of the Instruments of Production"), S. 100 - 131.

"Government and government alone prevents competition from lapsing in the brutal struggle for existence, where self-interest leads to uneconomic as well as economic, to destructive as well as productive activity on the part of the individual. But where governmental interference is wisely and efficiently directed, so that men are not allowed to follow their self-interest in the direction of destructive, harmful or uneconomic activities, they will still follow their self-interest ... Thus it is that, *under proper governmental interference and control*, men are led as by an invisible hand, to promote the public interest while trying to promote their own[19]."

„Governmental interference and control", staatlicher Eingriff in die Wirtschaft und Kontrolle waren also notwendig, um die Mißstände von Laissez-faire-Monopolen und -geschäftspraktiken abzustellen. Die Frage stellte sich, welche staatlichen Einrichtungen nach der Verfassung und nach ihrer Eignung dazu berufen waren.

b) Staatliche Wirtschaftslenkung durch Verwaltungsbehörden des Bundes

Daß staatliche Wirtschaftslenkung und -aufsicht durch Bundesbehörden wahrgenommen wird, ist für deutsche Auffassung selbstverständlich. Zum einen hat der Bund — bzw. hatte vordem das Reich — die Rechtssetzungskompetenz im Bereich der Wirtschaft und der Bundestag, bzw. der Reichstag das Recht, diese Regelungsbefugnisse an Verwaltungsbehörden zu delegieren. Zum anderen ist der Erlaß von Rechtsverordnungen und von Einzelakten, die das Recht einzelner hoheitlich regeln, nach deutschem Verständnis, bzw. deutscher Tradition Sache der Verwaltung. In den USA stellt sich das Problem jedoch sowohl hinsichtlich der Regelungskompetenz als auch hinsichtlich der institutionellen Zuständigkeit anders.

aa) Das Kompetenzproblem

Die Einzelstaaten der Union sind in ihrer Gesetzgebungskompetenz weit autonomer als die deutschen Länder[20]. Der Bund hat in den USA keine generelle Regelungsbefugnis hinsichtlich des „Rechts der Wirtschaft", wie Art. 74 Nr. 11 GG sie hier dem Bunde verleiht, sondern kann seine wirtschaftsregelnden Kompetenzen nur auf die „commerce-clause" und die „tax-clause" der amerikanischen Bundesverfassung stützen, die ihm Gesetzgebungsgewalt hinsichtlich des zwischenstaatlichen und internationalen Handels[21] und der Erhebung von Steuern[22]

[19] *Carner*, S. 108/9 (Hervorhebung von Carner).

[20] Vgl. nur *Ehmke*, S. 110 Anm. 3.

[21] Art. I § 8 Abs. 3: The congress shall have power ... to regulate commerce with foreign nations and among the several states, and with the Indian tribes.

geben. Danach kann der Bund „commerce“ nur soweit regeln, als er nicht nur auf die Grenzen eines Einzelstaates beschränkt ist, wobei aber der Supreme Court schon früh entschied, daß „commerce“ weit mehr als nur Austausch von Waren, nämlich insbesondere auch Verkehr („intercourse“) ist[23]. Dementsprechend begann Wirtschaftsregelung auch zunächst im einzelstaatlichen Bereich[24]. Mit der rasanten Entwicklung der Industrialisierung und des lokalen Handels zu „Big Business“ und mit der korrespondierenden Errichtung eines nationalen Verkehrs- und Kommunikationssystems wurden jedoch die Einzelstaatengrenzen und -regelungskompetenzen gesprengt. Der einzige effektive Weg, die großen Gesellschaften zu kontrollieren und unlautere Praktiken und unerträgliche soziale Mißstände zu verhindern, war „(to) nationalize government control in order to meet the nationalization of the big business itself“[25].

Die unzureichende Regelung des Eisenbahnwesens aufgrund der sog. Granger-Gesetze der Einzelstaaten ist ein deutliches Beispiel[26]. Die Entscheidung des Supreme Court, daß die Einzelstaaten die Tarife der Eisenbahnen, die über die Einzelstaatsgrenzen hinausgingen, auch hinsichtlich der in ihrem Gebiet verlaufenden Teilstrecken nicht regulieren dürften[27], machte schließlich die zentrale Regelung durch den Bund aufgrund der „interstate-commerce“-Kompetenz imperativ, wenn nicht alle großen, d. h. das Gebiet mehrerer Einzelstaaten berührenden Linien völlig unkontrolliert bleiben sollten. 1887 erließ der Kongreß dann den schon erwähnten *Interstate Commerce Act*, dem schon bald andere wirtschaftsregelnde Bundesgesetze folgten, z. B. der *Sherman Act* von 1890 („An Act to Protect Trade and Commerce against unlawful Restraints and Monopolies“) und der *Pure Food and Drugs Act* von 1906[28].

---

22 Art. I § 8 Abs. 1: The congress shall have power ... to lay and collect taxes, duties, imposts and excises, to pay the debts and provide for the common defense and general welfare of the United States.

23 *Gibbons v. Ogden*, 9 Wheat 1 (1824); zu der Kompetenz unter der commerce-clause siehe *Ehmke*, S. 115 - 156 und die in S. 115 FN 15 genannte amerikanische Literatur.

24 Siehe *Fesler*, Independent Regulatory Agencies, in: Morstein-Marx (Hrsg.), Elements of Public Administration, S. 191 ff.

25 *Theodore Roosevelt*, US-Präsident, Progressist und erklärter Befürworter einer nationalen Wirtschaftsregulierung, in: The New Nationalism, S. 55 (1910).

26 Vgl. *Anderson*, S. 92 ff.

27 *Wabash, St. L. and P. Ry. v. Illinois*, 118 US 557 (1886).

28 Vgl. die Zusammenstellung der wichtigsten wirtschaftslenkenden Gesetze in chronologischer Reihenfolge bei *Ehmke*, S. 104 - 106.

bb) Das Problem der institutionellen Zuständigkeit

Das zeitliche Entlastungsinteresse des Parlaments, der mangelnde technische Sachverstand seiner Abgeordneten, die Langsamkeit des parlamentarischen Entscheidungsprozesses und die daraus resultierende mangelnde Flexibilität gesetzlicher Regelungen begründeten in den USA wie hier die Notwendigkeit der Delegation gesetzgeberischer Kompetenzen, insbesondere auf Gebieten, die einer speziellen, technischen Regelung bedurften. Anders jedoch als in Deutschland wurde in den USA die Durchführung wirtschaftslenkender Gesetze nicht als Funktion der staatlichen Exekutive, sondern grundsätzlich als die der (ordentlichen) Gerichte angesehen, die zum einen auch schon vorher — darin der englischen Tradition folgend[29] — mit wirtschaftsregulierenden Aufgaben betraut worden waren[30], zum anderen auch, bevor sich zunächst die einzelstaatlichen Parlamente und dann der Kongress mit der Kontrolle der Wirtschaft befaßten, schon in zahlreichen common-law-Verfahren entschieden — und damit normiert — hatten, daß Eisenbahntarife „just and reasonable" sein müßten und „restraints of trade" und „unfair competition" ungesetzlich seien[31], so daß zunächst von den parlamentarischen Gesetzgebern nicht eigentlich neues materielles Recht gesetzt, sondern nur common law kodifiziert wurde[32].

Es wäre also systemgemäß gewesen, die Regulierung wirtschaftlicher Vorgänge weiter bei den Gerichten — und zwar jetzt bei den Bundesgerichten — zu belassen. Daß dieses nicht geschah, sondern Verwaltungsbehörden mit der Durchsetzung wirtschaftsregelnder Programme beauftragt, bzw. häufig zu diesem Zweck neu geschaffen wurden, lag an der Erkenntnis, daß die Gerichte dieser Aufgabe nicht gewachsen waren, nicht gewachsen sein konnten, da viele der im Zusammenhang mit der Wirtschaftsregulierung zu entscheidenden Probleme nicht recht-

---

29 Vgl. *Willis*, Three Approaches to Administrative Law: The Judicial, the Conceptual and the Functional, in: AALS, Selected Essays on Constitutional Law, vol. 4 („Administrative Law"), S. 36 ff.; und *Freund*, Administrative Powers over Persons and Property (1928), S. 578 ff.

30 Vgl. das bei *Gellhorn*, Federal Administrative Proceedings (1941), S. 3 und *Schlephorst*, S. 8 zitierte Beispiel, daß der Staat Maryland Bezirksgerichte ermächtigte, Fähren zu konzessionieren und ihre Beförderungspreise sowie die Art der Boote und die Zahl ihrer Besatzung festzusetzen, „a ... by no means uncommon example of transference of regulatory power", *Gellhorn* aaO.

31 Vgl. *Ehmke*, S. 122 f. und *Fainsod/Gordon/Palamountain*, S. 444 ff. und 475 ff.

32 Anders jedoch die Bestimmungen der später erlassenen *Federal Trade Commission Act* und *National Labor Relations Act*, die von dem bis dahin geltenden common law erheblich abwichen. So hatten z. B. die Gerichte den Arbeitern das Koalitionsrecht und die Befugnis versagt, kollektive Tarifverhandlungen zu führen, dazu *Gellhorn*, S. 12 ff.

lich, sondern vornehmlich politischer, wirtschaftlicher und sozialer Natur waren, für deren Entscheidung das herkömmliche Gerichtsverfahren mit seinem Ideal des „fair and impartial trial" nicht zugeschnitten war. Auch abgesehen davon, daß zur Übernahme auch dieser Aufgaben das Justizsystem hätte umorganisiert und die Zahl der Richter und des Justizpersonals beträchtlich erhöht werden müssen, traf für die Gerichte das Argument der fehlenden Spezialisierung ebenso zu wie für die Parlamente[33]. Entscheidend aber für die Übertragung wirtschaftsregelnder Kompetenzen auf spezielle Verwaltungsbehörden war der verfassungsrechtliche Gesichtspunkt, daß gemäß Art. 3 der Bundesverfassung Bundesgerichte nur „cases and controversies" entscheiden durften, also nur Rechtsstreitigkeiten zwischen Prozeßparteien, während das Aufstellen genereller Normen — mit Ausnahme von allgemeinen prozeßrechtlichen Vorschriften — außerhalb ihrer verfassungsmäßigen Kompetenz liegt[34]. Aber auch hinsichtlich der Entscheidung von „cases and controversies" im wirtschaftskontrollierenden Bereich war das common-law-Verfahren mit seiner Dispositionsmaxime und seinen aus dem Jury-System entwickelten streng formellen Beweisregeln inadäquat. Gerichte können, anders als Verwaltungsbehörden, nicht von sich aus eingreifen, wenn die Regulierung eines Wirtschaftsbereichs erforderlich wird, sondern nur auf Klageerhebung von privaten Parteien hin, bzw., wo der Gesetzgeber den Verstoß gegen Bestimmungen eines wirtschaftsregelnden Gesetzes unter Strafe gestellt hat, auf Anklage durch die Strafverfolgungsbehörden tätig werden. Ähnlich wie im deutschen von der Dispositionsmaxime beherrschten Zivilverfahren hat auch der common-law-Richter — und zwar auch im Strafverfahren — die Rolle eines Schiedsrichters, der den Fall lediglich aufgrund des Vorbringens der Parteien entscheidet, ohne von Amts wegen Beweis erheben zu können. Diese Regel geht von dem Grundsatz aus, daß beide Parteien gleichen Zugang zu den Tatsachen haben, eine Prämisse, die insbesondere im wirtschaftlichen Bereich — wenn also z. B. ein kleiner Gewerbetreibender einem großen Konzern unlautere oder diskriminierende Geschäftspraktiken vorwirft oder behauptet, der Konzern habe eine monopol-

---

[33] *Landis*, Administrative Process, S. 31; vgl. auch *Willis*, S. 41: „(R)egulation ... involves the weighing of economic interests too nice for the consideration of a committee of parlament and quite foreign to the purview of the courts, who disclaim knowledge of anything but that system of codified common experience which we call the common law."

[34] Dieses ist von Supreme Court verschiedentlich betont worden. So hat das Gericht z. B. festgestellt, daß Bundesgerichte nicht selber Preise oder Tarife festsetzen, sondern nur Preisregulierungen anderer Behörden auf ihre Rechtmäßigkeit überprüfen können; vgl. *The Attorney General's Committee on Administrative Procedure*, Final Report (1941), S. 12 f. und *Stirnberg*, Die judiziellen Funktionen von Verwaltungsbehörden in den USA, Diss. jur. Marburg 1957, S. 16 f.

ähnliche Stellung — selten zutreffen dürfte[35]. Dazu kommt, daß z. B. die Frage, welche Eisenbahnfrachtsätze „just and reasonable" sind, von verschiedenen Untergerichten verschieden beurteilt und damit eine einheitliche nationale Regelung nur erreicht werden kann, wenn eine Partei den zeitraubenden und kostspieligen Weg bis zur höchsten Instanz geht, wobei die letztinstanzliche Entscheidung in aller Regel erst zu einem Zeitpunkt ergeht, wenn sich die den angefochtenen Tarifen zugrundeliegende wirtschaftliche Situation bereits wieder verändert hat.

Das Versagen der Gerichte bei der Eindämmung des Monopolmißbrauchs und des unlauteren Wettbewerbs im Eisenbahnwesen, das dann zur Schaffung der *Interstate Commerce Commission* geführt hatte, hatte evident werden lassen, daß das gerichtliche Verfahren allenfalls adäquat und zureichend für die Zwecke des laissez-faire-Staates gewesen war, der sich darauf beschränkte, bestimmte mißbräuchliche Praktiken im Wirtschaftsbereich unter Strafe zu stellen. Damit war die Frage der institutionellen Zuständigkeit im modernen Verwaltungsstaat gegen die Gerichtsbarkeit und für die Verwaltung entschieden.

§ 3. Die Delegatare: Das System der amerikanischen Bundeswirtschaftsverwaltung

Delegierte Rechtsetzung in Deutschland heißt Rechtsetzung durch die Exekutive, d. h. auf Bundesebene durch die Bundesregierung, einen Bundesminister oder die Landesregierungen. Delegierte Rechtsetzung in den USA heißt — übrigens auch im hier nicht behandelten einzelstaatlichen Bereich — zum überwiegenden Teil Normgebung durch spezielle Verwaltungsbehörden, sog. „administrative agencies", die organisationsmäßig von der Exekutive im politischen Sinne unterschieden werden. Allerdings wird im minderem Ausmaß auch die Exekutive zum Erlaß von Rechtsnormen ermächtigt. Jedoch ist evident, daß der Kongreß, der nach amerikanischem Verfassungsrecht Inhaber der Organisationsgewalt ist[1], weitgehende Delegationen im allgemeinen nicht an die dem

[35] Vgl. *Landis*, Administrative Process, S. 36 und *Stirnberg*, S. 22 ff.

[1] Diese im Prinzip unbestrittene Auffassung wird teilweise auf Art. 2, § 2, Abs. 2 der Verfassung gestützt, wonach der Präsident „shall appoint ... all other Officers of the United States, whose appointments are not herein otherwise provided for, and *which shall be established by Law*". (Hervorhebung von mir), vgl. *Goodnow*, Comparative Administrative Law, 2 Bde. (1893), Bd. 1 S. 130.

Anders *Fraenkel*, S. 232, der die „implied-power-clause (Art. 1, § 8 Abs. 18: „The Congress shall have Power ... to make all Laws which shall be necessary and proper for carrying into Execution the foregoing Powers, and all other Powers vested by this Constitution in the Government of the United States ...") für den sedes materiae auch für die Organisationsgewalt des Kongresses hält.

Präsidenten weisungs- und aufsichtsmäßig unterstehenden Departments, sondern an zumeist in den Ermächtigungsgesetzen zugleich geschaffenen „administrative agencies", in aller Regel in der Form unabhängiger Kollegialbehörden („independent regulatory commissions" IRC), vorgenommen hat.

Der Typus der „independent agency", die — unabhängig von der Exekutive — außerhalb der ordentlichen Behördenhierarchie angesiedelt ist, verdankt seine Existenz den Unzulänglichkeiten der amerikanischen Verwaltung im letzten Jahrhundert. Diese war damals noch im wesentlichen Patronageverwaltung und dadurch gekennzeichnet, daß nicht die Sachkunde und Leistung der in ihr Beschäftigten, sondern deren Zugehörigkeit zu der Partei des jeweiligen Präsidenten einziges oder doch wichtigstes Kriterium für ihre Auswahl war. Aus diesem Grunde traute man den Ministerien weder genügend Sachverstand noch Sachlichkeit für die Bewältigung der anstehenden komplizierten Wirtschaftsprobleme zu und sah das Heil in einer Sonderverwaltung, die sich durch Sachverstand und Unparteilichkeit auszeichnete. Obwohl die Patronageverwaltung längst einer von Berufsbeamten getragenen Leistungsverwaltung gewichen und damit der ursprüngliche Grund für die Errichtung der unabhängigen Behörden entfallen ist, besteht diese weiter und zeugt von der Langlebigkeit historisch bedingter staatsrechtlicher Institute, wie sie auch in Deutschland zu beobachten ist[1a]

a) Die Exekutive

Die reguläre Verwaltung besteht aus den zwölf Departments[2], denen der vom Präsidenten ohne Zustimmung des Kongresses ernannte und diesem allein verantwortliche *secretary*[3] vorsteht, und die, da die Bundesgesetze nicht durch die einzelstaatliche Verwaltung ausgeführt werden, einen eigenen Verwaltungsunterbau auf regionaler und lokaler Ebene (sog. „regional headquarters" und „district offices") unterhalten. Die Departments sind aber, obwohl meist mit den Ministerien westeuropäischer Verfassungssysteme verglichen, diesen recht unähnlich. Nicht nur kennt die amerikanische Verfassung keine dem Art. 65 Satz 2 GG entsprechende Vorschrift, so daß der Präsident unter Ausschaltung

---

[1a] Vgl. dazu und zur Kritik am Fortbestehen der IRCs *Morstein Marx*, Amerikanische Verwaltung — Hauptgesichtspunkte und Probleme, Berlin 1963, S. 103 f.

[2] Departments of State, Treasury, Defense, Justice, Post, Interior, Agriculture, Commerce, Labor, Health, Education and Welfare (HEW), Housing and Urban Development, Transportation; vgl. im einzelnen das jährlich erscheinende US Government Organisation Manual, herausgegeben vom *Office of the Federal Register*, Washington D. C.

[3] Bzw. dem Postdepartment der „Postmaster General" und dem Justizdepartment der „Attorney General".

des *secretary* einzelnen Beamten oder Abteilungen direkt Weisungen erteilen bzw. sich von ihnen berichten lassen kann, häufig ermächtigt der Kongreß auch nicht das Department bzw. dessen *secretary* zu einer bestimmten Tätigkeit, sondern weist einer bestimmten Abteilung des Departments — die häufig, wie die *Independent Agencies*, erst zu diesem Zweck eingerichtet werden und die Bezeichnung *administration*, *office* oder zumeist *bureau* tragen — bestimmte Aufgaben zu, die dann von diesen in eigener Verantwortlichkeit wahrgenommen werden. Die verschiedenen *Reorganization Plans* aufgrund des *Government Reorganization Act* von 1949[4] übertrugen zwar formell in vielen Fällen diese Kompetenzen auf den jeweiligen *secretary*, zu dessen Department das vorher direkt ermächtigte *bureau* organisatorisch gehörte, bestimmten aber gleichzeitig, daß der *secretary* subdelegieren könne, so daß sich in tatsächlicher Hinsicht kaum etwas daran geändert hat, daß das *bureau* weiter selbständig arbeitet und der hierarchische Dienstweg im Normalfall bei ihm endet[5]. Die reguläre Department-Verwaltung ist also im Gegensatz zu den hierarchisch gegliederten Ministerien westeuropäischer Ausgestaltung eher ein System locker koordinierter und eng spezialisierter Oberbehörden[6].

In einigen Wirtschaftsbereichen hat der Kongreß Wirtschaftslenkungskompetenzen nicht auf unabhängige Kollegialbehörden, sondern auf einzelne Departments bzw. *bureaus* übertragen[7]. Das Landwirtschaftsdepartment (Department of Agriculture) soll hier als Beispiel dienen.

---

[4] USC 133z ff.

[5] Siehe dazu und zu den politischen und geschichtlichen Gründen für diese Form der Verwaltungsorganisation *Morstein Marx*, The Departmental System, in: *ders.* (Hrsg.), Elements of Public Administration (2. Aufl. 1959), S. 187 ff.; siehe weiter *Freeman*, The Political Process — Executive-Legislative Committee Relations (2. Aufl. 1965), der die *bureaus* als halbautonom bezeichnet, und *Harris*, Congressional Control of Administration (1964), S. 38 ff.

[6] *Scharpf*, Kosten des Rechtsstaats, S. 15 f.

[7] Vgl. *Statson/Cooper*, The Law of the Administrative Tribunals, 3. Aufl. (1957), S. 7 - 9, die sieben *departments* bzw. *bureaus* mit wirtschaftslenkenden Kompetenzen aufzählen. Seit 1957 sind drei weitere *departments* mit wirtschaftsregelnden Befugnissen dazugekommen; vgl. auch die Tabelle bei *Blachley-Oatman*, Federal Regulatory Action and Control (1940), S. 305, und die Zusammenstellung derjenigen „agencies which substantially affect persons outside the Government through the making of rules and regulations or the adjudication of rights" im *Final Report of the Attorney General's Committee on Administrative Procedure*, S. 3 - 4, in dem 26 *bureaus* innerhalb von 9 *departments* aufgezählt werden. Zwar sind seitdem verschiedene Umgliederungen aufgrund mehrerer Reorganization Acts erfolgt — vgl. die umfangreiche Liste von Bundesbehörden, die seit 1933 aufgelöst, verselbständigt oder in andere Behörden eingegliedert worden sind, im Anhang A zum U.S. Government Organization Manual —, die Zahl gibt aber eine Vorstellung darüber, wieviele *regulatory agencies* innerhalb der regulären Verwaltung bestehen; allerdings sind weniger als die Hälfte dieser *bureaus* im Bereich der Wirtschaftslenkung tätig.

Seine wirtschaftsregelnden Funktionen[8] umfassen die Durchführung des *Commodity Exchange Act*[9], der die Manipulation von Preisen einer Reihe der wichtigsten landwirtschaftlichen Produkte im zwischenstaatlichen Großhandel verbietet und die Konzessionierung und Reglementierung von landwirtschaftlichen Effektenbörsen („contract markets") vorsieht, des *Packers and Stockyards Act*[10], der die fleischverarbeitende Industrie („packers"), Viehöfe und Geflügelmärkte reglementiert, des *Perishable Agricultural Commodities Act*[11], der die Regulation des Transports, der Lagerung und des Verkaufs von leicht verderblichen landwirtschaftlichen Erzeugnissen normiert und „unfair practices" im Zusammenhang mit diesen Waren verbietet; weiter die Durchführung des *Agricultural Marketing Agreement Act*[12], der die Regulierung der Erzeugung von und des Handels mit Milch, Früchten, Gemüse und anderen landwirtschaftlichen Produkten durch Festsetzung von Marktquoten und Paritätspreisen zum Zweck der Erhaltung der Erzeugerpreisstabilität vorsieht, des *Agricultural Adjustment Act*[13], der den *secretary* ermächtigt, Erzeugerquoten für die wichtigsten landwirtschaftlichen Produkte festzusetzen, des *Sugar Act*[14], der den Import von Zucker und den Handel damit regelt, und verschiedener anderer Gesetze. Insgesamt ermächtigen etwa 40 wirtschaftsregulierende Gesetze den *secretary*, bzw. einzelne *bureaus* innerhalb seines Departments, Preise, Erzeuger- bzw. Marktquoten und Verfahrensregeln für den Handel mit landwirtschaftlichen Produkten vorzuschreiben, den Großhandel zu konzessionieren und zu überwachen, Verstöße gegen die Reglementierungen zu ahnden etc., der Natur nach dieselbe Art von Kompetenzen, wie sie die unabhängigen Regulierungskommissionen besitzen[15]. Daß in allen diesen Fällen der Kongreß das Landwirtschaftsdepartment ermächt und

---

[8] Vgl. dazu *A Symposium on Regulatory Functions of the Department of Agriculture*, in: 26 George Washington Law Review 127 - 296 (1958).

[9] 7 USC §§ 1 - 17 a.

[10] 7 USC §§ 181 - 229.

[11] 7 USC §§ 499 a - 499 s.

[12] 7 USC §§ 601 - 602, 608 a - 608 d, 610 a - 610 j, 612, 614, 624, 671 - 674.

[13] 7 USC §§ 1281 - 1282, 1291 - 1292, 1301 - 1304, 1311 - 1314 b, 1321, 1326 - 1336, 1338 - 1347, 1351 - 1391.

[14] 7 USC §§ 1100 - 1161.

[15] *Cushman*, The Independent Regulatory Commissions (1941), S. 10 f.; vgl. auch die Stellungnahme des Vorsitzenden des Landwirtschaftsausschusses, mit der er dem Repräsentantenhaus die Annahme des *Packers and Stockyards Act* empfahl: dieses Gesetz gebe dem *secretary* „complete inquisitorial, visitorial, supervisory, and regulatory power over the packers, stockyards and all activities connected therewith; it is a most comprehensive measure and extends farther than any previous law in the regulation of private business, in time of peace, except possibly the Interstate Commerce Act" — also das die *Interstate Commerce Commission* schaffende Gesetz —, zitiert in *U.S. Department of Agriculture*, Administrative Procedure and Practice under the Packers and Stockyards Act (1939), S. 17.

nicht eine neue unabhängige Behörde zur Regulierung der Erzeugung landwirtschaftlicher Produkte und des Handels damit geschaffen oder die Regulierungsbefugnisse der *Federal Trade Commission* (FTC) übertragen hat[16], zeigt deutlich, daß diese Übertragungen nach pragmatischen und oft tagespolitischen, nicht nach systematischen Gesichtspunkten vorgenommen worden sind[17].

b) Die Independent Regulatory Commissions (IRCs)

Der Typ der Independent Regulatory Commission — zur Unterscheidung von den *executive departments* auch häufig als *administrative agencies* bezeichnet — ist das den amerikanischen Rechtskreis kennzeichnende Instrument des staatlichen Interventionismus[18]. Er ist zum Zweck der effektiven Wirtschaftslenkung entwickelt und auf das Verfahren der Wirtschaftsregulation zugeschnitten, wenngleich auch heute für eine Anzahl anderer Verwaltungsaufgaben gebraucht, für deren Ausführung dem Kongreß eine gewisse Unabhängigkeit von der Exekutive und eine kollektive Organisationsform günstig erschien[19]. Zur Unterscheidung von letzteren Behörden werden die IRCs *regulatory agencies* genannt.

Innerhalb des Gesamtkomplexes Wirtschaftslenkung haben die Organisationsform der IRCs, ihre Ermächtigung zum Erlaß von *rules* und *orders* und besonders die schwierige Frage ihrer verfassungsrechtlichen Einordnung in das Gewaltenunterscheidungs- und Gewaltenteilungs-

---

16 Wie es z. B. im Falle des *Packers and Stockyards Act* allgemein vorgeschlagen worden war, vgl. *Cushman*, Commissions, S. 10.

17 Vgl. auch das organisationsmäßige Schicksal der *Farm Credit Administration*, die 1935 als *independent agency* geschaffen, dann 1939 in das Landwirtschaftsdepartment eingegliedert, 1953 wieder ausgegliedert, also „independent" wurde. Weder an dem Verfahren, noch der inneren Organisation und den Aufgaben dieser Behörde änderte der Wechsel das Geringste.

18 Vgl. die Definition von *Cushman*, Commissions, S. 4: Eine IRC ist „any commission, board or authority which lies outside the regular executive departments and which has for its major job the exercise of some form of restrictive or disciplinary control over private conduct or private property".

19 Von den 44 „independent agencies", die das U.S. Government Organization Manual 1970/71 aufführt, sind mehr als die Hälfte mit anderen als wirtschaftslenkenden Aufgaben befaßt. Zu nennen sind hier beispielsweise die *Administrative Conference*, ein aus Wissenschaftlern und Verwaltungspraktikern bestehendes Kollegium, das sich mit Fragen der Verwaltungsverfahrensreform befaßt, die *American Battle Monument Commission*, die die Einrichtung von Kriegsdenkmälern plant und überwacht, die *Equal Employment Opportunity Commission*, die Fälle von Diskriminierung aus Rassengründen in privaten Arbeitsverhältnissen untersucht und in Zusammenarbeit mit regionalen und lokalen Behörden sowie der Privatindustrie neue Arbeitsplätze für Farbige schafft. Zu den *independent agencies* gehören auch das *Selective Service System*, die Wehrerfassungs- und Einberufungsbehörde, und die mit der Raumfahrt befaßte NASA (National Aeronautics and Space Administration).

system große Beachtung gefunden, was sich in einer außerordentlichen Quantität der sich mit den IRCs befassenden Literatur widerspiegelt[20]. Die Einschätzung der Bedeutung der Regulierungskommission in dem Bericht, den Präsident Kennedy in Auftrag gegeben hatte, daß die IRCs „now embrace within their regulatory powers almost every significant aspect of our national being", wird zwar nicht geleugnet. Wohl aber ist der folgende Satz des Berichts: „their (d. h. the agencies) continued existence is obviously essential for effective government"[21] immer noch bestritten, obwohl die IRCs trotz ihrer verfassungsrechtlich ungeklärten Stellung genügend Tradition und Eigenständigkeit entwickelt haben. Es ist deshalb mehr als unwahrscheinlich, daß sie aufgelöst und ihre Befugnisse auf die Departmentverwaltung übertragen oder als unabhängige *bureaus* in diese eingegliedert werden[22].

aa) Die wichtigsten IRCs und ihre Funktionen

Die älteste, zugleich größte und bedeutendste der wirtschaftslenkenden Behörden ist die schon oben erwähnte *Interstate Commerce Com-*

---

[20] Es ist unmöglich, diese Literatur auch nur halbwegs vollzählig aufzuführen. Führend sind die Werke von *Cushman*, The Independent Regulatory Commissions; *Bernstein*, Regulating Business by Independent Commission (1955); *Landis*, The Administrative Process und *ders.*, Report on Regulatory Agencies to the President-Elect (1960); neben *Cushman* und *Landis* gilt als Klassiker auch *Herring*, Public Administration and the Public Interest (1936) und *ders.*, Federal Commissioners: A Study of their Careers and Qualifications (1936); weiter auch *Fesler*, Independent Regulatory Agencies, aaO.; vgl. auch neben dem schon erwähnten äußerst gründlichen *Report of the Attorney General's Committee on Administrative Procedure* als neueste Publikation über die Funktionen der IRCs *Symposion on the Federal Regulatory Agencies during the Decade of the 1960s*, 9 Boston College Industrial and Commercial Law Review, S. 565 - 862 (Mai 1970); vgl. auch die deutschsprachigen Einzeldarstellungen von *Florian*, Die Independent Regulatory Commissions im amerikanischen Administrative Process, Diss. Marburg 1953; *Adam*, Administrative Agencies in den USA, DVBl 1959, 641 ff.; grundlegend neuerdings *Albert*, Stellung, Funktion und verfassungsrechtliche Problematik der Independent Regulatory Commissions in den Vereinigten Staaten von Amerika, Berlin 1971.

[21] *Landis*, Report S. 1.

[22] Auf eine Beschränkung der Unabhängigkeit der IRCs und eine Einflußnahme des Präsidenten auf die Formulierung der Regulierungsprogramme hatte der Vorschlag *Landis*' in dem in FN 20 erwähnten Report gezielt, ein „Office for the Oversight of Regulatory Agencies" zu schaffen, wodurch dem Präsidenten die Aufgabe des „policy planning", also der koordinierenden Planung, zugefallen wäre. Präsident *Kennedy* folgte dieser Empfehlung jedoch nicht, sondern stellte in seiner Botschaft an den Kongreß fest, daß weder Präsident noch Kongreß „should seek to intervene in those matters which by law these agencies have to decide ..., where they, like the judiciary, must determine independently what conclusion will best serve the public interest. An intervention by the Executive or the Congress should be accorded no special preference or influence". *107 Congressional Record 5874* (1961).

mission (ICC), die, ermächtigt durch eine Reihe von Gesetzen[23], das Eisenbahn-, Straßen- und Wasserstraßentransportwesen reguliert, also alle Personen- und Güterbeförderung im zwischenstaatlichen Verkehr mit Ausnahme des Luftverkehrs, dazu die Anlage und den Betrieb von Öl-Pipelines[24]. Ihre Lenkungsfunktionen reichen von Entscheidungen über die „reasonableness and justness" von Beförderungspreisen — und deren Festsetzung durch die Behörde, wenn die von der Wirtschaft geforderten diesem Maßstab nicht entsprechen —, über die Genehmigung von Zusammenschlüssen oder des Verkaufs von Betrieben im Beförderungsgewerbe und die Ausgabe von Aktien durch derartige Unternehmen, die Zulassung von Fernverkehrsspeditionen, Buslinien, Binnenschiffahrtsbetrieben und Frachtagenturen („transportation brokers"), die Entscheidung über Neukonstruktion oder Abbruch von bestehenden Eisenbahnlinien und bis ins einzelne gehende Vorschriften hinsichtlich der Unterhaltung eines „reasonable service" aller Linien, bis hin zum Erlaß von Sicherheitsvorschriften für die Eisenbahnen, Lastwagen, Schleppkähne, Pipelines usw. War die Behörde zunächst zum Schutz der Benutzer der Eisenbahn gegründet worden, um Diskriminierung und überhöhte Beförderungspreise auf Monopol-Strecken zu verhindern, so ist sie aufgrund der Ausweitung ihrer Befugnisse immer mehr zu einer Art Kartellbehörde auf dem Gebiet des Transportwesens — mit Ausschluß allerdings des an Bedeutung ständig zunehmenden Lufttransportwesens — geworden, die den Wettbewerb zwischen den einzelnen Transportmitteln aufrechterhält und regelt[25].

Die Regulierung des inneramerikanischen und internationalen Luftverkehrs — soweit er die USA berührt — ist Sache des *Civil Aeronautics Board* (CAB). Die Regulierungsbefugnisse dieser Behörde[26] sind

---

[23] *Interstate Commerce Act* von 1887, *Hepburn Act* (1910), *Panama Canal Act* (1916), *Motor Carrier Act* (1935) und die drei *Transportations Acts* (1920, 1940 und 1958), 49 USC §§ 1 - 27, 41 - 66, 81 - 124, 141 - 143, 301 - 327, 902 - 923, 1001 - 1022, 1231 - 1240.

[24] Das umfangreichste und grundlegende, wenn auch inzwischen teilweise überholte Werk über die ICC ist *I. L. Sharfman*, The Interstate Commerce Commission, 5 Bände (1931 - 37).

[25] *Riegert*, S. 36; vgl. auch das im *Motor Carrier Act* von 1935 normierte Nationale Transportprogramm des Kongresses:

"It is hereby declared to be the national transportation policy of the Congress to provide for fair and impartial regulation of all modes of transportation subject to the provisions of this Act, so administered as to recognize and preserve the inherent advantages of each; to promote safe, adequate, economical, and efficient service and foster sound economic conditions in transportation and among the several carriers ... to the end of developing, coordinating and preserving a national transportation system by water, highway, and rail, as well as other means, adequate to meet the needs of the commerce of the United States, of the Postal Service, and of the defense."

[26] 49 USC §§ 1301 - 1542.

etwa dieselben wie die der ICC für den Land- und Binnenschiffahrtsverkehr, also Zulassung von Luftfahrtgesellschaften („air carriers"), Überwachung und gegebenenfalls Festsetzung von Beförderungstarifen, Festsetzung der Vergütung für Postbeförderung, Zahlung von Subventionen für den Betrieb unrentabler, aber im öffentlichen Interesse bedienter Linien, Genehmigung von Zusammenschlüssen, Ausgabe und Erwerb von Aktien von Luftfahrtsgesellschaften, Erlaß von Sicherheitsvorschriften und Überwachung von deren Einhaltung und die Investigation von Flugzeugunfällen im zwischenstaatlichen bzw. internationalen Verkehr.

Die *Federal Power Commission* (FPC) reguliert die Energiewirtschaft (Elektrizität und Erdgas) und besitzt im wesentlichen die gleichen Überwachungs- und Eingriffskompetenzen wie die eben schon erwähnten IRCs[27].

Die mit der Kontrolle des Rundfunk- und Fernmeldewesens betraute *Federal Communications Commission* (FCC) lizensiert die Telephon-, Telegraph-, Radio- und Fernsehgesellschaften und vergibt die Frequenzen sowohl für die kommerziellen Sender als auch für Funk- und Sprechfunkverbindungen der Schiffahrt, der Polizei, des Flugverkehrs, der Taxis usw.[28]. Die FCC bindet die Draht- und drahtlosen Kommunikationsmittel aber nicht nur in eine Vielzahl technischer Vorschriften ein, sondern nimmt auch in gewissem Maße Einfluß auf den Inhalt von Programm- und Reklamesendungen, wenn sie anordnet, daß Sendestationen unbezahlte Sendezeit („equal time") für — meist politische — Gegendarstellungen einräumen müssen[29], oder zum Beispiel keine Fernsehwerbung für Zigaretten mehr ausstrahlen dürfen.

Kontrollieren diese Kommissionen bestimmte Gewerbe- oder Industriebereiche als ganze, so regulieren drei andere wichtige IRCs den gesamten Wirtschaftsbereich hinsichtlich einzelner funktioneller Phasen. Die *Federal Trade Commission* (FTC) hat im wesentlichen die Aufrechterhaltung freien und lauteren Wettbewerbs zur Aufgabe[30], d. h. die

---

[27] Ermächtigt durch den *Federal Power Act* (1920) und den *Natural Gas Act* (1938), 16 USC §§ 791 a - 825 r und 15 USC §§ 717 - 717 w.

[28] Ermächtigt durch den *Communication Act* von 1934 in seiner jetzigen Fassung, 47 USC 151 - 609.

[29] Die „equal-time"-Bestimmung wird aber teilweise auch auf Werbesendungen angewandt, so, wenn die FCC anordnet, daß für eine bestimmte Anzahl von Werbeminuten für Zigaretten eine gewisse freie Sendezeit für „anti-smoking"-Propaganda zur Verfügung gestellt werden muß. Im übrigen ist aber der Einfluß der Kommission auf die Programmgestaltung der Sender gering, hauptsächlich wegen der Grundrechtsbestimmung der Presse- und Redefreiheit des 1. Verfassungszusatzes; vgl. *Riegert*, S. 37.

[30] Ermächtigt durch eine ganze Reihe von Gesetzen, dem *Federal Trade Commission Act, Clayton Act, Export Trade Act*, die *Wools and Fur Product Labeling Acts*, den *Flammable Fabrics Act, Flexible Fiber Products Identifi-*

Verhinderung von Preisabsprachen, falschen oder täuschenden Anzeigen für Nahrungs- und Arzneimittel, sowie Kosmetika, der Bildung von Produktions- oder Vertriebskartellen und Monopolen. Sie geht gegen falsche oder irreführende Warenverpackungen oder -bezeichnungen vor und hat die Aufsicht über Exportfirmen und Teilzahlungsfinanzierungsinstitute, soweit sie nicht der Aufsicht anderer Behörden, wie z. B. der noch zu erwähnenden *Securities and Exchange Commission* (SEC) oder der *National Credit Union Administration* unterliegen. Zu diesem Zweck untersucht die FTC Fälle von behauptetem oder vermutetem unlauteren Wettbewerb usw. und erläßt sog. *cease-and-desist-orders*, vergleichbar den aufgrund des UWG ergehenden Unterlassungsurteilen unserer ordentlichen Gerichte. Weiter erläßt die Behörde aber auch *rules*, die z. B. das allgemeine Verbot von „unfair methods of competition" für einen bestimmten Wirtschaftszweig, bestimmte Arten von Handelswaren, gewisse Handelspraktiken oder Gebräuche, zum Teil auch nur für bestimmte Regionen der USA konkretisieren (sog. „trade regulation rules").

Das *National Labor Relations Board* (NRLB) ist zur Durchführung des *National Labor Relations Act*[31] geschaffen worden, der die Kollektivbeziehungen zwischen den Sozialpartnern regelt und das Koalitionsrecht der Arbeitnehmer normiert, gewisse Praktiken von Arbeitnehmern und Gewerkschaften für ungesetzlich erklärt und das NLRB ermächtigt, solche Praktiken zu verhindern, bzw. ihnen abzuhelfen. Außerdem hat die Behörde die Aufgabe, die Wahl der Arbeitnehmervertreter zu organisieren und zu überwachen.

Die *Securities Exchange Commission* (SEC) schließlich regelt und überwacht die Ausgabe von und den Börsenhandel mit Wertpapieren, beaufsichtigt das Investmentgeschäft und regelt die Entflechtung gewisser Typen von Holding-Gesellschaften im *public-utility-Bereich*[32]. Die Kontrolle des Wertpapierhandels ist in den USA schärfer als in der Bundesrepublik. Kernvorschrift im *Securities Exchange Act* ist die Pflicht des Emittenten, alle Daten offenzulegen („full disclosure"), die den Investor interessieren, weil sie auf den Wert der Papiere Einfluß

---

cation Act, Fair Packing and Labeling Act, Lanham Trade-Mark Act und *Truth in Lending Act;* 15 USC §§ 15 USC 12, 41 - 51, 1191.

[31] 29 USC §§ 151 - 166.

[32] Die Behörde wurde geschaffen durch den *Securities Exchange Act* von 1934, 15 USC §§ 78 a - 78 jj, ihre Funktionen beruhen auf einer ganzen Reihe von Gesetzen, deren wichtigste der *Securities Act* von 1933 (15 USC §§ 77 a ff.), der *Public Utility Holding Company Act* von 1935 (15 USC §§ 79 - 79 z), der *Trust Indenture Act* von 1939 (15 USC 77 aaa - 77 bbb), der *Bretton Woods Agreements Act* von 1945 (22 USC §§ 286 - 286 k) sind. Hinsichtlich der anderen gesetzlichen Ermächtigungen vgl. *U.S. Government Organization Manual* 1970/71, S. 483 f.

haben können. Die verschiedenen einschlägigen Gesetze ermächtigen die Kommission zu Investigationen, Einzelakten (wie die Entziehung der Konzession), aber auch einer Reihe von *regulations*, die etwa die „full disclosure"-Vorschrift konkretisieren oder den Börsenhandel bis ins einzelne regeln.

Die Größe und interne Organisation der verschiedenen IRCs ist unterschiedlich. Alle hier besprochenen Kommissionen haben 5 *commissioners* — mit Ausnahme der FCC, die 7, und der ICC, die 11 haben —, die als Kollegium die Behördenleitung darstellen und als solche über die grundsätzlichen Fragen und das Regulierungsprogramm („policy") ihrer Behörden entscheiden. Die Kommissionsmitglieder müssen — mit Ausnahme des NRLB — nach dem Grundsatz der sog. *bipartisan rule* ausgewählt werden, d. h. nicht mehr als die Hälfte der Mitglieder (also nur 3 von 5, 4 von 7 und 6 von 11) dürfen einer der beiden im Kongreß vertretenen politischen Parteien angehören[33]. Ihre Amtszeit beträgt — sich jeweils überlappend — zwischen 5 und 7 Jahren, wobei eine Wiederbestellung möglich ist.

bb) Die Abhängigkeit der unabhängigen Behörden: das Verhältnis der IRCs zu Exekutive und Kongreß

Das Nebeneinanderbestehen zweier Verwaltungstypen mit unterschiedlicher Organisation und politischer Legitimation in demselben staatlichen System wirft verschiedene Fragen auf, die die IRCs zu der umstrittensten Institution amerikanischen Verfassung- und Verwaltungsrechts gemacht haben. Die Gegner der Dichotomie der Verwaltung und Befürworter einer klaren Trennung der Gewalten bezeichnen die IRCs als „a headless ‚fourth branch' of the Government, a haphazard deposit of irresponsible agencies and uncoordinated powers", deren Errichtung gegen den Grundsatz der Verfassung verstoße, „that there should be three major branches of Government and only three" und reden der Übertragung ihrer Funktionen auf die Departments, bzw. ihrer Eingliederung in die reguläre Verwaltung das Wort[34], während

[33] Zur Frage des Einflusses der Parteizugehörigkeit der Commissioners vgl. *Herring*, Federal Commissioners, S. 10 f.; *Bernstein*, S. 104 und 109 ff.; *Nagel/Lubin*, Regulatory Commissioners and Party Politics, 17 Administrative Law Review 39 (1964). Während *Herring* und *Bernstein* der Auffassung waren, daß die Parteizugehörigkeit die Commissioners in ihren Entscheidungen nicht sichtbar beeinflussen, kommen *Nagel* und *Lubin* zu dem Ergebnis, daß in der Tat ein Zusammenhang besteht, allerdings nur als ein Faktor neben anderen (z. B. regionaler Herkunft). Interessant ist, daß die Präsidenten nicht ausschließlich Commissioners ihrer eigenen Partei ernennen, sondern etwa zu einem Drittel von der anderen Partei. Parteiunabhängige Kommissionsmitglieder sind dagegen selten (6 %).

[34] *The President's Committee on Administrative Management*, Report (1937), S. 36; vgl. auch *Hector*, Problems of the Civil Aeronautics Board and the

ihre Befürworter der Ansicht sind, daß sie für die Zwecke effektiver Wirtschaftsregelung notwendig und geeignet sind und daher „have a proper place in the machinery of our government“[35].

Die verfassungsrechtliche Stellung der *„independent“ agencies* im Sinne von „unabhängig von der politischen Exekutive“[36] ist tatsächlich nicht leicht zu bestimmen, insbesondere nicht in ein dreigeteiltes System der Staatsgewalt einzuordnen. Gewöhnlich werden die IRCs dem *executive branch of government* zugerechnet[37]. Nicht selten werden sie aber auch als „arm“ oder „agent“ des Kongresses bezeichnet, was aber eher auf die Art der Funktion hindeutet, die die IRCs wahrnehmen, als auf ihre organisationsmäßige Zugehörigkeit zur Legislative, etwa als eine von der Bürokratie der Exekutive unterschiedene spezielle Bürokratie des Kongresses[38]. Was die Verfassungswirklichkeit angeht, so werden die Kommissionen recht bildhaft als „Stiefkinder“ bezeichnet, „whose custody is contested by both Congress and the Executive, but without much affection from either one“[39].

Independent Regulatory Commissions — Memorandum to President Eisenhower, abgedr. bei *Gellhorn/Byse*, Administrative Law (4. Aufl. 1960), S. 56 bis 62.

35 *Commission on Organization of the Executive Branch of the Government* (Hoover-Commission), Report to Congress (1949), S. 3; vgl. auch *Blachly/Oatman*, Regulatory Action, S. 6, und besonders *Landis*, Administrative Process.

36 Vgl. *Cushman*, Commissions, S. 3: “A commission or board is ‘independent’ ... when it is entirely outside any regular executive department. It is isolated from the integrated administrative structure of the executive branch. It is subject to no direct supervision or control by any cabinet secretary or by the president.”

37 Vgl. z. B. das *U.S. Government Organization Manual*, wo die *independent agencies* unter der Abteilung „executive branch“ aufgeführt sind.

38 Vgl. *Loewenstein*, Verfassungsrecht und Verfassungspraxis der Vereinigten Staaten, Berlin 1959, der die IRCs in dem Kapitel „Tätigkeitsbereich des Kongresses“ behandelt; weiter *Cushman*, Commissions, S. 450 f. und die Entscheidung des Supreme Court, *Humphrey's Executor v. United States*, 295 US 602 (1935). Gemeint ist mit dieser Bezeichnung aber offensichtlich nur, daß die IRCs Funktionen ausüben, die der Kongreß selbst auch hätte wahrnehmen können, nämlich z. B. angemessene Eisenbahntarife vorzuschreiben. Das macht aber die IRCs nicht mehr zum *arm* oder *agent of Congress* als die regulären Departments, denen solche rechtsetzende Befugnisse übertragen worden sind. So auch der Supreme Court in der Entscheidung *Morgan v. United States*, 298 US 468, 479 (1936), in der der Landwirtschaftsminister, der aufgrund des oben erwähnten *Packers and Stockyards Act* auch Preise vorschreiben kann, also eine „legislative function“ ausübt, als „agent of Congress“ bezeichnet wird.

39 *Cary*, Politics and the Regulatory Agencies (1967), S. 4, mit Hinweis auf das geringe Budget der IRCs (1965: 96 Millionen Dollar aus einem Gesamthaushalt von über 96 Milliarden, also etwa 0,1 % des Gesamtbudgets); vgl. auch *Davis*, Treatise, Ergänzungsband 1970, § 1.07 S. 38.

Vgl. auch Präsident *Kennedys* „Special Message on Regulatory Agencies to the Congress“: “Both the Congress and the President have a continuing duty to be watchful with respect to the activities of the regulatory agencies.” 107 Congressional Record 5874 (1961).

Trotz ihrer nominellen Unabhängigkeit sind die IRCs durch ein engmaschiges Netz institutioneller und politischer Abhängigkeiten und Kontrollen sowohl mit dem Kongreß als auch mit dem Präsidenten verbunden, wenngleich der Einfluß des letzteren aufgrund der verselbständigten Organisation dieser Behörden und der personellen Unabhängigkeit ihrer leitenden Organe erheblich geringer ist als in der Departmentverwaltung.

Trotz einer scheinbaren größeren Unabhängigkeit der amerikanischen Exekutive vom Kongreß läßt sich insgesamt sagen, daß in den USA die parlamentarische Kontrolle der Bundesbehörden extensiver und intensiver als unter den europäischen parlamentarischen Regierungssystemen ist[40]. Die politische Wissenschaft hat hierfür den Begriff „congressional system of government" geprägt[41], und das Wort, daß die amerikanische Verfassungswirklichkeit die Funktionen von Kongreß und Präsident in ihr Gegenteil verkehrt habe, da dem Präsidenten heute die Gesetzgebungsfunktion zugefallen sei, während der Kongreß praktisch die Exekutive ausübe, ist sicherlich überspitzt, aber nicht ganz falsch[42].

Wirksamstes Mittel der Einflußnahme und Kontrolle ist die Funktion des Kongresses, den Behörden alljährlich ihre Haushaltsmittel zuzuweisen[43]. Das trifft zwar generell für alle demokratischen, gewaltenteilenden Regierungssysteme zu. Dieser *appropriations process* spielt im amerikanischen System aber insofern eine besondere Rolle, als der Kongreß die Haushaltsmittelanforderungen einer besonders detaillierten, gründlichen und weitgehenden Durchleuchtung und dabei die geleistete Tätig-

---

40 Aus der reichhaltigen Literatur sei nur verwiesen auf: *Burns*, Congress on Trial — The Legislative Process and the Administrative State (2. Aufl. 1966); *Cushman*, Commissions, S. 448 ff.; *Ginnane*, The Control of Federal Administration by Congressional Resolutions and Committees, 66 Harvard Law Review 569 ff. (1953); *Griffith*, Congress — Its Contemporary Role (4. Aufl. 1967), S. 42 ff.; *Harris*, Congressional Control of Administration (1964); *Key*, Legislative Control, in: Morstein Marx (Hrsg.), Elements of Public Administration (2. Aufl. 1959), S. 312 ff.; *Landis*, Report, S. 33 ff.; *Lees*, Legislative Review and Bureaucratic Responsibility; The Impact of Fiscal Oversight by Congress on the American Federal Administration, 45 Public Administration 369 ff. (1967); *Macmahon*, Congressional Oversight of Administration: The Power of the Purse, 58 Political Science Quarterly 161 ff., 380 ff. (1943); *Mansfield*, The Congress and Economic Policy, in: Truman (Hrsg.), The Congress and America's Future (1965), S. 121 ff.

41 Vgl. z. B. *Bernstein*, S. 151 und *v. Beyme*, Das präsidentielle Regierungssystem der Vereinigten Staaten in der Lehre der Herrschaftsformen, Karlsruhe 1967, S. 36; vgl. auch schon *Wilson*, Congressional Government (1885).

42 Der Ausspruch wird dem Historiker *Charles Beard* zugeschrieben, vgl. *v. Beyme*, S. 36; siehe auch *Harris*, S. 11.

43 Dazu außer der in FN 40 genannten Literatur noch *Loewenstein*, S. 249 ff. und *Pelny*, Die legislative Finanzkontrolle in der Bundesrepublik Deutschland und in den Vereinigten Staaten von Amerika, Berlin 1972, S. 75 ff. und 112 ff.

keit der Behörden einer inhaltlichen Kontrolle unterzieht. Dies geschieht nicht im Rahmen einer Haushaltsdebatte vor dem Plenum der beiden Häuser, in der lediglich zu den Grundzügen der Verwaltungsprogramme und einzelnen besonders grundsätzlichen Aktivitäten der Behörden Stellung genommen wird, sondern durch die einflußreichsten Ausschüsse der beiden Häuser, die *House* bzw. *Senate Appropriations Committees*[44], die mit Hilfe von Unterausschüssen, die auf die Arbeit einzelner Behörden oder begrenzte Fachbereiche spezialisiert sind, nicht nur minutiös die Mittelanforderungen aller Behörden durchforsten, sondern praktisch auch eine ständige Fachaufsicht über deren Verwaltungstätigkeit ausüben[45].

Neben der Möglichkeit, die leitenden Beamten zu *hearings* vorzuladen, können sie von der Verwaltung Untersuchungen von einzelnen Fällen und Berichte darüber verlangen, einzelne Posten der Budgetanforderungen streichen, wenn ihnen generell die *policy* oder einzelne Maßnahmen der betreffenden Behörde nicht gefallen, und schließlich gewisse Auflagen hinsichtlich der Verwendung der zugewiesenen Mittel in dem betreffenden Budgetgesetz[46] machen. Als Beispiel mag die Auflage („rider") der *Independent Offices Appropriation Bill* von 1925 dienen, die der *Federal Trade Commission* (FTC) ihre Haushaltsmittel mit der ausdrücklichen Bestimmung zuwies, die Mittel dürften nicht für die Aufklärung und Maßnahmen gegen gewisse, in dem Zusatz im einzelnen näher bestimmte Geschäftspraktiken verwandt werden[47]. Solche punktuelle Kontrolle der Behörden und spezielle Weisungen hinsichtlich einzelner Tätigkeiten der Behörden im Budgetbewilligungsprozeß wird durch die Praxis erleichtert, die Zuweisung in detaillierte Einzelposten aufzuschlüsseln und diese Posten mit zusätzlichen Restriktionen zu versehen[48].

Neben dieser für eine intensive Verwaltungskontrolle nicht hoch genug einzuschätzenden "power of the purse" hat der Kongreß auch mit der ihm zukommenden Organisationsgewalt „the power of life and

---

44 Ihrem Einfluß entsprechend häufig als „third house of Congress" bezeichnet, vgl. *Harris*, S. 75.

45 Siehe *Harris*, S. 50 f. und 74 ff. und besonders *Kirst*, Government without Passing Laws — Congress' Non-Statutory Techniques for Appropriations Control (1969).

46 Es ist eine Besonderheit des amerikanischen Systems, daß nicht *ein* Gesamthaushalt vom Kongreß behandelt und verabschiedet wird, sondern etwa 20 verschiedene *appropriation bills*, außerdem verschiedene Nachtrags- und außerordentliche Haushaltsgesetze. Dazu kommt, daß Einkommenshaushalt und die verschiedenen Ausgabenhaushalte getrennt und ohne Deckungszusammenhang verabschiedet werden.

47 Vgl. näher *Cushman*, Commissions, S. 449.

48 Vgl. das Beispiel einer solchen detailliert aufgeschlüsselten Zuweisung bei *Harris*, S. 101 f.

death over the commissions"[49], d. h. er legt nicht nur die innere Organisation, den Aufgabenkreis und häufig auch spezielle Verfahrensregeln für die Arbeit der Behörde fest, sondern kann auch jederzeit die gegebenen Ermächtigungen abändern, einschränken oder ganz zurücknehmen und die von ihm geschaffenen Behörden wieder auflösen. Dies geschieht auch häufig, zum Teil, weil sich die der Behörde übertragene Aufgabe erledigt hat, zum Teil aufgrund von Umgliederungen, zum Teil aber auch, weil sich eine Behörde nach Meinung des Kongresses der ihr übertragenen Aufgaben nicht befriedigend oder mit einer vom Kongreß nicht gebilligten Marschrichtung entledigt hat.

Außer diesen intensiven, wiewohl indirekten parlamentarischen Kontrollen bundesbehördlicher Aktivitäten und früher gelegentlich gebrauchten direkten Weisungen aufgrund gleichlautender Beschlüsse beider Häuser[50], kontrolliert der Kongreß die IRCs, wie auch die Departmentverwaltung, durch die Fachausschüsse, die sog. legislative committees[51]. Daneben kann er spezielle Untersuchungsausschüsse, sog. *special investigating committees*[52] einsetzen, die außer mit fachkundigem Personal und ansehnlichen Mitteln auch mit weitgehenden Befugnissen ausgestattet sind, wie z. B. die Behördenspitzen oder einzelne Beamte zu mündlichen oder schriftlichen Berichten zu veranlassen oder Zeugen zu laden und deren Erscheinen und Aussage notfalls mit Beugestrafen zu erzwingen („subpoena").

Unterliegt also die Bundesverwaltung generell einer intensiven Kontrolle durch den Kongreß, wobei jede Behörde etwa sechs verschiedenen Kongreßausschüssen mit zum Teil konkurrierenden, überlappenden oder nicht hinreichend geklärten Zuständigkeiten Rechenschaft

---

[49] *Cushman*, Commissions, S. 670.

[50] Vgl. die *Joint Resolution* vom 30. 1. 1925 (43 Statutes at Large S. 801), die sog. *Hoch - Smith - Resolution*, die die ICC anwies, den geringstmöglichen Transporttarif für landwirtschaftliche Produkte festzusetzen. Obwohl dieser gemeinsame Beschluß beider Häuser sich inhaltlich kaum von den aufgrund der Budget- und der Organisationsgewalt gegebenen Weisungsmitteln unterscheidet, insbesondere dieser Beschluß auch als den zur Festsetzung von Tarifen ermächtigenden *Transportation Act* abändernde bzw. ergänzende gesetzliche Bestimmung hätte ergehen können, hat der Supreme Court entschieden, daß der Kongreß mit dieser direkten Weisung seine konstitutionellen Befugnisse überschritten habe, *Ann Arbor Railway Co. v. U.S.*, 281 US 658 (1930).

[51] Zum Neben- und manchmal Gegeneinander der Kontrollen und Anweisungen der IRCs durch Haushaltsausschüsse und Fachausschüsse siehe *Davis*, Discretionary Justice (1969), S. 147 f. und *Cary*, Politics, S. 40 f.

[52] Deren Bedeutung seit dem *Legislative Reorganization Act* von 1946 abgenommen hat und deren Funktion weitgehend von den ständigen Fachausschüssen übernommen worden ist. Ursprünglich war jedoch die Kontrolle durch solche ad hoc-Untersuchungsausschüsse die einzige Form der parlamentarischen Exekutivkontrolle, vgl. *Harris*, S. 279 ff.

legen und Auskunft geben muß, so besteht eine zusätzliche Abhängigkeit der wirtschaftslenkenden Sonderverwaltung insofern, als der Präsident die Mitglieder dieser Kollegialbehörden nur mit Zustimmung des Senats ernennen, bzw. nach Ablauf ihrer Amtszeit wiederernennen kann. Auch mit dieser Kompetenz kann der Senat die Zielsetzung und Programme der IRCs, die, wie unten noch zu zeigen sein wird, in der Ausgestaltung ihrer zum Teil sehr weitgefaßten übertragenen Regulierungskompetenzen relativ freie Hand haben, erheblich beeinflussen[53].

"The relationship of the (independent) agencies to the Executive has never been appropriately defined. It probably cannot be." Dieses Zitat eines bekannten Befürworters des Systems unabhängiger Sonderverwaltungen für den Bereich der Wirtschaftsregulierung[54] drückt die Schwierigkeit aus, die ganze Skala von tatsächlichen Abhängigkeiten, Einflußnahmen und Kontrollen rechtlich zu erfassen, die natürlich trotz der organisatorischen Trennung der unabhängigen Behörden vom Präsidenten und der von ihm abhängigen[55] Departmentverwaltung bestehen.

Wie schon oben kurz ausgeführt, werden die Kommissionsmitglieder („commissioners"), also die jeweils fünf, sieben oder elf obersten Beamten der IRCs, vom Präsidenten ernannt, ohne allerdings wieder von ihm entlassen werden zu können, wenn nicht einer der gesetzlich vorgesehenen Entlassungstatbestände[56] vorliegt[57]. Praktisch ist es

[53] Vgl. hierzu das schon zitierte Werk, Politics and the Regulatory Agencies von *Cary*, der selbst Vorsitzender der SEC war.

[54] *Landis*, Report, S. 30. Prof. *Landis* war Berater Präsident *Roosevelts* und selbst Kommissionsmitglied von zwei IRCs, der FTC und der SEC.

[55] Die, wie schon oben angedeutet, gar nicht so abhängig sind. Der Versuch einer direkten Einflußnahme des Präsidenten auf Entscheidungen etwa der in das Landwirtschaftsdepartment eingegliederten *Commodity Exchange Commission* würde, käme sie zur Kenntnis der Öffentlichkeit, ebensoviel Kritik hervorrufen wie die direkte Einflußnahme auf eine IRC, vgl. *Landis*, Report, S. 30.

[56] Die Kommissionsmitglieder der ICC, FTC, CAB und NLRB können nur wegen „inefficiency, neglect of duty or malfeasance in office" entlassen werden. Obwohl es für die SEC, FCC und FPC entsprechende gesetzliche Bestimmungen nicht gibt, ist die Entlassung eines *commissioners* einer dieser Behörden durch den Präsidenten wegen der „political inadvisability of such a traumatic step" (*Cary*, Politics, S. 10) nur unter den gleichen Voraussetzungen möglich.

[57] Vgl. besonders die cause célèbre *Humphrey's Executor v. U.S.*, 295 US 602 (1934), dem die Entlassung eines Kommissionsmitgliedes der FTC durch Präsident Roosevelt zugrundelag. Der Präsident hatte Humphrey nicht wegen eines der gesetzlich vorgesehenen Entlassungsgründe, sondern wegen Meinungsverschiedenheiten hinsichtlich der *policy* der FTC entlassen. Der Supreme Court stellte die Rechtswidrigkeit der Entlassung fest, da „without cause" entlassen worden sei. Demgegenüber hatte das Gericht in der vorangegangenen *Myers*-Entscheidung — 272 US 52 (1926) — festgestellt, daß der Präsident einen „postmaster" des ihm unterstehenden Post-Departments „at pleasure" seines Postens entheben könne.

diese Unabsetzbarkeit der Behördenspitzen, die wirkliche Unabhängigkeit von der Kontrolle des Präsidenten bedeutet[58], während die formale Unabhängigkeit im Sinne der Existenz als verselbständigte Einheit außerhalb der Departmentverwaltung vergleichsweise unbedeutend erscheint, wenn die oben erwähnte Unabhängigkeit der eingegliederten *bureaus* in Betracht gezogen wird.

Darüber hinaus ernennt der Präsident aus der Gruppe der Kommissionsmitglieder einen Vorsitzenden („chairman")[59], der die Geschäftsverteilung und interne Geschäftsordnung der Behörde bestimmt, sowie als „avenue of contact" zwischen Kommission und Präsidenten dient[60], und damit eine gewisse Abstimmung der Ziele und Programme der verschiedenen Behörden ermöglicht[61].

Eine weitere, recht effektive Kontrolle stellt die Prüfung der Haushaltsmittelanforderungen der IRCs durch das dem *Executive Office* des Präsidenten angehörende *Bureau of Budget*[62] dar, die in derselben Weise gehandhabt wird wie die der Departments. Zwar ist denkbar, daß der Kongreß für die einzelnen Sonderbehörden auch Beträge bewilligt, die vom *Bureau of Budget* nicht für erforderlich gehalten und deswegen nicht in dem entsprechenden von der Regierung eingebrachten Haushaltsgesetz angefordert worden sind; solche Überbewilligungen sind aber selten. Das Bureau stellt auch Untersuchungen — meist, aber nicht notwendigerweise, im Zusammenhang mit den Haushaltsvoranschlägen — über die Organisation und Verwaltungspraxis aller exekutiven Behörden einschließlich der unabhängigen Regulierungskommissionen an, macht Vorschläge für die Umgliederung zum Zweck der Verwaltungsvereinfachung und höheren Effektivität und ist so zugleich eine Art „Bureau of Administrative Management"[63]. Dazu kommt, daß, von

---

[58] Vgl. aus der Entscheidung *Humphrey's Executor v. U.S.*, 295 US 602, 629: "... it is quite evident that one who holds his office only during the pleasure of another cannot be depended upon to maintain an attitude of independence against the latter's will."

[59] Die ICC hatte bis 1969 einen alljährlich wechselnden *chairman*, der von den *commissioners* selbst gewählt wurde, seitdem wird der Vorsitzende auch vom Präsidenten ernannt.

[60] *Landis*, Report, S. 31.

[61] Zu den Versuchen der Präsidenten, über die IRC-Vorsitzenden deren *policy* zu beeinflussen, vgl. *Bernstein*, S. 110 ff. und 132 f., sowie *Redford*, Economic Control, S. 279 ff.

[62] Die direkte Kontrolle des Präsidenten über das *Bureau of Budget* ist erst jüngeren Ursprungs; ursprünglich war es eine Abteilung im *Treasury Department*. Zweck des das *Bureau* schaffenden *Budget and Accounting Act* von 1921 war es, „to wipe out duplications in the Government service, to eliminate inefficiency, and to stop unnecessary work"; dafür bestimmte es, daß alle Haushaltsanforderungen aller Bundesbehörden außerhalb der Justiz und des Kongresses über das *Bureau* laufen müßten.

[63] *Landis*, Report, S. 32; zur Kontrolle der IRCs durch das *Bureau of Budget* siehe besonders die Studie des Unterausschusses für *Legislative*

unbedeutenden Ausnahmen abgesehen, alle Datenerhebungen der verschiedenen Behörden vom *Bureau of Budget* genehmigt werden müssen, um Überschneidungen zu vermeiden. Praktisch gibt diese Bestimmung[64] dem Bureau nicht nur die technische Kontrolle über die Datenerhebung und Informationsbeschaffung, sondern insofern auch Einfluß auf die materielle Verwaltungstätigkeit selbst, als sie ihm gestattet, die Untersuchungen von Amts wegen für bestimmte Bereiche zu verhindern — und damit effektives Verwaltungshandeln oder Planung in diesen Bereichen unmöglich zu machen —, wenn solches politisch unerwünscht ist[65].

Schließlich gibt es noch die ungeschriebene, aber strikt praktizierte Regel, daß die IRCs Gesetzes- bzw. Gesetzesänderungsvorschläge in den Kongreß nur dann einbringen können, wenn diese vom *Bureau of Budget* geprüft und gebilligt worden sind. Das gleiche gilt für alle offiziellen Stellungnahmen der Regulierungskommissionen zu Gesetzesvorlagen, die im Kongreß behandelt werden[66]. Tatsächlich haben auch nur solche Gesetzesvorschläge der unabhängigen Wirtschaftsbehörden Aussicht auf Verabschiedung, die vom Präsidenten unterstützt werden.

Die Unabhängigkeit der IRCs wird also von der Seite der regulären Exekutive einmal durch die Ernennungskompetenz des Präsidenten und zum anderen durch die Tatsache eingeschränkt, daß die Sonderbehörden zumindest haushaltsmäßig der Exekutive zugerechnet werden und daher in verschiedener Weise vom *Bureau of Budget*, dem „Cerberus at the gate of any program"[67] abhängen. Im Verhältnis zum Kongreß ist die Unabhängigkeit der IRCs noch weiter eingeschränkt: die Legislative betrachtet die Sonderverwaltung aufgrund ihrer Budget-, Organisations- und Gesetzgebungsgewalt als ihr direkt unterstehend, rechenschaftspflichtig und weisungsgebunden. Eigentliche Kontrollorgane sind im wesentlichen die Haushalts- und Fachausschüsse, zuweilen auch ad hoc-Untersuchungsausschüsse; als Mittel der Kontrolle dienen *hearings*, Untersuchungen, Anforderungen detaillierter Rechenschafts- und Tätigkeitsberichte, Aufschlüsselung der Budgetzuweisung in eng gefaßte Einzelposten, denen zusätzlich Auflagen und Restriktionen beigefügt werden.

Oversight, Budget Bureau Censorship and Control of Independent Agency and Other Matters, 86 Congress H. R. 2nd Session, Government Printing Office 1960.

64 Des *Federal Reports Act* von 1942, 5 USC § 13.

65 Vgl. z. B. näher *Mc Intyre/Volhard*, The Federal Trade Commission, in: The Federal Regulatory Agencies during the Decade of the 1960s — A Symposium (1970), S. 741 f.

66 Siehe *Landis*, Report, S. 31.

67 *Cary*, Politics, S. 12.

§ 4. Das Instrumentarium: Die rechtlichen Formen der Wirtschaftsregulierung

Die wirtschaftsregulierenden Behörden werden bei der Erfüllung ihrer von den jeweiligen Ermächtigungsgesetzen statuierten Aufgaben in den vom APA als Regeltypen administrativen Handelns vorgesehenen Formen „rule" und „order"[1] tätig.

a) „rules" und „orders"

Der Begriff „rule" ist in § 2 (c) APA gesetzlich definiert als

„the whole or any part of any agency statement of general or particular applicability and future effect designed to implement, interpret, or prescribe law or policy or to describe the organization, procedure, or practice requirements of any agency and includes the approval or prescription for the future of rates, wages, corporate or financial structures or reorganizations thereof, prices, facilities, appliances, services or allowances therefor or of valuations, cost or accounting, or practices bearing upon any of the foregoing".

Und § 2 (d) APA definiert „order" als

„the whole or any part of the final disposition (whether affirmative, negative, injunctive, or declaratory in form) of any agency in any matter other than rule making but including licensing".

Bemerkenswert im Vergleich zu den deutschen Begriffen Rechtsverordnung und Verwaltungsakt[2] ist hier einmal, daß nicht die Abstraktheit und Allgemeinheit einer Regelung Abgrenzungskriterium der *rule* von der *order* ist, sondern der *future effect*, d. h. die Auswirkung der Entscheidung auf die Zukunft. Die dogmatische Abgrenzung geht auf den Bundesrichter Oliver Wendell *Holmes* zurück: "Legislation ... looks to the future and changes existing conditions by making a new rule, to be applied thereafter to all or some part of those subject to its power[3]." Ihre Logik ist verschiedentlich kritisiert worden, im wesentlichen mit dem Argument, daß dann fast jeder Akt der Verwaltung, außer der speziell ausgenommenen Erteilung von Genehmigungen, unter den Begriff der *rule* falle[4].

---

[1] Für „rule" wird gleichbedeutend „regulation" gebraucht. Zuweilen werden „rules" auch „order" oder „decision" genannt. Dieser uneinheitliche Sprachgebrauch hat aber keine systematischen Gründe.

[2] Zum begrifflichen Unterschied siehe *Breuckmann*, Grundzüge des Federal Administrative Procedure Act, Diss. Mainz 1962, S. 29 Anm. 3; vgl. weiter *Riegert*, S. 66 ff. und *Morstein Marx*, Einführung (zum APA), in: Ule (Hrsg.), Verwaltungsverfahrensgesetze des Auslandes, 2 Bde. (1967), Bd. 2, S. 899 ff., 913 ff.

[3] In der Entscheidung *Prentis v. Atlantic Coast Line* Co. 211 US 210, 226 (1908).

[4] Vgl. *Fuchs*, Procedure in Administrative Rule-Making, 52 Harvard Law Review 259 (1938); *Davis*, Treatise, § 5.02 S. 295; *Riegert*, S. 66 f.

In der wissenschaftlichen Diskussion waren auch schon früh die uns geläufigen Abgrenzungskriterien vertreten, und der Vorschlag gemacht worden, *rules* als „regulations or determinations" zu definieren, „which are addressed to indicated, but unnamed and unspecified persons or situations"[5] ohne daß diese Meinung sich durchgesetzt hätte[6].

Der Unterschied zwischen dem Begriff der *rule* nach dem APA und dem der deutschen Rechtsverordnung ist jedoch tatsächlich nicht so erheblich, wie es nach der gesetzlichen Definition den Anschein hat. Denn einmal sehen der APA, aber auch andere spezielle Verwaltungsgesetze, die Verfahrensvorschriften enthalten, Ausnahmen von der *rule*-Definition vor. § 2 (d) APA bestimmt, daß Genehmigungen („licenses")[7] trotz ihrer zukünftigen Wirkung *orders* seien, und § 4 (b) APA schreibt vor, daß solche *rules*, für die das die besonderen Verwaltungsgesetze vorsehen, nach dem förmlichen Verfahren erlassen werden müssen, in dem Einzelakte ergehen (nach §§ 5, 7 und 8 APA). Zum anderen darf man nicht nur auf die Kriterien der allgemeinen oder besonderen Anwendbarkeit und der Auswirkung der Regelung auf die Zukunft abstellen, sondern muß auch die übrige Umschreibung mit einbeziehen: so ist zum Beispiel die behördliche Untersagung, die besonders im Wettbewerbsrecht viel verwendete *cease-and-desist-order*, trotz ihrer zukünftigen Wirkung keine *rule*, da sie nicht die Durchführung, Auslegung oder Festsetzung von Recht oder Richtlinien oder die Beschreibung der Organisation, des Verfahrens oder der Geschäftsordnung einer Behörde zum Zweck hat[8].

Für die Fälle von Verwaltungs-Akten schließlich, die nach der „particular applicability"-Bestimmung der APA-Definition unter den

---

[5] *Fuchs*, Procedure, S. 263. Wenn er aber diese Definition als „the one most often employed in the literature of administrative law" bezeichnete, so bezog er sich hauptsächlich auf englische, nicht amerikanische Autoren, vgl. S. 263 FN 16. So wie *Fuchs* aber auch *Weeks*, Legislative Power versus Delegated Legislative Power, 25 Georgetown Law Journal 314, 327 (1937); *Blachly/Oatman*, Regulatory Action, S. 56 ff. und 288; *Hart*, Some Aspects of Delegated Rule-Making, 25 Virginia Law Review 810 (1939).

[6] Wenn auch der APA *Holmes* gefolgt ist, so hat doch der *Revised Model State Administrative Procedure Act*, das Modell eines Verwaltungsverfahrensgesetzes, dessen Bestimmungen inzwischen in etwa der Hälfte der Bundesstaaten Gültigkeit besitzen, diesen Vorschlag aufgenommen und *rule* definiert als:

„each agency statement of general applicability that implements, interprets, or prescribes law or policy, or describes the organization, procedure or practice requirements of any agency" (§ 1 (7)).

[7] Vgl. die Legaldefinition in § 1 (e) APA: "the whole or part of any agency permit, certificate, approval, registration, charter, membership, statutory exemption or other form of permission." *Morstein Marx*, Einführung, S. 912 übersetzt „license" mit „Berechtigung", *Ule/Becker/König* dagegen mit „Konzession", S. 926.

[8] Vgl. *Morstein Marx*, Einführung, S. 913.

rule-Begriff fallen, obwohl sie vor dem Erlaß des Gesetzes als *order* angesehen wurden, soll nach überwiegender Meinung die Klassifizierung entgegen dem Wortlaut des APA erfolgen. Zur Rechtfertigung wird auf die Entstehungsgeschichte der Vorschrift verwiesen, wonach das „or particular" erst später und nur mit dem Ziel eingefügt worden sei, „to avoid controversy and assure coverage of rule making addressed to named persons"[9].

Im übrigen ist die abstrakte dogmatische Unterordnung der Akte der Verwaltung unter das Begriffspaar *rule* und *order* ein mehr akademisches Problem, weil in Grenzfällen die Entscheidung darüber, ob ein als *rule* oder *order* zu klassifizierender Akt vorliegt, mit Hinblick auf das praktische Ergebnis hinsichtlich der anzuwendenden Verfahrensart getroffen wird. Das anzuwendende Verfahren richtet sich nicht nach der rechtlichen Klassifizierung, sondern die rechtliche Einordnung nach der für erforderlich und fair gehaltenen Verfahrensart — ein für den begriffsjuristisch geschulten deutschen Betrachter merkwürdiger Fall des die amerikanische Jurisprudenz generell kennzeichnenden „pragmatic approach"[10].

Da eine Klassifizierung behördlicher Akte tatsächlich nur für die anzuwendende Verfahrensart Bedeutung hat, während sich das Problem der Kompetenz zum Erlaß von *rules* deswegen nicht stellt, da den Behörden in aller Regel überlassen bleibt, ob sie das Ermächtigungsgesetz durch *rule* oder *order* konkretisieren wollen[11], ist in der Tat die Frage, welche Mitwirkungsrechte und anderen verfahrensmäßigen Sicherungen die von der Maßnahme Betroffenen haben sollen, das wirkliche Problem der rechtlichen Klassifizierung des Verwaltungshandelns[12].

---

9 Siehe *Davis*, Treatise, § 5.02, S. 296 f. mit weiteren Nachweisen. *Davis* schließt sich grundsätzlich der oben erwähnten *Fuchs*schen Definition an und versucht, sie mit der „particular applicability"-Formel der APA-Fassung zu vereinbaren, was notwendigerweise an der begrifflichen Unvereinbarkeit scheitern muß. Zur Kritik siehe *Ehmke*, S. 517 FN 174.

10 Vgl. die beiden bei *Riegert*, S. 67 FN 6 aufgeführten Fälle. *Davis* meint denn auch, die beste Lösung des Problems rechtlich schwieriger Klassifizierung besteht darin, „to avoid classifying them — to skip the labelling and to proceed directly to the problem at hand. Thus, if the problem is to determine appropriate procedure for a particular activity, the practical procedural needs may be studied without calling the activity either rule-making or something else", Treatise, § 5.01 S. 286. Man kann sich vorstellen, wie unter diesem „pragmatic approach" z. B. der deutsche Dogmatik-Streit über die Bewertung von Verkehrszeichen als Rechtsverordnungen oder Allgemeinverfügungen beurteilt werden würde.

11 Dazu noch genauer unten unter § 5.

12 So hat Bundesrichter *Brandeis* in *Tutun v. U.S.*, 270 US 568, 576 (1926) gesagt, die Natur eines Verfahrens sei nicht nach der des in ihm ergehenden Aktes, sondern umgekehrt die Natur des Aktes nach der des Verfahrens

Im Grunde ist aber auch die APA-Definition von *rule* für das amerikanische Recht systemgerecht. Versteht man *rule* als „the product of rule making" und *rule making* als „the part of the administrative process that resembles a legislature's enactment of a statute"[13], ist also *rule* das Produkt des verwaltungsmäßigen Gesetzgebungsverfahrens, so kann sie auch inhaltlich nicht durch die Kriterien Allgemeinheit und Abstraktheit bestimmt sein, weil auch der amerikanische Gesetzesbegriff nicht durch diese Kriterien bestimmt ist[14].

Aus der Legaldefinition geht weiter hervor, daß der APA zwischen Rechtsverordnung, Verwaltungsvorschrift oder Ermessensrichtlinie begrifflich nicht unterscheidet. Alle diese Formen behördlicher Verlautbarung sind begrifflich *rules*, es sei denn, die erlassende Behörde sieht die Äußerung selbst nicht als *rule*, sondern als *announcement of policy*[15] an.

Hinsichtlich der Voraussetzungen für den Erlaß und der rechtlichen Wirkung bedeutsam ist die Unterscheidung von *legislative rules*[16] und *interpretative rules*[17]. Abgrenzungskriterium ist jedoch nicht, wie die Bezeichnung zu implizieren scheint, ob die Anordnungen Recht setzen oder nur verbindlich interpretieren[18], sondern ob sie aufgrund ausdrücklich oder stillschweigend übertragener „law making power"

---

zu bestimmen. Zwar handelte es sich hier nicht um ein verwaltungsmäßiges, sondern um ein gerichtliches (Einbürgerungs-)Verfahren, das Prinzip ist aber im Verwaltungsverfahren dasselbe.

13 *Davis*, Treatise, § 5.01 S. 285.

14 *Ehmke*, S. 517 f. FN 174 und 175 und S. 546 - 553; vgl. auch *Fuchs*, Procedure, S. 263: „*Most* acts of legislatures, *although by no means all — ‚private' acts are a recognized exception* ... — establish rights and duties with respect either to people generally or to classes of people or situations that are defined but not enumerated ..." (Hervorhebung von mir). Die sog. *private acts* oder *private laws*, wie sie das amerikanische Gesetzblatt („U.S. Statutes at Large") zur Unterscheidung von den *public laws*, den allgemeinen Gesetzen, nennt, sind legitime Einzelfallgesetze, die der Kongreß, der englischen Tradition folgend, erlassen kann. *Fuchs* forderte also, daß *rules* den *public laws* hinsichtlich ihrer inhaltlichen Kriterien gleichen sollten. Das Schrifttum forderte immer wieder, die „particular applicability"-Klausel zu streichen, vgl. *Davis*, Treatise, § 5.02 S. 297.

15 Für die Abgrenzung siehe *Columbia Broadcasting System v. U.S.* 316 US 407 (1942).

16 Auch „substantive rules" genannt; neuerdings ist der Terminus „prescriptive regulation" vorgeschlagen worden, hat sich allerdings bisher nicht durchgesetzt, siehe *Shapiro*, The Choice of Rulemaking or Adjudication in the Development of Administrative Policy, 78 Harvard Law Review 921, 959 f. (1965).

17 Eine Unterscheidung des Schrifttums, die die Gerichte zwar der Sache nach, nicht aber terminologisch machen.

18 *Davis*, Treatise, § 5.03, S. 303: "... legislative rules sometimes interpret and sometimes do not, and ... interpretative rules sometimes interpret and sometimes do not."

ergehen (dann *legislative rules)* oder aber die Behörde nur die ihrer Organisation und Tätigkeit zugrundeliegenden gesetzlichen Vorschriften mit Selbstbindungswirkung interpretiert und damit ihr künftiges Handeln festlegt, ohne sich auf eine Ermächtigung hierzu berufen zu können (dann *interpretative rules)*[19]. Wie sich vorstellen läßt, ist diese Unterscheidung, besonders wegen der Frage, ob die Behörde aufgrund stillschweigend übertragener *law making power* handelt oder nicht, wenig präzise; sie wird noch unklarer, wenn — wie im amerikanischen Recht — „interpretative" in einem so weiten Sinn verstanden wird, daß auch eine Auslegung gegen den Wortlaut der interpretierten Vorschrift darunter fällt[20]. Die *interpretative rule* hat jedoch hinsichtlich ihres Zustandekommens und ihres Bestandes von der *legislative rule* verschiedene Voraussetzungen bzw. Rechtswirkungen. Sie unterliegt einmal nicht den Verfahrensvorschriften für den Erlaß von *rules* in § 4 APA[21], kann aber auf der anderen Seite von den Gerichten inhaltlich voll nachgeprüft werden, was bei den *legislative rules* nicht der Fall ist, so daß die von der Regelung Betroffenen nun im gerichtlichen Verfahren ihre Einwendungen vorbringen können, die sie im Verwaltungsverfahren nicht geltend machen konnten.

Die gesetzliche Definition von *order* ist um nichts präziser. Nach den oben wiedergegebenen Definitionen des APA ist *order* die endgültige Erledigung einer Sache, eine Kombination von gerichtlicher Entscheidung und behördlicher Verfügung[22], wobei das Hauptgewicht auf der urteilsähnlichen „decision"-Funktion liegt[23], wie schon die gesamte prozeßähnliche Ausgestaltung des adjudikatorischen Verfahrens, in dem *orders* ergehen, zeigt.

Es gehört zu den Eigenarten des anglo-amerikanischen Rechtssystems, daß in eine Darstellung des Komplexes Rechtsetzung durch Verwaltungsbehörden in seiner amerikanischen Erscheinungsform auch Einzelakte der Verwaltung und das zu ihrem Erlaß führende Verfahren gehört.

---

[19] Wie hier *Davis*, Treatise, § 5.03 und *Shapiro*, S. 959; ebenso, aber differenzierter, *Jaffe*, Judicial Control, S. 564 f.

[20] *Davis*, Treatise, Ergänzungsband 1970, § 5.01 S. 245: "Interpretations which make textual words mean the opposite of what they say are not uncommon in our legal system, even though uneasiness about such interpreations may be rather common." Zur Frage der Gesetzesänderung durch Auslegung siehe auch *Newman*, How Courts Interprete Regulations, 35 California Law Review 509, 532 ff. (1947).

[21] Siehe den Beispielfall bei *Shapiro*, S. 930 f.; die Behörde kann also dadurch, daß sie eine Regelung „interpretative rule" oder auch „policy statement" nennt, die Verfahrenserfordernisse des APA für *rule-making* umgehen.

[22] Vgl. die Übersetzung der APA-Definition bei *Ule/Becker/König*, S. 926.

[23] Vgl. *Morstein Marx*, Einführung, S. 914.

Das findet seine Begründung darin, daß dem als *common law*-System apostrophierten anglo-amerikanischen Rechtssystem die uns vertraute begriffliche Unterscheidung zwischen Rechtsetzungs- und Rechtsanwendungsprozeß in dieser Form nicht geläufig ist, weil ein großer Teil des geltenden Rechts nicht vom Gesetzgeber (oder Verordnungsgeber) gesetztes Recht, sondern von den Gerichten anhand und zum Zweck der Fallentscheidung gefundenes, in Form von bindenden Präjudizien festgelegtes und im Laufe der Zeit weiterentwickeltes oder auch abgewandeltes Richterrecht ist[24]. Mit dieser Besonderheit erklärt sich die Tatsache, daß die Verwaltungsbehörden, wie gleich noch auszuführen sein wird, ihre gesetzlichen Handlungs- und Eingriffsermächtigungen nicht erst durch *rules* konkretisieren müssen, um aufgrund dieser Einzelakte zu erlassen, sondern oft allgemeinverbindliche *rules* erst schrittweise durch Einzelfallentscheidungen mit begrenzter Bindungswirkung entwickelt werden *(sog. case by case method)*. Die Entscheidung von Einzelfällen hängt aus diesem Grunde mit den „allgemeinen" Rechtssetzungsbefugnissen der Behörden eng zusammen, wie auch der Umstand zeigt, daß der vor Gericht geltend gemachte Vorwurf, die Behörde habe aufgrund von (unzulässigerweise) übertragener gesetzgebender Gewalt gehandelt, sich oft gegen *orders* und nicht gegen *rules* richtete[25].

Insgesamt läßt sich sagen, daß die Einteilung der Formen behördlichen Handelns in *rule* und *order* begrifflich ungenau und daher deren Abgrenzung unpräzise ist. Das liegt zum großen Teil an der unklaren und wegen ihrer vielen Ausnahmeregeln verwirrenden Fassung des APA selber[26], dessen Bedeutung aber darin gesehen werden muß, daß er einzelne materiell bestimmte Maßnahmen, zum Teil gegen die eigene begriffliche Definition von *rule* und *order*, dem *rule making*- bzw. *adjudikatorischen* Verfahren zuweist, zum Beispiel die Tariffestsetzung oder deren Genehmigung dem Normenerlaßverfahren, die Gewährung oder Rücknahme von Genehmigungen dem Entscheidungsverfahren für Einzelfälle[27].

---

[24] Vgl. *Davis*, Discretionary Justice, S. 21: "Most of American law is the product of adjudication — of creativeness of deciding particular cases. Case-to-case adjudication ... gradually develops rules, which are then used to guide adjudication of later cases." Vgl. auch *Laski*, The American Democracy (1958), S. 19 f., der die Justiz „a third chamber of the legislative" nannte.

[25] *Ehmke*, S. 526.

[26] Zur Kritik an der Fassung amerikanischer Gesetze generell *Schneider*, Über den Beruf unserer Zeit für Gesetzgebung, NJW 1962, 1273, 1277; zur Kritik des APA speziell *Nelson*, Administrative Agencies in the USA: Their Decision and Authority (1964), S. 16 f. und passim; und *Byse/Riegert*, Das amerikanische Bundesverwaltungsverfahrensgesetz von 1946, in: Külz/Naumann (Hrsg.), Staatsbürger und Staatsgewalt — Verwaltungsrecht und Verwaltungsgerichtsbarkeit in Geschichte und Gegenwart (1963), Bd. 1, S. 405 ff., 412.

b) Die Verfahren zum Erlaß von „rules" und „orders"[28]

Die Verfahrenserfordernisse für den Erlaß von *rules* sind außerordentlich vielfältig. Der APA ist nämlich keine ausschließliche Generalnorm für das Verwaltungsverfahren, d. h, das Gesetz hat nicht die in vor seinem Erlaß ergangenen Verwaltungsgesetzen vorgeschriebenen Verfahrensbestimmungen für den Erlaß von *rules* oder *orders* außer Kraft gesetzt, und auch nach dem APA erlassene Verwaltungsgesetze enthalten zum Teil noch — abweichende — verfahrensrechtliche Bestimmungen. Aus diesem Grunde sind die im APA normierten Regeln nur als Minimalanforderungen an das zu beachtende Verfahren anzusehen.

Für das reguläre Verfahren, in dem *rules* erlassen werden, sieht der APA vor:

1. Eine allgemeine Ankündigung („general notice") im *Federal Register*[29], die neben dem Inhalt der geplanten Regelung oder einer Beschreibung der zu regelnden Punkte und Streitfragen, die Ermächtigung zum Erlaß einer solchen Regelung und schließlich die Bekanntmachung von Zeit, Ort und Art des Verfahrens enthalten muß (§ 4 (a) APA).

2. Nach Veröffentlichung der Ankündigung muß die Behörde interessierten Personen („interested persons"[30]) Gelegenheit geben, Tatsachen, Ansichten oder Begründungen schriftlich vorzubringen, was aber nach

---

[27] Vgl. *Ehmke*, S. 517 FN 174.

[28] Das amerikanische Verwaltungsverfahren hat in Deutschland so viel Interesse gefunden, daß hier nur die Grundzüge des APA für den Erlaß von *rules* dargestellt zu werden brauchen und im übrigen auf die Literatur verwiesen werden kann; siehe *Scharpf*, Kosten des Rechtsstaats, S. 17 f. und die dort in FN 22 aufgeführte Literatur; daneben neuerdings noch *Avenarius*, Selbstgesetzte Entscheidungsregeln der Bundesverwaltungsbehörden in den USA, in: DÖV 1971, 223 ff.

[29] Eine täglich erscheinende Regierungsveröffentlichung, in der außer den Entwürfen und endgültigen Fassungen von *rules* die Geschäftsordnungen der Behörden, Formularvordrucke, Richtlinien etc. enthalten sind; vgl. § 3 APA in seiner durch den *Information Act* geänderten Fassung (Information Act von 1966, 80 Stat. 250 (1966)).

[30] Als „person" gelten nach der Definition des § 2 (b) APA auch juristische Personen oder Personenvereinigungen. Entscheidend kommt es jedoch auf die Auslegung des Terminus „interested" an, der nicht durch das Gesetz definiert wird. Das Schrifttum ersetzt „interested" vielfach durch „affected", was auf eine enge Auslegung schließen läßt. Tatsächlich wird aber auch „affected" sehr weit ausgelegt: „anyone and everyone is allowed to express himself and to call attention to the impact of various possible policies on his business, activity, or interest"; *Davis*, Treatise Ergänzungsband 1970, § 6.15 S. 283; vgl. auch *Boyer*, Bureaucracy on Trial — Policy Making by Government Agencies (1964), S. 77 ff. und die Erörterung bei *Saipa*, Politischer Prozeß und Lobbyismus in der Bundesrepublik und in den USA, Diss. Göttingen 1971, S. 125 f.

Ermessen der Verwaltung auch mündlich erfolgen kann, und damit an der Ausgestaltung der Regelung teilzunehmen („opportunity to participate in the rule making" — § 4 (b) APA). Nach Berücksichtigung aller vorgetragenen Gesichtspunkte muß dann die Behörde beim Erlaß der endgültigen Fassung der *rule* deren Grundlage und Zweck erörtern, was bedeutet, daß sie nicht einfach die ursprünglich vorgesehene Fassung erlassen kann, ohne zu den begründeten Einwendungen substantiiert Stellung zu nehmen.

3. Schließlich muß die *rule* in ihrer endgültigen Fassung, und zwar mit der Begründung der Behörde, 30 Tage vor dem Inkrafttreten (§ 4 (c) APA) wieder im *Federal Register* veröffentlicht werden (§ 3 (a) APA)[31].

Diese Minimalerfordernisse gelten nicht für alle dem *rule*-Begriff unterfallenden Regelungen, vielmehr normiert der APA selbst eine Vielzahl von Ausnahmen. Danach entfällt die Pflicht zur Vorankündigung im *Federal Register* und zur Anhörung betroffener Personen für alle militärischen und auswärtigen Angelegenheiten, sowie Angelegenheiten, die die Leitung einer Behörde, Personalfragen, persönliches oder öffentliches Eigentum, Anleihen, Beihilfen, Vergünstigungen oder Verträge betreffen. Ausgenommen sind weiter, wie schon oben erwähnt, *interpretatives rules* und *statements of policy*, also allgemeine Richtlinien. Schließlich gilt eine Ausnahme für die Fälle, in denen die Behörde aus triftigen Gründen annimmt - und in der Veröffentlichung begründet —, daß die Ankündigung und ein Verfahren mit Beteiligung der Öffentlichkeit „impracticable, unnecessary, or contrary to the public interest" ist.

Neben diesem einfachen Verordnungsverfahren, das im Regelfall nur eine Beteiligung durch schriftliche Stellungnahme[32] vorsieht, schreiben einige Verwaltungsgesetze vor, daß bestimmte *rules* „on the record after opportunity for an agency hearing" erlassen werden müssen. Für diese *rules*, die materiell zum Teil nach deutscher Ansicht Verwaltungsakte wären[33], finden nicht § 4, sondern §§ 7 und 8 APA Anwendung, die für den Erlaß von *orders* gelten und ein gerichtsähnliches Verfahren mit

[31] Die Vorschriften des APA hinsichtlich der Bekanntmachungspflichten der Bundesbehörden sind durch den *Information Act* von 1966 erweitert worden.

[32] *Morstein Marx*, Einführung, S. 915 nennt die Beteiligung im *rule-making*-Verfahren „Gehör" und setzt dem den Begriff „Anhörung" gegenüber, den er für das im *adjudications*-Verfahren erforderliche „Hearing" verwendet. Klarer und auch für den mit dem amerikanischen Rechtssystem nicht voll vertrauten Betrachter verständlich ist die begriffliche Unterscheidung von *Davis*, Treatise, § 6.01 S. 360 und § 6.05 S. 374, der „speech-making or argument type of hearing" und „trial type hearing" unterscheidet und ersteren Begriff für die Beteiligung beim *rule-making*, letzteren für die Partizipation bei *adjudication* verwendet.

[33] Siehe *Riegert*, S. 74 und 67 f.

einem *hearing*, also einem formellen Anhörungsverfahren, und einer auf das Verhandlungsprotokoll gestützten Entscheidung vorschreiben[34].

Diese kurze Übersicht über die verschiedenen Verfahren, in denen *rules* zustandekommen, zeigt schon, daß „rule-making procedure is exeedingly diverse“[35]. Die Skala der Möglichkeiten reicht von dem Erlaß ohne jede Beteiligung Betroffener bis zur Beteiligung im gerichtsähnlichen Verfahren, in dem sich Behörde und Betroffene als Parteien vor einem *hearing officer*, einem Beamten mit richterähnlicher Unabhängigkeit, gegenüberstehen und in dem Eide abgenommen und Zeugen ins Kreuzverhör genommen werden können. Trotz dieser Varietät der Verfahren, der Unübersichtlichkeit der zersplitterten Gesetzesmaterie (die noch durch die jeweils speziellen Verfahrensvorschriften der die *rule* erlassenden Behörde ergänzt wird) und der vielen Ausnahmen zu den vielen Regeln kann generell gesagt werden, daß in aller Regel die von einer normativen Regelung Betroffenen an deren Gestaltung mitwirken können.

Das dem *common law*-Prozeß modifiziert nachgebildete formelle Einzelfallentscheidungsverfahren der Regulierungsbehörden[36] wird wie jenes durch die Merkmale *notice, hearing* und *decision on the record* bestimmt. Das Ergebnis dieses Prozesses sind Akte, die materiell nach deutscher begrifflicher Einordnung zum Teil judizielle streitentscheidende Urteile und zum Teil Verwaltungsakte sind[37].

---

[34] Soweit aber dieses gerichtsähnliche Verfahren für *rules* vorgeschrieben ist, die materiell normative Regelungen sind, wird das im Schrifttum fast einhellig kritisiert, vgl. die Verweise bei *Riegert*, S. 74 FN 30 und *Davis*, Treatise, § 6.06, und zwar mit der Begründung, daß ein solches *trial type hearing* mit Kreuzverhör und Vereidigung von Zeugen und Entscheidung nur aufgrund des *hearing*-Protokolls zwar für die Feststellung von Tatsachen wie z. B. die Beweisaufnahme im Verwaltungsstrafverfahren geeignet sei, nicht aber für sog. „legislative facts“, also Stellungnahmen, wie eine Frage normativ geregelt werden solle. Vgl. das bei *Davis*, Treatise, S. 381 f. aufgeführte Beispiel, daß die mit der Überwachung von Lebens- und Arzneimitteln befaßte Behörde („Food and Drug Administration“) „förmlichen Beweis“ („evidence“) von Zeugen erheben muß zu Fragen, ob Mais in Dosen als „gold“ oder „gelb“ etikettiert werden dürfe, ob Birnenhälften ein Mindestgewicht von 4/5 oder 3/5 Unzen haben sollten oder ob Pfirsiche in gezuckerter Wasserlösung als „in leicht gesüßtem Wasser“ oder „in dünnem Syrup“ ausgezeichnet werden sollten.

Für eine Ausweitung der gerichtsähnlichen *hearings* tritt — aus naheliegenden Gründen — die *American Bar Association*, die berufsständische Rechtsanwaltsorganisation, ein, vgl. ihren 1961 vorgelegten *Code of Federal Administrative Procedure*, siehe S. 1887, 87th Congress, 1st Session (1961); weiter *Benjamin*, A Lawyers' View of Administrative Procedure — The American Bar Association Program, in: 26 Law and Contemporary Problems 203 (1961) und *Fisher*, Rule Making Activities in Federal Administrative Agencies, in: 17 Administrative Law Review 252, 258 (1965).

[35] *Davis*, Treatise § 6.01 S. 360.

[36] Wegen dieser judiziellen Funktion auch häufig als „administrative tribunals“ bezeichnet, *Landis*, Administrative Process, S. 6 ff. und passim.

[37] Vgl. oben FN 22 und *Nelson*, S. 16 f.

Hinsichtlich der ersteren Gruppe (z. B. eine Firma beschuldigt eine andere des unlauteren Wettbewerbs und beantragt eine *cease-and-desist-order,* d. h. Unterlassungsurteil) bestehen keine Bedenken, der Behörde die Rolle einer gerichtsähnlichen, unparteiischen Schiedsstelle zuzuerkennen. Problematisch jedoch ist die Stellung der Behörde in einem Verfahren, das sie selbst, gestützt auf eigene Ermittlungen, eingeleitet hat, so daß sie hier Untersuchungs-, Klageerhebungs- (also Partei-), sowie auch Entscheidungs- (also Richter-)-funktionen hat.

Der APA sieht als Lösung dieses Interessenkonflikts die interne Trennung zwischen Untersuchungs- und Verfolgungsaufgaben einerseits und Entscheidungsfunktion andererseits innerhalb der Behörde vor[38]. Dieses Konzept einer innerbehördlichen Funktionentrennung wird verwirklicht durch die Einrichtung eines organisationsmäßig zu der Behörde gehörenden, aber mit richterähnlicher Unabhängigkeit ausgestatteten Verhandlungsvorsitzenden, dem sog. *hearing examiner*[39], dem jede fallbezogene Kommunikation mit den Untersuchungs- und Verfolgungsabteilungen der eigenen Behörde untersagt ist und der nur aufgrund der in der Verhandlung zutage getretenen und in dem Verhandlungsprotokoll festgehaltenen Lage seine Entscheidung trifft[40]. Wie im Verfahren des *rule making* muß der Verhandlung ein „notice" vorangehen, hier eine in etwa einer Klagezustellung und Terminsladung vergleichbaren Benachrichtigung der Parteien[41]. Das „hearing" im adjudikativen Verfahren hat die Bedeutung einer Hauptverhandlung, in der Beweis

[38] Dies ist als gesetzgeberischer Endpunkt einer längeren Diskussion über diese Fragen anzusehen, in deren Verlauf verschiedentlich eine Übertragung der judiziellen Funktionen der Verwaltungsbehörden auf eine zu schaffende Verwaltungsgerichtsbarkeit gefordert worden war. Die Diskussion ist allerdings wieder aufgelebt, als das Kommissionsmitglied *Hector* des CAB und *Minow,* der Vorsitzende der FCC, Anfang der sechziger Jahre die geringe Effektivität ihrer Behörden kritisierten und die Übertragung ihrer legislativen Befugnisse auf die ordentliche (Department-)Verwaltung und der judiziellen Funktion auf Verwaltungsgerichte empfahlen, siehe *Davis,* Treatise, Ergänzungsband 1970, § 1.04 - 4, S. 11 ff.; weiter *Cary,* Politics, S. 125 ff. und *ders.,* Why I Oppose the Divorce of the Judicial Function from Federal Regulatory Agencies, 51 American Bar Association Journal 33 (1965).

[39] § 11 APA schreibt vor, daß die *hearing examiners* nach den Berufsbeamten (civil service)-Gesetzen ernannt werden müssen, daß ihnen die Fälle nach einer vorher festgelegten Geschäftsordnung zugewiesen werden, daß sie keine Funktionen ausüben dürfen, die sich mit ihren Pflichten als *hearing examiner* nicht vereinbaren lassen, daß sie nach der Anordnung der *Civil Service Commission* besoldet und nur durch diese und nur aus stichhaltigen Gründen von ihrem Posten entfernt werden können.

[40] §§ 5 (c) und 8 APA. Gegen die „initial decision" des Verhandlungsvorsitzenden können beide Parteien an die Behördenleitung, also i. d. R. die Kommission, appellieren. Geschieht das nicht, wird die „initial decison" rechtskräftig, § 8 (a) APA.

[41] Vgl. näher zur Bedeutung der *notice* im formellen Verwaltungsverfahren *Stirnberg,* S. 85 ff.

erhoben, die Zeugen im Kreuzverhör vernommen und vereidigt werden[42], also das schon erwähnte[43] *trial type hearing* des normalen *common law*-Verfahrens, das allerdings in einigen Punkten modifiziert ist, so daß ein Teil des sonst üblichen prozeßformalistischen Ballastes des normalen Gerichtsverfahrens wegfällt.

Wie sich aus dieser summarischen Darstellung ergibt, räumt das Gesetz den von einer beabsichtigten Verwaltungsentscheidung Betroffenen weitgehende Teilnahme- und Mitwirkungsrechte ein, die ihnen erlauben, schon im Stadium der Entscheidungsfindung der Behörde ihre Zweifel, Bedenken und Gegenvorstellungen vorzutragen, also an der Gestaltung der Entscheidung mitzuwirken. Das gilt nicht nur für Einzelfallentscheidungen, sondern im Regelfall auch für Rechtsverordnungen und Verwaltungsvorschriften. Der Unterschied zwischen diesem weitgehend kooperativen und dem deutschen Verwaltungsverfahren ist offensichtlich[44].

§ 5. Gesetzgeberischer Auftrag und untergesetzliche Normsetzung im „administrative process“

Mit „administrative process“ bezeichnet man den Komplex der Wirtschaftsintervention durch die staatliche Verwaltung insgesamt, d. h. die Konkretisierung und Implementierung des gesetzgeberischen Regulierungsauftrags durch die Wirtschaftsverwaltung. Als solcher wird er definiert als „complex of methods by which agencies carry out their tasks of adjudication, rule making and related funktions“[1] und nicht nur von den Gerichts- und Gesetzgebungsverfahren („judicial“ und „legislative process“), sondern auch von dem der Exekutive („executive process“) unterschieden[2]. Dieser Unterscheidung liegt eine begrifflich nicht eindeutige[3] Trennung von exekutiver und administrativer Funk-

---

[42] § 7 (c) APA.

[43] Siehe oben FN 34.

[44] Vgl. den Entwurf eines deutschen Verwaltungsverfahrensgesetzes, Bundestagsdrucksache VI/1173 (1970), nach dem ein Beteiligter, in dessen Rechte mittels eines Verwaltungsaktes eingegriffen werden soll, Gelegenheit haben *soll*, sich zu den entscheidungserheblichen Tatsachen zu äußern. Von der Anhörung kann aber abgesehen werden, wenn sie nach den Umständen des Einzelfalles nicht geboten ist (§ 21). Siehe jedoch auch die Vorschriften über das förmliche Verwaltungsverfahren, §§ 50 ff., die einen Verhandlungsleiter, eine mündliche Verhandlung, Beweiserhebung und eine Verhandlungsniederschrift vorsehen. Das förmliche Verfahren findet aber nur statt, wenn es durch Rechtsvorschrift angeordnet ist (§ 50 Abs. 1). Für die Beteiligung der Öffentlichkeit beim Erlaß von Rechtsverordnungen siehe oben § 1. Zu dem Systemvergleich insgesamt siehe bes. *Scharpf*, Kosten des Rechtsstaats.

[1] *Davis*, Treatise, § 1.01 S. 2.

[2] Ebenda; siehe auch *Landis*, Administrative Process, S. 15.

[3] Vgl. *Bernstein*, S. 214.

tion zugrunde, die in dem organisatorischen und aufgabenverteilungsmäßigen Nebeneinanderbestehen von „*administrative* agencies" und „*executive* departments" Ausdruck findet[4]. Als „administrative function" wird die Kompetenz angesehen, „to determine, either by rule or by decision, private rights and obligations"[5], also Eingriffe in die Rechtsstellung des Bürgers, durch allgemein verbindliche Rechtssätze oder Einzelfallentscheidungen, zu denen nach herkömmlicher amerikanischer Auffassung nur Parlament und Gerichte befugt sind. Der „executive function" werden alle diejenigen Tätigkeiten zugeordnet „which commonly are regarded, for historical or other reasons, as belonging peculiarly to the executive department"[6], wozu nicht nur Militär-, Post-, Finanz- und Zollverwaltung, Haushaltsplanung und Personalwesen usw., sondern auch etwa Bau und Betrieb von Flughäfen, Verwaltung der Nationalparks oder die Erteilung von Reisepässen gezählt werden[7]. Es läßt sich unschwer erkennen, daß diese Einteilung nicht der deutschen Unterscheidung von materieller Regierungs- und Verwaltungstätigkeit entspricht, wenn sie auch dieser insoweit vergleichbar ist, als organisatorisch zwischen politischer und unpolitischer, nämlich von den Weisungen und der Kontrolle des Präsidenten unabhängiger Verwaltung getrennt wird.

Im folgenden Abschnitt wird zunächst die Art der wirtschaftspolitischen Ermächtigungen und dann die Art und Weise ihrer Konkretisierung und Anwendung erörtert.

---

[4] Vgl. die Unterscheidung, mit der der Supreme Court im *Humphrey*-Fall (Entlassung eines FTC-commissioners durch den Präsidenten) seine Entscheidung gegenüber der im Ergebnis entgegengesetzten *Myers*-Entscheidung (Entlassung eines leitenden Beamten des Postdepartments) begründete (vgl. oben § 3 FN 57), 295 US 602, 627:

"A postmaster is an executive officer restricted to the performance of executive functions. He is charged with no duty at all related to either the legislative or judicial power ... The Federal Trade Commission is an administrative body created by Congress to carry into effect legislative policies embodied in the statute in accordance with the legislative standard therein prescribed, and to perform other specified duties as a legislative or as a judicial aid. Such a body cannot in any proper sense be characterized as an arm or an eye of the executive. Its duties are performed without executive leave and ... must be free from executive control ... To the extent that it exercises any executive function — as distinguished from executive power in the constitutional sense — it does so in the discharge and effectuation of its quasi-legislative or quasi-judicial powers, or as an agency of the legislative or judicial departments of government."

[5] *Report of the Attorney General's Committee on Administrative Procedure* (1941), S. 7.

[6] Ebenda, S. 11.

[7] *Hoover Commission Task Force on Regulatory Commissions* (1949), S. 29; *Woll*, American Bureaucracy (1963), S. 11.

a) Die Delegation von „regulative power“ an Verwaltungsbehörden

Von einzelnen Ausnahmen im Steuer-, Patent- oder Sozialversicherungsrecht abgesehen sind amerikanische Wirtschaftsverwaltungsgesetze in der Regel sehr allgemein gehalten. Eine dem Artikel 80 Abs. 1 Grundgesetz vergleichbare Bestimmung, wonach Inhalt, Zweck und Ausmaß der erteilten Ermächtigung in dem ermächtigenden Gesetz enthalten sein müssen, fehlt in der amerikanischen Verfassung, und auch die vom Supreme Court entwickelte „standard“-Doktrin, wonach der Gesetzgeber der Verwaltung den Erfordernissen unseres Art. 80 GG entsprechende „standards“ oder „policies“ zur Konkretisierung des gesetzgeberischen Auftrages an die Hand zu geben hat — hierauf wird noch einzugehen sein —, hat nicht verhindert, daß Ermächtigungsgesetze so allgemein gehalten sind, daß die ermächtigte Behörde „virtually complete legislative discretion“[8] zur Regulierung des als regelungsbedürftig empfundenen Problems übertragen bekommt.

Ein paar Beispiele mögen das veranschaulichen.

Die *Federal Trade Commission* (FTC) wird durch den *Federal Trade Commission Act* ermächtigt und angewiesen („empowered and directed“),

„to prevent persons, partnerships, or corporations ... from using unfair methods of competition in commerce and unfair or deceptive acts or practices in commerce“[9].

Es bleibt der Kommission überlassen, wie sie den Begriff der „unfair methods of competition“ — der Vergleich mit dem Verstoß gegen die guten Sitten des § 1 UWG drängt sich auf — inhaltlich bestimmen will, wie übrigens auch in welcher Weise eine Konkretisierung erfolgen soll.

Der *Communications Act* ermächtigt die *Federal Communications Commission* (FCC) zur Regulierung des Fernmelde-, Funk- und Fernsehwesens in folgender Form:

“(T)he Commission from time to time, as public convenience, interest, or necessity requires, shall

(a) ...

(b) Prescribe the nature of the sercive to be rendered by each class of licensed stations and each station within any class;

(c) Assign bands of frequencies to the various classes of stations, and assign frequencies for each individual station and determine the power which each station shall use and the time during which it may operate;

(d) ...

(e) ...

---

[8] *Woll*, S. 6.

[9] 15 USC § 45 (6).

(f) Make such regulations not inconsistent with law as it may deem necessary to prevent interference between stations and to carry out the provisions of this Act ...

(g) - (q) ...

(r) Make such rules and regulations and prescribe such restrictions and conditions, not inconsistent with law, as may be necessary to carry out the provisions of this Act, or any international radio or wire communications treaty or convention ... to which the United States is or may hereafter become a party[10]."

Während hier das zu regelnde Gebiet, bedingt durch die technische Natur der Materie, aufgabenmäßig verhältnismäßig detailliert aufgeschlüsselt wird, ist die Behörde trotzdem im Grunde nur an den Maßstab der „public convenience, interest or necessity"[11], im übrigen aber hinsichtlich der inhaltlichen Gestaltung des Regulierungsauftrages nicht gebunden.

Als drittes Beispiel für Regulierungsermächtigungen mit einem generalklauselartigen „standard" sei hier die Bestimmung des *Interstate Commerce Act* für die Festsetzung der Beförderungs- und Frachtsätze im Eisenbahnwesen angeführt:

"(W)henever ... the Commission shall be of opinion that any individual or joint rate, fare, or charge whatsoever demanded, charged, or collected by any common carrier ... for the transportation of persons or property ..., or that any individual or joint classification, regulation, or practice whatsoever of such carrier ..., is or will be unjust or unreasonable or unjustly discriminatory or unduly preferential or prejudicial ..., the Commission is hereby authorized and empowered to determine and prescribe what will be the just and reasonable individual or joint rate, fare, or charge, ..., to be thereafter observed in such case, or the maximum or minimum, or maximum and minimum, to be charged, and what individual or joint classification, regulation, or practice is or will be just, fair and reasonable, to be thereafter followed ...[12]."

Diese Bestimmung findet Entsprechung in allen anderen Wirtschaftsverwaltungsgesetzen, die zu einer Preisaufsicht und gegebenenfalls einer Preisfestsetzung durch Behörden ermächtigen[13]. Der Gesetzgeber

---

[10] 47 USC § 303.

[11] Der „public interest"-Maßstab spielt auch in einer Reihe anderer Wirtschaftsverwaltungsgesetze eine Rolle, vgl. den *Federal Aviation Act*, 49 USC § 1302; den *Natural Gas Act*, 15 USC § 717 (b), den *Interstate Commerce Act*, 49 USC § 15 (3).

[12] 49 USC § 15 (1) — Obwohl sich diese Vorschrift im Vergleich zu anderen Bestimmungen des Gesetzes durch Klarheit und Eindeutigkeit auszeichnet, kann sie zur Illustration zu *Schneiders* Kritik an den verwirrenden Texten, langen Begriffsdefinitionen und ermüdenden Aufzählungen in den Tatbeständen amerikanischer Texte dienen, NJW 1962, 1273, 1277.

[13] z. B. für die Beförderungstarife im Lastwagenverkehr (49 USC § 318 (b), die Gasgebühren (15 USC § 717 (d) oder die inneramerikanischen Flugpreise (49 USC § 1482 (d)).

normiert hier also gerechte, billige und vernünftige Beförderungstarife als seine verkehrspolitische Zielvorstellung und überläßt es der ICC, diese inhaltlich nicht oder nur wenig bestimmte Ermächtigung in ein praktikables Programm umzugießen.

Die Aufzählung solcher Ermächtigungsgeneralklauseln in amerikanischen Wirtschaftsverwaltungsgesetzen könnte beliebig vermehrt werden. Für sie gilt das geradezu klassisch gewordene Wort von *Davis:*

"Because of history and context vague phrases of this sort may sometimes have a considerable meaning. But sometimes they do not have. Sometimes telling the agency to do what is in the public interest is the practical equivalent of instructing it: 'Here ist the problem. Deal with it'[14]."

Die Ermächtigungsgesetze stellen also in der Regel nicht Konditionalprogramme in der *Luhmannschen* Terminologie, sondern Zweckprogramme[15, 16] auf, d. h. im Verhältnis Gesetzgeber - Verwaltung beschränkt sich jener im wesentlichen darauf, Zielvorstellungen zu programmieren, die auf Abhilfe eines schon akut gewordenen oder sichtbar werdenden Mißstandes oder Erreichung eines erstrebten Ordnungszustandes gerichtet sind[17] und die dann von dieser in ein konkretes Regulierungsprogramm umgewandelt werden müssen[18].

b) Regulierung mittels „rules" und „orders"

Grundsätzlich sind die Regulierungsbehörden in ihrer Wahl frei, ob sie die Ermächtigungsnorm durch eine Reihe von Einzelfallentscheidungen (die schon erwähnte „case by case method") oder durch generelle

---

14 Treatise, § 2.03 S. 82; ähnlich *Woll,* S. 64. Anders *Landis,* Administrative Process, S. 66 f.

15 Worauf *Scharpf* hinweist, Kosten des Rechtsstaats, S. 20 FN 35.

16 *Luhmann,* Recht und Automation in der öffentlichen Verwaltung (1966), S. 36 ff.; *ders.,* Theorie der Verwaltungswissenschaft (1966), S. 87 f.; *Luhmann* scheint allerdings davon auszugehen, daß Zweckprogrammierung nur in Polizei- und sozialistischen Planungsstaaten, sowie industriellen Entwicklungsländern vorherrscht, während für den Rechtsstaat Konditionalprogramme die adäquate Form seien, Recht und Automation, S. 38 und 41 ff.

17 Zweckprogramme können allerdings mit Konditionalprogrammen kombiniert sein. Sie können, wie z. B. die zitierte Bestimmung des *Interstate Commerce Act* durchaus auch in der Form eines Konditionalprogramms (Aufstellen abstrakter Tatbestände, verknüpft mit bestimmten Rechtsfolgen; also „wenn-dann"-Regeln) auftreten. Hier ist dann das Zweckprogramm selber konditioniert, d. h. als unbestimmte Rechtsfolge in ein Konditionalprogramm eingebaut worden, vgl. *Luhmann,* Recht und Automation, S. 39.

18 Bleibt man bei der *Luhmann*schen Unterscheidung, so stellt sich die Frage in der Weise, ob die Verwaltung den ihr zugewiesenen Auftrag als Zweckprogramm weiterführt, oder ob sie das gesetzgeberische Zweckprogramm zu einem Konditionalprogramm umformt, vgl. auch *Scharpf,* Kosten des Rechtsstaats, S. 20 FN 35.

Rechtsvorschriften konkretisieren wollen[19]. Das ergibt sich zum Teil implizit aus der schon angedeuteten Eigenart des *common law*-Systems, zum Teil wird es auch explizit in den Verwaltungsgesetzen normiert.

Die ermächtigende Bestimmung des *Federal Aviation Act*, die Entsprechung in verschiedenen anderen Gesetzen findet, lautet zum Beispiel: "The Board (das mit der Regulierung des nationalen zivilen Flugwesens beauftragte Civil Aeronautics Board — CAB) is empowered to perform such acts, to conduct such investigations, to issue and amend such orders, and to make and amend such general or special rules, regulations, and procedure, pursuant to and consistent with the provisions of this Act, as it shall deem necessary to carry out the provisions of, and to exercise and perform its powers and duties under this Act[20]."

Danach kann also die ermächtigte Behörde ihr Regulierungsprogramm in Form von *rules* formulieren und damit die weiten Ermächtigungsnormen präzisieren und konkretisieren und sich hinsichtlich der späteren Anwendung bindend festlegen. Sie kann aber auch den sog. „ad hoc approach" wählen und fallweise ein Programm entwickeln. Mehr noch als die Frage der inhaltlichen Präzisierung des Handlungsauftrages ist die Entscheidung der Frage „Policy by Rule or Ad Hoc Approach — Which Should it Be?"[21], also die Frage des Konkretisierungs- und Anwendungsverfahrens, in das Ermessen der Behörde gestellt. Ihre Beantwortung wird wieder von der Art des für die bestimmte Regelung für angemessen und fair gehaltenen Verfahrens abhängig gemacht. Behörden wie das NLRB oder die FTC, die die Funktionen unserer Arbeits- und Wettbewerbsgerichtsbarkeit wahrnehmen, sind in der Regel mit der Klärung von Sachverhalten befaßt, die ein gerichtsähnliches Verfahren erfordern. Das NLRB hat daher bis jetzt ausschließlich durch Einzelfallentscheidungen präzisiert, was es für „unfair labor practices" hält[22], deren Abstellung bzw. Verhinderung ihm aufgegeben ist[23].

---

[19] Vgl. *Ehmke*, S. 526; *Scharpf*, Kosten des Rechtsstaats, S. 21; *Report of the Attorney General's Committee on Administrative Procedure*, S. 29. Nur vereinzelte Vorschriften verlangen ausdrücklich die Aufstellung einer konkretisierenden *rule* und damit einer generellen Festlegung der Behörde für die Zukunft, vgl. als Beispiel die von *Avenarius*, S. 224 FN 13 angeführte Vorschrift des *Security Exchange Act*.

[20] 49 USC § 1324 (a).

[21] Vgl. den Artikel von *Baker* mit diesem Titel in: 22 Law and Contemporary Problems 658 (1957); weiter den oben § 4 FN 16 zitierten Aufsatz von *Shapiro*.

[22] Vgl. *Baker*, S. 671 FN 60; *Shapiro*, S. 922; *Note*, Administrative Law Making through Adjudication: The National Labor Relations Board, 45 Minnesota Law Review 609 (1961); *Peck*, The Atrophied Rule-Making Powers of the National Labor Relations Board, 70 Yale Law Journal 729 (1961); *Fanning*, The National Labor Relations Board: Reflections, Footnotes and Perspectives, 9 Boston College Industrial and Commercial Law Review 805 (1970). Diese Praxis des NLRB, obwohl durchaus systemgemäß, ist ver-

Dagegen greift die FTC in neuerer Zeit häufiger auf ihre *rule making*-Kompetenz zurück, wo sie bis dahin fast ausschließlich im adjudikatorischen Verfahren entschieden hat. In der Begründung zu ihrer in mancher Hinsicht bemerkenswerten[24] *cigarette rule*[25], die anordnet, daß Zigarettenverpackungen einen Hinweis auf die durch Rauchen verursachte generelle Gesundheitsgefährdung und speziell auf Krebsgefahr enthalten müssen, hat die Kommission zehn Gründe für die Überlegenheit des *rule making* über das adjudikative Verfahren bei der Aufstellung genereller Vorschriften gegeben. Es erscheint von Interesse, sie hier anzuführen, da sie zum einen die Problematik deutlich machen, die die Unterscheidung von *rule* und *order* nicht nach der Abstraktheit oder Konkretheit, sondern nach dem Zeitpunkt ihrer Wirkung mit sich bringt. Zum anderen zeigen sie, daß zwischen Rechtsetzung und Rechtsanwendung materiell nicht unterschieden wird. Drittens machen sie klar, daß die Wahl der Verfahrensart nicht an die Natur des in diesem Verfahren entstehenden Aktes geknüpft wird, sondern daß umgekehrt die Natur des Aktes erst nach dem für fair gehaltenen Verfahren, in dem er ergeht, bestimmt wird. Die Kommission führte aus:

(1) Durch die für das *rule making* anzuwendende Bestimmung des § 4 (b) APA würden alle von einer zukünftigen Regelung Betroffenen in die Lage versetzt, ihre Einwände dagegen vorzutragen, nicht nur die eine oder beiden privaten Parteien eines adjudikatorischen Verfahrens. Dies sei nicht nur gegenüber den sonst nicht beteiligten Betroffenen eine „matter of fairness“, sondern gebe auch der Behörde die Möglichkeit, die vielfältigen Auswirkungen der geplanten generellen Regelung zu erkennen und zu berücksichtigen, die nicht oder jedenfalls nicht alle in einem Einzelfallentscheidungsverfahren zur Sprache kämen.

---

schiedentlich kritisiert worden. So empfahl z. B. das *Senate Subcommittee on Separation of Powers* in seinem Bericht Congressional Oversight of Administrative Agencies (NLRB), 91st Congress 1st Session (1970), „that the NLRB make wide use of its power to promulgate rules and regulations, as a method of producing consistency of policy“, und schlug gleichzeitig eine Änderung des *National Labor Relations Act* vor, die *rule making* in gewissen Fällen obligatorisch machen soll. Allerdings hat in dem einen Fall, in dem das NLRB eine *rule* erlassen hat, der Supreme Court diese aufgehoben mit der Begründung, daß „where Congress has adopted a selective system for dealing with evils, the Board is confined to that system ... Where, as here, Congress has aimed its sanctions only at specific discriminatory practices, the Board cannot go farther and establish a broader, more persuasive regulatory scheme“, *Local 357 International Board of Teamsters v. NLRB*, 365 US 667, 676 (1961).

[23] 29 USC § 151.

[24] *Davis*, Treatise, Ergänzungsband 1970 § 5.04 S. 263 bezeichnet sie als „a masterful contribution to administrative law“ und „one of the outstanding administrative opinions of the twentieth century“.

[25] *Trade Regulation Rule for the Prevention of Unfair or Deceptive Advertising and Labeling of Cigarettes in Relation to the Health Hazards of Smoking, and Accompanying Statement of Basis and Purpose of Rule* vom 22. Juni 1964, 29 Federal Register 8325.

(2) Eine gerichtsähnliche Hauptverhandlung sei zwar ein bewährtes Mittel zur Feststellung eines einzelnen Sachverhaltes, tauge aber nicht zur Sammlung und Auswertung von Daten und Unterlagen, auf die eine generelle Regelung gestützt werden könne. Zwar entwickelten auch *common law*-Gerichte im Zuge eines Verfahrens generelle Regeln, aber das geschehe in der Weise, daß sie auf vorher entschiedene gleiche oder ähnliche Fälle oder auf Fachliteratur zurückgriffen, Methoden, die im Vergleich mit dem — den *common law*-Gerichten nicht zugänglichen — *rule making*-Prozeß Nachteile hätten.

(3) Das Verfahren, in dem eine *rule* gemacht würde, müsse daher der Art und Weise ähneln, in der die Ausschüsse des Kongresses Informationen mit dem Ziel sammelten, Grundlagen für eine gesetzliche Regelung zu erarbeiten.

(4) Die Behörde werde auch durch die innerbehördliche Funktionentrennung im adjudikatorischen Verfahren daran gehindert, ihre eigene Sachkenntnis und Erfahrung voll auszuschöpfen und auszuwerten, während im *rule making* solch eine Trennung nicht bestehe.

(5) Das Aufstellen genereller Vorschriften im Einzelfallverfahren habe aber im Bereich des von der FTC zu beaufsichtigenden Gebietes auch deswegen oft ungerechte Ergebnisse, weil zur Abstellung einer verbreiteten wettbewerbswidrigen Usance alle diese Usance Praktizierenden einzeln verurteilt werden müßten (da ein Unterlassungsurteil nur auf einem Sachverhalt beruhen könne, nach dem den Beklagten ein Verschulden an der mißbräuchlichen Praxis treffe). Das verschaffe aber den zuletzt gegenüber den zuerst Belangten einen erheblichen Wettbewerbsvorteil.

(6) Der Kommission sei vom Kongreß die Aufgabe zugewiesen worden, mißbräuchliche Wettbewerbspraktiken zu verhindern, ohne daß dieser festgelegt habe, was darunter zu verstehen sei. Hauptaufgabe der Kommission müsse es daher zunächst einmal sein, klar zu definieren, welches Wettbewerbsverhalten „unfair" sei, um damit der Geschäftswelt eindeutige Leitlinien für ihr zukünftiges Verhalten zu geben. Da nach Erfahrung der Kommission Verstöße gegen die Regeln lauteren Wettbewerbs eher daher rührten, daß die Betroffenen diese Regeln aus den Einzelfallentscheidungen nicht entnehmen könnten und daher nicht kennten als daß sie vorsätzlich gegen sie verstießen, sei die Festlegung von Wettbewerbsregeln in Form von *rules* auch eine effektivere Methode der Rechtsdurchsetzung als die herkömmliche *case-by-case*-Methode.

(7) Umgekehrt beeinträchtige auch die Aufgabe, im adjudikatorischen Verfahren generelle Regelungen zu entwickeln, das Einzelfallverfahren und berge die Gefahr in sich, den Parteien des Verfahrens im Interesse der Festlegung allgemeiner Grundsätze nicht volle Gerechtigkeit hinsichtlich ihrer speziellen Fall-Lage zukommen zu lassen.

(8) Ein weiterer Faktor der Rechtsunsicherheit resultiere auch daraus, daß allgemeine Regeln, die incidenter im Einzelverfahren aufgestellt würden, rückwirkende Geltung hätten, während *rules* erst nach ihrem Erlaß Geltung hätten.

(9) Außerdem vermeide das Aufstellen allgemeiner Wettbewerbsregeln für die Zukunft den Makel des Verstoßes gegen den freien Wettbewerb, der einem im Einzelfallverfahren Verurteilten anhafte.

(10) Schließlich habe *rule making* gegenüber *adjudication* den Vorteil, daß langwierige und kostspielige und, wo verbreitete Praktiken in Frage stünden, sich oft wiederholende adjudikatorische Verfahren vermieden würden[26].

Obwohl die Kommission die solcherart begründete Überlegenheit der Konkretisierung von Generalklauseln durch *rules* mit den Worten zusammenfaßt:

"A rule-making proceeding affords an economical method of consolidating common issues of fact and law in a streamlined, but comprehensive and fair, proceeding having few of the cumbrous attributes of litigation"

beeilt sie sich, dieses Ergebnis wieder zu relativieren:

"We do not suggest, however, that the agencies in general, or the Federal Trade Commission in particular, should abandon reliance on the adjudicative method in all situations where an substantive principle or standard of conduct having general application is to be declared"[27]

und will bei der Wahl der Verfahrensart generell weiter auf die Erfordernisse der „concrete situation" abstellen.

Die Tendenz, expliziten allgemeinen Vorschriften in *rule*-Form den Vorzug vor impliziten allgemeingültigen Regeln in einer Reihe von einzelnen *orders* zu geben, findet sich allenthalben in der Literatur und den Berichten von Reformkommissionen, Kongreßausschüssen und der Bundesrechtsanwaltskammer[28]. Der Supreme Court steht zwar grund-

---

[26] 29 Federal Register 8366 - 8368.

[27] aaO. S. 8368. Interessant ist in diesem Zusammenhang, daß zuweilen *policy*-Entscheidungen im adjudikatorischen Verfahren dem *rule-making*-Verfahren vorgezogen werden, um dem Druck von den Betroffenen und von diesen zu Hilfe gerufenen Kongreßabgeordneten zu entgehen. Vgl. die Beispiele bei *Davis*, Discretionary Justice, S. 66 f. und *Cary*, S. 83 f.

[28] Schon 1937 hatte das *President's Committee on Administrative Management* gesetzliche Maßnahmen vorgeschlagen, die die Behörden zwängen, von ihrer *rule making*-Kompetenz Gebrauch zu machen: "If policies for the guidance of individual conduct are to be determined by regulatory bodies, it is desirable that such policies be embodied increasingly in carefully drawn rules that all may read and understand, rather than being pricked out point by point in ad hoc decisions." Report S. 230. — Siehe weiter *Baker*, S.671; *Fisher*, S. 252, 259 ff.; *Shapiro*, S. 922; vgl. auch den von der Minderheit des *Attorny General's Committee on Administrative Procedure* vorgeschlagenen *Code of Standards of Fair Administrative Procedure*, der bestimmt: "It is the declared policy of Congress that administrative agencies ... (c) shall, as a fixed policy, prefer and encourage rule making in order to reduce to a minimum the necessity for case-by-case administrative adjudications", Report, S. 225 (§ 200). Diese Empfehlung ist von der *Bar Association* aufgegriffen worden, deren Verwaltungsrechtsabteilung 1963 eine Resolution annahm, nach der Verwaltungsbehörden „should as fixed policy prefer and use rule making to reduce case-by-case adjudication", siehe *Fisher*, S. 252. Vgl. auch *Friendly*, The Federal Administrative Agencies: The Need for Better Definition of Standards (1962); *Redford*, National Regulatory Commissions: Need for a New Look (1959); *Task Force on the Organization of the Executive Branch of the Government*, Report on Regulatory Commissions (1949), S. 9, 19 und 40 ff.

sätzlich auf demselben Standpunkt[29], hat sich aber geweigert, die Regulierungsbehörden auf eine Konkretisierung der Ermächtigungsnormen durch *rules* festzulegen:

"The function of filling the interstices of the Act should be performed, as much as possible, through this quasi-legislative promulgation of rules to be applied in the future. But any rigid requirement to that effect would make the administrative process inflexible and incapable of dealing with many of the specialized problems which arise ... Not every principle essential to the effective administration of a statute can or should be cast immediately into the mold of a general rule. Some principles must await their own development, while others must be adjusted to meet particular, unforeseeable situations. In performing its important functions in these respects, therefore, an administrative agency must be equipped to act either by general rule or by individual order. To insist upon one form of action to the exclusion of the other is to exalt form over necessity ... (T)he choice made between proceeding by general rule or by individual ad hoc litigation is one that lies primarily in the informed discretion of the administrative agency[30]."

Den Vorwurf, das Vorgehen im Einzelfallverfahren habe rückwirkenden Effekt und sei daher verfassungswidrig, wies das Gericht mit der Begründung zurück, daß dieser Nachteil gegen den anderen abzuwägen sei, der aus der vorzeitigen Selbstbindung und Festlegung der Behörde auf eine noch unerprobte generelle Regelung entstehen könne: sei dieser größer als jener, so müsse der retroaktive Effekt der im adjudikatorischen Verfahren gefundenen neuen Entscheidungsregel hingenommen werden[31].

Ob sich die Tendenz zum Erlaß allgemeiner Entscheidungsregeln im *rule-making* auch in der Praxis der Behörden feststellen läßt, ist schwer zu sagen, wird aber wohl überwiegend angenommen[32]. Sicher ist die

---

[29] Obwohl er auch gelegentlich entschieden hat, die Behörde sei in bestimmten Fällen auf das adjudikatorische Verfahren beschränkt. Vergleiche außer den schon erwähnten Entscheidungen (oben FN 22) *FCC v. RCA Communications, Inc.* 346 US 86 (1953).

[30] *SEC v. Chenery Corp.* 332 US 196, 202 f. (1946); so auch *American Power and Light Co. v. SEC*, 329 US 90, 106 (1946); *Columbia Broadcasting System v. U.S.*, 316 US 407, 421 (1942); neuerdings bestätigt in *WBEN, Inc. v. U.S.*, 396 F. 2d (2nd circuit) certiorari denied 393 US 914 (1968).

[31] 332 US 203.

[32] Bejahend *Fisher*, S. 252; und *Fuchs*, Agency Development of Policy Through Rule Making, 59 Northwestern University Law Review 781 (1965); anderer Ansicht *Shapiro*, S. 942 f. und bes. FN 86; und *Scharpf*, Kosten des Rechtsstaats, S. 21. Als Überblick interessant, wenn auch relativ in ihrem Aussagegehalt hinsichtlich der Häufigkeit und Bedeutung des *rule making* sind die Übersichten über die im Federal Register erschienenen *notices of proposed rule making* in den jährlichen Berichten der Administrative Law Section der ABA. Danach planten im Jahr 1969 das CAB 25, die FCC 60, die FPC 19, die FTC 25, die ICC 21 und die SEC 21 *rule making*-Verfahren, das NLRB veröffentlichte keine *notice*. Die unverhältnismäßig hohen Zahlen des *Agricultural Department* (170) und des jüngsten *Department of Trans-*

Ansicht unzutreffend, daß „it is through the process of Rule Making, that the entire business of congressional delegation of Legislative power to Administrative Agencies is put into activity and motion"[33]. Vielmehr wird man sagen können, daß die Behörden weitgehend darauf verzichten, „den (ihnen) vom Gesetzgeber zugewiesenen Entscheidungsspielraum durch den Erlaß gesetzesausfüllender Vorschriften im voraus zu strukturieren und einzuengen"[34], sondern ihr Entscheidungsprogramm erst dann in Form von *rules* festlegen, wenn eine Art gesicherte Entscheidungspraxis, d. h. eine Reihe von die Ermächtigungsnorm konkretisierender Einzelfallentscheidungen durch die Behörde vorliegt[35]. Dabei ist jedoch für den mit der deutschen Unterscheidung von abstrakter Norm und konkreten Einzelakt vertrauten Leser noch einmal hinzuweisen, daß es hier zwar im Regelfall, aber keineswegs immer um die Wahl zwischen Norm und Einzelakt geht, da die Behörden ebenso wie die Gerichte „frequently evolve detailed and precise rules in the course of adjudication"[36].

Im Zusammenhang mit der Wahlmöglichkeit der Behörden, notwendigerweise weitgefaßte Gesetzesnormen durch allgemeine Rechts- oder Verwaltungsvorschriften oder aber aufgrund von Einzelentscheidungen zu konkretisieren, stellt sich die Frage nach der Selbstbindung der Verwaltung, insbesondere durch die Auslegung und Anwendung, die das Gesetz in einem adjudikatorischen Verfahren gefunden hat. Für die Einzelfallentscheidungen betrifft das die Frage der Gültigkeit der „stare-decisis"-Regel im Bereich der behördlichen Verwaltungsstreitentscheidung und nach deren Inhalt im amerikanischen Rechtssystem überhaupt. Das mit „stare-decisis" umschriebene Prinzip der Bindungswirkung der Entscheidung eines Rechtsstreits für andere Parteien und ähn-

---

portation (504) erklären sich daraus, daß die in das *Department of Transportation* eingegliederte *Federal Aviation Administration* (FAA) Kontroll- und Durchflugszonen in *rule*-Form festlegt und das *Department of Agriculture* die verschiedenen Absatzvereinbarungen („marketing agreements").

[33] *Lavery*, Federal Administrative Law — Its Practice and Application (1952), S. 355; so offenbar auch *Stirnberg*, S. 29.

[34] *Scharpf*, Kosten des Rechtsstaats, S. 21.

[35] Vgl. *Shapiro*, S. 927: "(T)he accumulation of experience in individual cases is a necessary prelude to any effort to elaborate statutary standards in a matter that deals realistically with actual problems rather than with hypothetical cases that never arise." Ähnlich *Fuchs*, aaO. S. 790: "Until an agency believes that its knowledge and experience give it a realistic sense of the actual impact of proposed policies, it may prefer not to start formulating regulation, even with the aid of data that can be obtained through rule-making proceedings."

[36] *Shapiro*, S. 926; vgl. auch *Friendly*, S. 27 - 45, der seine Beispiele für die gelungene Aufstellung allgemeiner Vorschriften ausschließlich aus dem Bereich der *adjudication* nimmt. Siehe auch die *cigarette rule*, 29 Federal Register 8365.

lich gelagerte Streitfälle, das im allgemeinen für das das *common law*-System kennzeichnende und es vom kontinentaleuropäischen System unterscheidende Kriterium gehalten wird, ist jedoch für den amerikanischen Rechtskreis längst durchbrochen. Zwar halten sich die Gerichte in der Regel an die in eigenen und von Obergerichten gefällten Entscheidungen formulierten Rechtsgrundsätze, die Urteile haben also regelmäßig Präjudizwirkung. Das bedeutet aber nicht, daß die Gerichte ihre Rechtsansicht nicht jederzeit ändern und den zur Entscheidung stehenden Sachverhalt rechtlich abweichend von vorher entschiedenen Fällen beurteilen können. Sie sind also unter der sog. „trial and error"-Methode bei der Rechtsfindung[37] nicht starr auf ihre vorher entwickelten und ständig angewandten Entscheidungsprinzipien festgelegt, und zwar auch dann nicht, wenn, wie das die Regel sein wird, eine der Parteien des zu entscheidenden Rechtsstreits auf die Präjudizwirkung vorher entschiedener, ähnlich gelagerter Fälle vertraut hat[38].

Da die wirtschaftsregulierenden Verwaltungsbehörden bei der förmlichen Entscheidung von Einzelfällen nach amerikanischer Auffassung eine gerichtsähnliche Funktion ausüben, wäre es nur folgerichtig, wenn auch sie nicht an ihre eigenen Entscheidungen durch die *stare-decisis*-Regel gebunden wären. Allerdings gibt es Stimmen, die die Behörden darauf beschränkt wissen wollen, ihre veränderte Rechtsauffassung in genereller Form mit zukünftiger Wirkung, also durch *rules* oder *policy statements* bekannt zu machen[39]. Das erscheint insofern berechtigt, als damit Unzuträglichkeiten, die aus der Verletzung des Vertrauens auf die Präjudizwirkungen früherer Entscheidungen und der sich daraus ergebenden Rechtsunsicherheit resultieren, vermieden würden. Trotzdem hat der Supreme Court bisher ständig entschieden, daß auch die Behörden im adjudikatorischen Verfahren von den bisher ihren Entscheidungen zugrundeliegenden Rechtsgrundsätzen abweichen und damit ihre *policy* ändern könnten[40].

---

37 Siehe dazu Richter *Brandeis* in der Begründung zu dem Fall *Burnet v. Coronado Oil and Gas Co.* 285 US 393, 407 f. (1932).

38 Vgl. *Davis* Treatise Bd. 2 § 17.07, S. 526 ff., und *Riegert*, S. 103.

39 Siehe *Riegert*, S. 101 f. und die *dissenting opinion* von Richter *Jackson* in *SEC v. Chenery Corp.*, 332 US 194 (1947); weiter *NLRB v. Mall Tool Co.*, 119 F. 2d 700 (7th Cir. 1941) und *NLRB v. Guy F. Atkinson Co.*, F. 2d 141 (9th Cir. 1952).

40 Außer der schon erwähnten *Chenery*-Entscheidung besonders klar in *FCC v. WOKO*, 329 US 223 (1946), wo es um die Erneuerung einer Lizenz zum Betrieb einer Radiostation ging, die die FCC ablehnte, weil der Lizenzinhaber falsche Angaben über seine Kapitalanteile an dem Sender gemacht hatte. Auf den Vorwurf, bisher hätten solche falschen Angaben nicht zur Versagung der Neuerteilung geführt, entschied der Supreme Court: "The mild measures to others and the apparently unannounced change of policy are considerations appropriate for the Commission in determining whether its action in this case is too drastic, but we cannot say that the Commission

Entscheidungsregeln dagegen, die von der Behörde in der Form einer *legislative rule* erlassen worden sind, binden sie ebenso wie ein Gesetz. Mit anderen Worten: die Behörden sind im adjudikatorischen Verfahren an ihre solcherart festgelegte *policy* gebunden und dürfen von ihr nicht abweichen[41]. Wo die *legislative rules* für einen bestimmten Tatbestand Sanktionen androhen, also Strafen, Lizenzentzug o. ä., und wo sie eine Leistungsgewährung von einem Tatbestand abhängig machen, sind sie „selfenforcing“, d. h. sie haben den „coercive impact“ eines Gesetzes[42]. *Interpretative rules* oder *policy statements* haben eine solche Wirkung nicht, da diese zu ihrer rechtlichen Verbindlichkeit noch einer Konkretisierung durch eine formelle Einzelfallentscheidung bedürfen[43]. Daher kann die Verwaltung theoretisch jederzeit von ihrer eigenen nichtförmlichen Entscheidungsregel abweichen[44]. Da sie das aber nicht ohne zwingende Gründe tun wird, haben praktisch auch *interpretative rules* Bindungswirkung[45].

Es liegt auf der Hand, daß die Praxis der Ermächtigungskonkretisierung durch Einzelfallentscheidungen den Vorteil größerer Flexibilität bei der inhaltlichen Ausgestaltung der Ermächtigungsnorm hat, da sich die Verwaltung nicht im voraus und nicht in abstracto auf alle später möglicherweise unvorhergesehen auftauchenden Anwendungsfälle festzulegen braucht. Diese Flexibilität, die auch der Supreme Court in der oben zitierten Entscheidung für ein wichtiges Kriterium effektiver Wirtschaftsregulierung im *administrative process* hält, hat allerdings, wie eben gezeigt, den Nachteil einer gewissen Rechtsunsicherheit, der nicht immer durch die Vorteile der Beteiligung der Betroffenen im Verfahren ausgeglichen wird[46]. Das ist jedoch nicht die einzige und in einem *common law*-System auch nicht die am schwersten wiegende negative Auswirkung[47] des „judicial approach“. Bedeutender scheint es — von der Aufgabe der effektiven Kontrolle von Industrie und Handel her

---

is bound by anything that appears before us to deal with all cases at all times as it has dealt with some that seem comparable.“ Vgl. auch *Note*, Judicial Review of Reversals of Policy by Administrative Agencies, 68 Harvard Law Review 1251 (1955) und die dort angeführten Entscheidungen.

41 Vgl. *Yellow Freight Transit Lines v. U.S.*, 221 F. Supp. 465, 469 ff. (N.D. Tex. 1963) und *Vitarelli v. Seaton*, 359 US 535 (1959); vgl. auch *Jaffe*, Judicial Control, S. 587 FN 161 und die dort angeführten Entscheidungen.

42 Siehe *Fisher*, S. 252 ff., 254.

43 Ebd.

44 Vgl. Avenarius DÖV 1971, 226.

45 Vgl. *Davis*, Treatise Bd. 1, § 5.01 S. 289.

46 Vgl. *Scharpf*, Kosten des Rechtsstaats, S. 23.

47 Vgl. die schon zitierte Entscheidung *SEC v. Chenery Corp.*, 332 US 196, 203; „Every case of first impression has a retroactive effect, whether the new principle is announced by a court or by an administrative agency“.

gesehen —, daß die Methode, mittels quasigerichtlicher Entscheidung über abgeschlossene Sachverhalte zu urteilen, kaum dazu geeignet ist, Daten zu erheben, langfristig zu planen, Entwicklungen zu erkennen, einzuleiten oder einzudämmen und bei erkannten Mißständen mehr als punktuell Abhilfe zu schaffen.

c) Regulation im „informal process"

Die Diskussion über die Vorzüge und Nachteile von abstrakt-generellen Regelungen oder konkret-fallbezogenen Entscheidungen mit einer gewissen Bindungswirkung darf nicht darüber hinwegtäuschen, daß die meisten Verwaltungsentscheidungen im sog. „informal process" fallen und damit nicht auf die Ebene des förmlichen Verwaltungsverfahrens gelangen. Das gilt für die große Masse der Einzelakte ebenso wie für das Aufstellen genereller Entscheidungsregeln.

Das *Attorney General's Committee on Administrative Procedure* stellte schon 1941 in seinem Bericht fest, daß „even where formal proceedings are fully available, informal procedures constitute the vast bulk of administrative adjudication and are truly the lifeblood of the administrative process"[48]. Die einverständliche Erledigung („settlement" oder „adjustment") wird begünstigt durch die Bestimmung des § 5 (b) APA, der die Behörde anhält, zunächst eine Entscheidung im Einvernehmen mit dem Betroffenen zu finden:

> "(I)n every case of adjudication required by statute to be determined on the record after opportunity for an agency hearing ... (t)he agency shall give all interested parties opportunity for the submission and consideration of facts, arguments, offers of settlement, or proposals of adjustment where time, the nature of the proceeding, and the public interest permit ..."

und nur für den Fall, daß eine Einigung nicht gefunden wird, auf die Vorschriften des förmlichen Verfahrens verweist:

> "... to the extent that the parties are unable so to determine a controversy by consent, hearing and decision upon notice and in conformity with sections 7 and 8."

Tatsächlich kommen etwa 80 bis 90 Prozent[49] der Einzelakte im nicht-förmlichen Verfahren zustande. Sie betreffen zumeist Sachverhalte, in denen die der Entscheidung zugrundeliegenden tatsächlichen Daten und Verhältnisse aufgrund von Untersuchungen, Tests, Erhebun-

---

[48] Final Report, S. 35; vgl. auch daselbst die Zahlenangaben der im formlosen Verfahren gegenüber den im formellen Verfahren ergangenen Entscheidungen der ICC, des NLRB und des Department of Agriculture.

[49] *Davis*, Treatise, Ergänzungsband 1970 § 4.10 S. 206; in den „Hatch Committee" Hearings im Jahre 1941 war sogar von 92 - 94 % die Rede, vgl *Lavery*, S. 355.

gen usw. der Behörde festliegen. Da diese Verwaltungsakte auf Unterwerfung, für den amerikanischen Bereich richtiger mit „einverständlicher Regelung" bezeichnet, nicht in bindenden Präzedenzentscheidungen ergehen, sind sie also auch nicht Teil des adjudikatorischen Rechtsetzungsprozesses und können im Rahmen dieser Arbeit außer Betracht gelassen werden.

Aber auch nicht alle generellen Verwaltungsgrundsätze und Entscheidungsregeln, die sogenannten „policies"[50] sind Ergebnis des förmlichen *rule-making*. Eine der Formen nicht-förmlicher Festlegung zukünftiger *policies* ist die oben schon behandelte „interpretative rule", eine die Behörde praktisch bindende Auslegung entweder eines Gesetzes oder einer von der Behörde erlassenen materiell-rechtlichen Regelung (einer „legislative rule") oder auch gerichtlicher oder behördlicher Einzelfallentscheidungen[51]. Wie schon ausgeführt worden ist, basiert die Abgrenzung von *interpretative* und *legislative rule* nicht auf einer Unterscheidung zwischen materieller Rechtsetzung und deklaratorischer Rechtsauslegung, sondern darauf, ob die Verwaltung in dem Ermächtigungsgesetz ausdrücklich zum Erlaß von allgemeinen Vorschriften gesetzesausfüllender oder -ergänzender Art autorisiert wird. Aus diesem Grunde kann es sich auch der Sache nach bei *interpretative rules* materiell um Rechtsetzung handeln[52].

Als Beispiel dafür kann noch einmal die schon behandelte „cigarette rule" der FTC dienen, die als sog. „Trade Regulation Rule" erging und bestimmte:

> "(I)t is an unfair or deceptive act or practice within the meaning of Section 5 of the Federal Trade Commission Act ... to fail to disclose, clearly and prominently, in all advertising and on every pack, box, carton or other container in which cigarrettes are sold to the consuming public that cigarette smoking is dangerous to health and may cause death from cancer and other diseases[53]."

Die Kommission, der der *Federal Trade Commission Act* keine Kompetenz zum Erlaß von *legislative rules* einräumt, führte aus, daß es sich hier nicht um materielle Rechtsetzung, sondern um Auslegung handele:

---

[50] Unter „policy" versteht der amerikanische Sprachgebrauch Politik im Sinne von Aufgabenerfüllung und Problembewältigung in Form von Plänen oder eines Programms, während „politics" als Politik im Sinne einer konflikthaften Auseinandersetzung um Machtanteile aufgefaßt werden, vgl. *Scharpf*, Planung als politischer Prozeß, in: Die Verwaltung, 1971, 1 ff.

[51] Siehe *Davis*, Treatise, Bd. 1 § 5.03 S. 304: "Interpretative rules may interpret (1) a statute, (2) a legislative rule, (3) another interpretative rule, (4) judicial decisions, (5) administrative decisions, (6) administrative rulings, (7) any other law or interpretation, (8) any combination of items on this list, or (9) nothing."

[52] Ebd.: "(T)he plain fact is that giving specific meaning to vague or ambiguous or nonexisting words of a statute is often creative law making."

[53] 29 Federal Register 8325.

"Trade Regulation Rules are not legislative in the sense of adding new substantive rights or obligations. Trade Regulation Rules do not broaden or expand the prohibitions contained in the statutes administered by the Commission, but, rather, define their application to specific practices or a specific industry within the jurisdiction of the Commisson[54]."

Neben den *interpretative rules* gibt es weitere Formen von Verwaltungsvorschriften, die nicht im förmlichen Normenerlaßverfahren ergehen, vielleicht richtiger bezeichnet als Richtlinien oder schlichte Verlautbarungen der Verwaltung hinsichtlich ihrer zukünftigen *policy*. Die wichtigsten sind die sog. „general statements of policy" oder auch „announcements of policy". Ihr Vorzug vor formellen *rules* wird damit erklärt, daß sie den Behörden die Möglichkeit gäben, auf Gebieten, auf denen sie noch nicht genug Erfahrungen hätten, versuchsweise eine generelle Regelung zu finden, die leicht, d. h. ohne das zeitraubende förmliche Verfahren, modifiziert werden könne[55]. Daneben spielen, wenn auch weniger offiziös im Charakter, gelegentliche Äußerungen der Behörde in Form von Reden der Kommissionsmitglieder, Presseveröffentlichungen, Stellungnahmen zu gerichtlichen Entscheidungen usw. eine Rolle für die selbstbindende Einschränkung des behördlichen Beurteilungsspielraumes[56]. In dieselbe Kategorie fallen auch die (mit *rules* nicht zu verwechselnden) sog. „rulings", Äußerungen der Behörde hinsichtlich der Anwendbarkeit der gesetzlichen Vorschrift oder untergesetzlichen Verwaltungsnorm auf bestimmte Sachverhalte oder Personen.

Es darf nicht übersehen werden, daß diese nicht-förmlichen Entscheidungsregeln nicht die gleiche Rechts- und Bestandswirkung wie *rules* haben. Hinsichtlich des Bindungseffekts ergibt sich das daraus, daß sie keine Rechtswirkung per se haben, sondern zunächst in einem adjudikatorischen Verfahren angewandt werden müssen, bevor sie rechtliche

---

[54] S. 8365; interessant ist, daß die FTC, obwohl sie hier eine allgemeine Vorschrift im nicht-förmlichen Verfahren als *interpretative rule* erließ, der betroffenen Zigarettenindustrie wie bei einem förmlichen *rule-making* nach den Vorschriften des APA Gelegenheit gegeben hatte, an dem Verfahren durch Einreichung von relevanten Material und Vorbringen von substantiierten Einwendungen gegen die beabsichtigte Regelung teilzunehmen. Die Industrie nahm jedoch den Standpunkt ein, die Kommission sei zum Erlaß einer solchen allgemeinen Regelung nicht berechtigt und lehnte es ab, materiell zu der Vorschrift Stellung zu nehmen, vgl. *Davis*, Treatise, Ergänzungsband 1970 § 5.04 S. 260 ff.

[55] Vgl. *Friendly*, S. 46: "Even if the power to make rules is plain, the policy statement may still be preferable when the principle does not lend itself to, or is not ripe for, precise articulation, or when the agency desires to retain some freedom to modify its views without the formalities prescribed by the Administrative Procedure Act for rules having the force of law." Zur Abgrenzung von *rule* und *policy statements* siehe auch *Davis*, Discretionary Justice, S. 102 f.

[56] Vgl. *Davis*, Treatise, Bd. 1 § 5.01 S. 289 ff. und Final Report des *Attorney General's Committee*, S. 26 ff.

Bindungswirkung entfalten. Insofern sind diese Arten behördlicher Äußerungen nicht Rechtsetzung, sondern Information[57] über die Rechtsauffassung und Absichtserklärung hinsichtlich der künftigen Anwendung, wenn sie oft auch praktisch die Wirkung einer im förmlichen Verfahren zustandegekommenen *rule* haben[58]. Das wird dadurch unterstrichen, daß auch diese im „informal process" erlassenen Entscheidungsregeln in der Regel, d. h. wenn es sich um grundsätzliche Fragen handelt, in Zusammenarbeit mit den betroffenen Industriezweigen, Firmen oder Personengruppen aufgestellt werden[59], und daß der APA vorschreibt, daß diese Äußerungen, sofern sie generelle Bedeutung haben, wie die förmlichen *rules* im *Federal Register* veröffentlicht werden müssen[60].

In welchem Umfang die behördliche Rechtsetzung bzw. die nichtförmlichen Entscheidungsgrundsätze der gerichtlichen Nachprüfung unterliegen, soll im folgenden Abschnitt behandelt werden.

§ 6. Gerichtliche Nachprüfung der administrativen Rechtsetzung I

Die die Anrufung der (ordentlichen) Gerichte garantierende Generalklausel[1] ist in § 10 APA normiert[2], enthält aber zwei ausdrückliche Einschränkungen:

---

[57] Siehe die Kapitelüberschrift „Administrative Information" in Final Report des *Attorney General's Committee*, S. 25, in dem diese Erscheinungsformen behördlicher Erklärungen behandelt werden.

[58] *Davis*, Treatise, Bd. 1 § 5.01 S. 289.

[59] Vgl. aber das oben FN 54 angeführte Beispiel. Neben sog. „Informal Conferences" der Behörden mit diesen Gruppen gibt es die Einrichtung sog. „Advisory Committees", d. h. ständige Beraterausschüsse aus dem Kreis der betroffenen Wirtschaftsgruppen, siehe *Boyer*, S. 29 ff und *Leiserson*, Administrative Regulation — A Study in Representation of Interests (1942), S. 160 ff.

[60] Vgl. die Vorschrift des durch den *Information Act* von 1967 erweiterten § 3 APA:

„(a) (1) Each agency shall separately state and currently publish in the Federal Register for the guidance of the public — ... (A) — (C); (D) substantive rules of general applicability adopted as authorized by law, and statements of general policy or interpretations of general applicability formulated and adopted by the agency."

[1] Die Bestimmung des § 10 APA ist insofern keine echte Generalklausel, als sich Vorschriften über die gerichtliche Nachprüfung auch in einer Reihe anderer Verwaltungsgesetze finden. Die verfahrensmäßigen Voraussetzungen und die prozeßtechnischen Formen für die Anrufung der Gerichte ergeben sich ebenfalls zum Teil aus Einzelgesetzen, zum Großteil aber aus dem Common Law; vgl. dazu *Riegert*, S. 119 ff. und *van Alstyne*, Judicial Protection of the Individual against the Executive in the United States of America, in: Max Planck-Institut für ausländisches öffentliches Recht und Völkerrecht (Hrsg.), Gerichtsschutz gegen die Exekutive, Bd. 2: Länderberichte (1970), S. 1123 - 1177, 1142 ff.

[2] Daß die Generalklausel hinsichtlich des gerichtlichen Rechtsschutzes in den USA im Verwaltungs*verfahrens*gesetz enthalten ist, während bei uns

"Except so far as (1) statutes preclude judicial review or (2) agency action is by law committed to agency discretion,

(a) *Right of Review.* — Any person suffering legal wrong because of any agency action, or adversely affected or aggrieved by such action within the meaning of any relevant statute, shall be entitled to judicial review thereof."

(b - e) ...

Die erste Ausnahme von dem Grundsatz gerichtlicher Nachprüfung behördlicher Akte, der ausdrückliche Ausschluß gerichtlicher Nachprüfung in dem Verwaltungsgesetz selber, spielt nur eine Rolle für ganz bestimmte, eng begrenzte Bereiche[3] und ist für den Komplex der Wirtschaftsregulierung ohne Bedeutung. Die zweite, auf den ersten Blick bedeutsam erscheinende Einschränkung wird durch die Bestimmung des § 10 (e) (B) (1) APA relativiert, der die gerichtliche Aufhebung von „agency action ... found to be ... an abuse of discretion" vorsieht, so daß die Nachprüfung nur für Fälle einer „absolute discretion" der Behörde[4] ausgeschlossen ist. Dagegen sind die Gerichte durch diese Einschränkung nicht gehindert, in allen anderen Fällen, in denen die Behörde aufgrund ausdrücklich oder stillschweigend eingeräumten Ermessens gehandelt hat, diese Entscheidung auf Ermessensfehler hin zu überprüfen[5].

Die generalklauselartige Vorschrift des APA hat nicht eigentlich neues Recht hinsichtlich der gerichtlichen Nachprüfbarkeit geschaffen, sondern nur das bis dahin geltende *common law*[6] kodifiziert, das seit langem eine „presumtion of a right to judicial review" anerkannt hatte[7]. Diese Vermutung für den Zugang zu gerichtlichem Rechtsschutz hat sogar in einigen Fällen Gerichte dazu veranlaßt, Verwaltungsentschei-

---

umgekehrt gewisse Verfahrensregeln (über das Vorverfahren) in der die Generalklausel enthaltenden Verwaltungs*gerichts*ordnung Aufnahme gefunden haben, scheint *Scharpfs* These zu unterstützen, daß im amerikanischen Rechtsschutzsystem dem Verwaltungsverfahren, bei uns aber dem gerichtlichen Verfahren die zentrale Stellung zukomme, Kosten des Rechtsstaats, S. 24 f., 38 ff. und passim.

[3] Nämlich im wesentlichen für die Entscheidung der Ausländerbehörden, Fragen der Einstellung und Entlassung im öffentlichen Dienst und die Entscheidungen der mit der Versorgung ehemaliger Kriegsteilnehmer befaßten Behörde, siehe *Jaffe*, Judicial Control, S. 353 ff., bes. 363 ff.

[4] Vgl. *Jaffe*, Judicial Control, S. 360 und den dort zitierten Beispielsfall *Work v. United States ex rel. Rives*, 267 US 175 (1925). In Fällen dieser Art stellt das Gericht fest, ob der Gesetzgeber für ein bestimmtes Regelungsgebiet den Ausschluß jeder gerichtlichen Kontrolle angeordnet hat. Aber selbst dann sieht das Gericht sich nicht in jedem Fall an einer Nachprüfung gehindert, vgl. unten FN 8.

[5] *Jaffe, Judicial Control*, S. 359, 374 ff.

[6] Vgl. für den Rechtszustand vor dem Erlaß des APA den Final Report des *Attorney General's Committee*, S. 75 ff.

[7] *Jaffe*, Judicial Control, S. 336 ff. und *Byse/Riegert*, S. 427.

dungen nachzuprüfen und aufzuheben, obwohl das Verwaltungsgesetz eine Entscheidung der Behörde ausdrücklich als „final and conclusive, and not subject to further review“ erklärt hatte[8].

Nach amerikanischer Auffassung sind die Gerichte auf die Nachprüfung von Rechtsfragen beschränkt, haben also die Funktion einer Revisionsinstanz. Sie sind somit hinsichtlich der Überprüfung von Einzelfallentscheidungen der Behörden in der Regel an die im Verhandlungsprotokoll enthaltene Sachverhaltsfeststellung der Behörden gebunden, können diese aber ausnahmsweise beiseitesetzen, wenn sie dem Gericht als „unsupported by substantial evidence“ erscheint[9]. Diese schon vor dem Erlaß des Verwaltungsverfahrensgesetzes geltende Auffassung[10] findet im APA folgendermaßen Ausdruck (§ 10 (e)):

"*Scope of Review.* — So far as necessary to decision and where presented the reviewing court shall decide all relevant questions of law, interpret constitutional and statutory provisions, and determine the meaning or applicability of the terms of any agency action."

Die Schwierigkeit einer analytischen Unterscheidung zwischen „questions of law“ und „questions of fact“ ist offensichtlich: Rechts- und Tatsachenfragen „are not two mutually exclusive kinds of questions, based upon a difference of subject matter. Matters of law grow downward into roots of fact, and matters of fact reach upward, without a break, into matters of law“[11]. Das gibt der Justiz die Möglichkeit, entweder auch Tatsachenfeststellungen als Rechtsfragen anzusehen und sie unter diesem Gesichtspunkt zu überprüfen, oder aber Rechtsfragen als Tatsachenfragen zu behandeln und damit deren Entscheidung ungeprüft den Behörden zu überlassen.

In Erkenntnis der Unmöglichkeit einer analytisch präzisen Trennung und in Anerkennung der Existenz einer Grauzone vermischter Rechts- und Tatsachenfragen kennt die amerikanische Verwaltungsrechtswissen-

---

[8] Vgl. die Beispiele bei *Jaffe*, Judicial Control, S. 353 ff. und *Davis*, Treatise Bd. 3 §§ 28.10 bis 28.16.

[9] § 10 (e) (B) (5) APA. Unter „substantial evidence“ wird verstanden „such relevant evidence as a reasonable mind might accept as adequate to support a conclusion“, *Consolidated Edison Co. v. NLRB*, 305 US 197, 229 (1938); zur Frage des „substantial evidence“ siehe *Jaffe*, Judicial Control, S. 595 ff. und *Scharpf*, Kosten des Rechtsstaats, S. 25 f., bes. FN 49.

[10] Sie hat ihre Wurzeln im amerikanischen *jury-trial*, bei dem der Richter bei seiner Rechtsfindung auf den von der *jury* festgestellten Tatbestand festgelegt ist.

[11] *Dickinson*, Administrative Justice and the Supremacy of Law in the United States (1927), S. 55. *Jaffe* hat versucht, eine solche analytische Unterscheidung zu begründen, Judicial Control, S. 546 ff., hat sich aber bis jetzt nicht damit durchgesetzt; siehe auch seine Verteidigung des „analytical approach“ gegen den gleich noch zu erwähnenden „practical approach“ von *Davis*, Judicial Control, S. 592 ff.

schaft die sogenannten „mixed questions of law and fact“[12], die die Gerichte — in der Tradition des amerikanischen „jury trial“-Systems[13] — regelmäßig als dem Bereich der Sachverhaltsfeststellung unterfallend und damit als ihrer Überprüfung entzogen ansehen. Der Supreme Court hat sich, wie *Davis* belegt, bei der Frage der Überprüfbarkeit behördlicher Entscheidungen, die sowohl tatsächliche wie rechtliche Feststellungen beinhalten, weniger von einer rechtstheoretisch-analytischen Unterscheidung von Rechts- und Tatsachenfragen, als vielmehr von dem pragmatischen Gesichtspunkt leiten lassen, ob hinsichtlich der zu entscheidenden Frage das Gericht oder die Behörde die geeignetere und berufene Instanz sei[14]. Dabei werden der in dem Verwaltungsgesetz zum Ausdruck gekommene Wille des Kongresses, die Sachkunde der zuständigen Behörde und die Natur der zu entscheidenden Frage[15] in Betracht gezogen[16].

Aber die Zurückhaltung der Gerichte („judicial restraint“) im Bereich der Kontrolle behördlicher Entscheidungen äußert sich nicht nur in der Beschränkung auf die Überprüfung reiner Rechtsfragen, sondern auch darin, daß sie auch bei deren Nachprüfung in aller Regel nicht eine Richtigkeitskontrolle anstellen, sondern sich mit einer Vertretbarkeitskontrolle begnügen. Typisch dafür ist diese Formulierung:

> "Undoubtedly questions of statutory interpretation, especially when arising in the first instance in judicial proceedings, are for the courts to resolve. ... But where the question is one of specific application of a broad statutory term in a proceeding in which the agency administering the statute must determine it initially, the reviewing court's function is limited. (Das Gericht sei an die Auslegung der Behörde gebunden,) if it has 'warrant in the record' and a reasonable basis in law[17]."

---

[12] z. B. die Frage, ob das Verhalten eines Beteiligten „nachlässig“ war. Hier liegen in Wirklichkeit zwei Fragen vor, nämlich die Tatfrage: wie war sein Verhalten? und die Rechtsfrage: war dieses Verhalten nachlässig? siehe *Riegert*, S. 129.

[13] Im amerikanischen Strafprozeß wäre für die Feststellung der Frage, ob der Angeklagte fahrlässig gehandelt hat, die jury zuständig, obwohl es sich materiell um die Subsumption eines Tatbestandes unter einen Rechtsbegriff handelt.

[14] *Davis*, Treatise, Bd. 4 §§ 30.03 bis 30.04 S. 199 ff.

[15] Bei Verfassungs-, Common Law- oder anderen Grundsatzfragen wird es selber entscheiden, bei der Auslegung spezieller und technischer Regulierungsnormen die Überlegenheit der Verwaltungsbehörde auch in Rechtsfragen anerkennen, vgl. *Davis*, Treatise, Bd. 4 § 30.09 S. 241 ff.

[16] Siehe zu diesen Fragen *Jaffe*, Judicial Control, S. 556 ff.; *van Alstyne*, S. 1151 ff.; *Scharpf*, Kosten des Rechtsstaats, S. 27 ff. und *Avenarius*, S. 227.

[17] *NLRB v. Hearst Publications, Inc.* 322 US 111, 130 f. (1944); weitere Beispiele bei *Davis*, Treatise, Bd. 4 § 30.05 S. 214 ff.; außerdem *SEC v. New England Elec. System* 390 US 207, 211 (1968) und *Atlantic Refining Co. v. FTC*, 381 US 357 (1965).

Daß die Gerichte regelmäßig nicht ihre eigene Rechtsansicht an die Stelle derjenigen der spezialisierten Fachbehörden setzen, hat seinen Grund einmal darin, daß sie deren Spezialwissen auch im rechtlichen Bereich grundsätzlich anerkennen[18]. Zum anderen beruht das darauf, daß das Verfahren, in dem die administrative Einzelfallentscheidung zustandekommt, dem gerichtlichen Verfahren ähnelt und die Beteiligten schon in dieser Instanz Gelegenheit hatten, auch ihre Rechtsansicht vorzutragen[19], so daß die Gerichte die Entscheidungen dieser „administrative tribunals" als eine Art Urteil einer Unterinstanz anzusehen geneigt sind[20].

Allerdings gibt es auch Fälle, in denen die behördliche Entscheidung, obwohl ihre rechtliche Folgerung eine „rational basis" im Gesetz gehabt hätte[21], aufgehoben und die Rechtsansicht der Verwaltung durch die des Gerichts substituiert wurde. Ob das Gericht den „rational basis"-Test anwendet oder ob es sich über die Rechtsansicht der Behörde hinweg- und sie durch seine eigene ersetzt, steht im Ermessen des Gerichts[22]. Mehr als die recht vage Regel, daß sich die Justiz generell an in der Auswirkung begrenzte Rechtsauffassung der Verwaltungsbehörden halten, jede grundlegend bedeutsame „policy"-Entscheidung jedoch nachprüfen wird, läßt sich nicht geben[23].

Insgesamt kann man für den Bereich der Rechtsetzung im adjudikatorischen Verfahren feststellen, daß die Gerichte der Verwaltung bei der Entwicklung der rechtlichen Grundsätze der Regulierungsprogramme weitgehend freie Hand lassen, indem sie nur eine begrenzte Recht-

---

18 Siehe z. B. die in FN 17 zitierte Entscheidung *SEC v. New England Elec. System.*

19 Besonders deutlich in dem Fall *NLRB v. United Insurance Co.*, in der der Supreme Court zunächst feststellte, daß er selbst die nötige Sachkunde habe, um zu entscheiden, ob „debit agents" einer Versicherungsgesellschaft unter den gesetzlichen Begriff „employee" des *National Labor Relations Act* fielen, daß aber, weil „the Board's determination was a judgment made after a hearing with witnesses and oral argument had been held and on the basis of written briefs, ... (s)uch a determination should not be set aside just because a court would, as an original matter, decide the case the other way". 390 US 254, 260 (1968).

20 Vgl. z. B. *Mayers*, The American Legal System — The Administration of Justice in the United States by Judicial, Administrative, Military, and Arbitral Tribunals (2. Aufl. 1964), S. 289: "In so far as administrative agencies engage in formal adjudication, they are themselves tribunals rather than administrators, and the function of the courts in relation to them is appelate rather than original."

21 Vgl. die Fälle bei *Davis*, Treatise, Bd. 4 § 30.06 S. 221 ff. und in jüngerer Zeit *Red Ball Motor Freight, Inc. v. U.S.*, 377 US 311 (1964) und *FTC v. Fred Meyer*, 390 US 341 (1968).

22 Vgl. die Abschnittsüberschrift von *Davis*, Treatise, Bd. 4 § 30.08: "The Choice Between Substituted Judgment and Rational Basis is Largely for Judicial Discretion."

23 *Davis*, Treatise, Bd. 4 § 30.11 S. 253 ff.

mäßigkeitskontrolle ausüben und sich im übrigen darauf beschränken, die Einhaltung der der Verwaltung auferlegten Verfahrensvorschriften zu überprüfen[24].

Das für die Kontrolle adjudikativer Entscheidungen Gesagte trifft in verstärktem Maße für die gerichtliche Nachprüfung allgemeiner Rechtssätze in Form von *rules* zu, die im allgemeinen sowohl im Normenkontrollverfahren („direct attack"), als auch incidenter („collateral attack") angegriffen werden können[25]. Für den Umfang der Nachprüfung spielt wieder die Unterscheidung von *legislative rules* und *interpretative rules* eine Rolle.

Legislative rules werden unter den folgenden vier Gesichtspunkten auf ihre Rechtmäßigkeit hin untersucht: (a) ob die Übertragung von Rechtsetzungsbefugnissen auf die Verwaltung verfassungsgemäß, (b) ob die angegriffene *rule* von der gesetzlichen Ermächtigung gedeckt, (c) ob sie „reasonable" und (d) ob sie in dem vorgeschriebenen Verfahren erlassen worden ist[26].

Ohne schon hier auf die Frage der Verfassungsmäßigkeit der Delegation rechtsetzender Gewalt einzugehen, die unten in Teil 2 genauer erörtert werden soll, kann gesagt werden, daß dem Vorwurf der unzulässigen Delegation seit mehr als 30 Jahren praktisch kaum noch Bedeutung mehr zukommt.

Aber auch die Gesichtspunkte (b) und (c) bedeuten keine wesentliche inhaltliche Überprüfung der Verordnungen durch die Justiz. Die oft leerformelhaften Handlungsermächtigungen des Gesetzgebers an die Verwaltung machen eine „ultra vires"-Kontrolle der Gerichte in der Regel unmöglich. Das Erfordernis der „reasonableness" administrativer Normen wird aus der „due process"-Bestimmung der Verfassung[27] und

---

[24] *Avenarius*, S. 227 f.; *Scharpf*, Kosten des Rechtsstaats, S. 27 ff.

[25] Siehe näher hierzu *van Alstyne*, S. 1164 ff. Der incidenter-Angriff gegen eine *rule* erfolgt in der Regel in Fällen, in denen die Behörde ein gerichtliches Verfahren anstrengt, um die Befolgung der Verordnung oder die Verhängung einer Strafe, den Lizenzentzug o. ä. zu erreichen. Dazu ist notwendig zu wissen, daß die Vollstreckung von Verwaltungsentscheidungen („enforcement") im Normalfall ein richterliches Urteil erfordert, ohne das die Behörde ihre Sanktion nicht vollstrecken kann, vgl. *van Alstyne*, S. 1157 f.

[26] Siehe *Davis*, Treatise, Bd. 1 §§ 5.03 und 5.05 S. 299 und 315. Es ist bezeichnend, daß *Davis* Punkt (a) nicht mehr anführt, da seiner Ansicht nach die Gerichte die Verfassungsmäßigkeit der Delegation rechtsetzender Gewalt nicht mehr in Frage stellen. Ich werde mich damit noch unten, Teil 2, auseinandersetzen. Vgl. aber *van Alstyne*, S. 1136.

[27] Zur Bedeutung der *due process*-Bestimmung der amerikanischen Verfassung, wonach „no person shall ... be deprived of life, liberty, or property, without due process of law" siehe *Loewenstein*, S. 510 ff. und *Fraenkel*, S. 171; grundlegend auch Richter *Frankfurter* in *Joint Anti-Fascist Committee v. McGrath*, 341 US 162 (1951).

der allgemeinen Auslegungsregel abgeleitet, die unterstellt, daß der Gesetzgeber die Verwaltung nicht zum Erlaß unvernünftiger Regelungen ermächtigt habe[28]. Hieraus wird ersichtlich, daß die „ultra vires"-Kontrolle und der „reasonableness"-Test im Grunde dieselbe Funktion haben, nämlich die administrative Regelung an dem im Ermächtigungsgesetz zum Ausdruck gekommenen oder aus der Entstehungsgeschichte, der „legislative history" des Gesetzes geschlossenen Willen des Gesetzgebers hinsichtlich des Zwecks und Inhalts der Ermächtigung zu messen. Bei der Prüfung der administrativen Normengebung wenden die Gerichte ebenso wie bei der Überprüfung der Rechtsanwendung im adjudikatorischen Verfahren den „rational basis"-Grundsatz an. Hier sei noch einmal eine typische Urteilsbegründung angeführt:

"The agency, board, or department ... is called upon to exercise a judgment or discretion which, unless it appears to be purely arbitrary, is not the subject of judicial review. Such rules and regulations must be reasonably appropriate and calculated to carry out the legislative purpose, and must be entirely within the power conferred upon such agency[29]."

Diese Art der gerichtlichen Kontrolle bedeutet zwar gelegentlich auch die Notwendigkeit einer Klärung tatsächlicher Fragen, um den Zusammenhang der angegriffenen Vorschrift mit der gesetzlichen Ermächtigung sichtbar zu machen[30]. Eine solche Erörterung im Rahmen der gerichtlichen Rechtmäßigkeitskontrolle ist aber sehr kursorisch, eine volle Nachprüfung der tatsächlichen Daten und Verhältnisse, aufgrund derer die Behörde ihre Vorschrift erlassen hat, findet nicht statt[31].

Eine Ausnahme davon gilt nur für die Fälle, in denen das Ermächtigungsgesetz vorschreibt, daß die *rule* nach einem formellen *hearing* und auf der Grundlage des dabei angefertigten Verhandlungsprotokolls erlassen werden muß[32]. Dies ist auch der einzige Fall, in dem die Überprüfung des vorgeschriebenen Verfahrens beim Normenerlaß von

---

28 *Davis*, Treatise, Bd. 1 § 5.03 S. 299.

29 *Wallace v. Feehan*, 206 Ind. 522, 533, 190 N.E. 438 (1934).

30 So z. B. wies die ICC nach, die zum Erlaß allgemeiner Vorschriften hinsichtlich der Betriebssicherheit im Eisenbahnwesen ermächtigt ist, daß ihre *rule*, die für Lokomotiven einen motorgetriebenen Rückwärtsgang vorschreibt, durch die Ermächtigung gedeckt sei, da dieser Rückwärtsgang neben dem Zurücksetzen auch dazu diene, den Zug beim Vorwärtsfahren schnell abzubremsen, *Johnson v. Atlantic Coast Line R. Co.*, 222 I.C.C. 542 f. (1937) (ein innerbehördliches Rechtsmittelverfahren, das die gerichtliche Ebene nicht erreichte).

31 "It has long been held that where Congress has authorized a public officer to take some specified legislative action when in his judgment that action is necessary or appropriate to carry out the policy of Congress, the judgment of the officer as to the existence of the facts calling for that action is not subject to review." *United States v. George S. Bush & Co.*, 310 US 371 (1940).

32 Vgl. oben § 4 FN 34.

wirklicher Bedeutung ist, da die Beachtung der Verfassungsvorschriften des APA beim Erlaß „normaler" *rules* im wesentlichen im Ermessen der Behörden steht[33]. Hier aber prüft das Gericht nicht nur nach, ob die administrative Vorschrift eine Grundlage im Gesetz findet, sondern auch, ob die „findings", d. h. die fakten- und datenmäßigen Grundlagen, von denen die Behörde ausgeht, „substantial evidence" im Verhandlungsprotokoll finden. Ist das der Fall, so überläßt es allerdings die weitere Frage, welche Regelung aufgrund dieses Sachverhalts getroffen werden solle, dem alleinigen Ermessen der Verwaltungsbehörden, wenn sie nur überhaupt durch das Gesetz gedeckt sind und in erkennbarem Zusammenhang mit dessen „policy" stehen[34]. Die Gerichte gehen also im allgemeinen von einem außerordentlich weiten Ermessensspielraum der Behörden aus, was dazu führt, daß formelle Verordnungen weitgehend der gerichtlichen Nachprüfung entzogen bleiben, und zwar auch da, wo eine solche Regelung erkennbar zu unerwünschten oder ungerechten Ergebnissen führt[35].

Das gilt jedoch nicht ohne weiteres auch für die *interpretative rules* oder *policy statements*. Während sich die Gerichte bei den *legislative rules*, wie gezeigt, auf die Überprüfung weitgezogener Gültigkeitsmaßstäbe beschränken, erstreckt sich die Kontrolle jener auch auf ihre inhaltliche Richtigkeit und Zweckmäßigkeit. Das Gericht ist hier also nicht an die Rechtsauffassung der Verwaltung gebunden, sondern kann sie durch seine eigene ersetzen: "The law is embodied in the statute and the court is free to interpret the statute as it sees fit[36]."

Allerdings machen die Gerichte von diesem Recht meistens keinen Gebrauch, sondern bestätigen die *interpretative rule*, ohne selbst in eine Richtigkeits- oder Zweckmäßigkeitskontrolle einzutreten. Das ist im allgemeinen dann der Fall, wenn entweder die Regelung sehr technisch oder sehr speziell ist und dem Gericht deshalb die Sachkunde abgeht, oder die *rule* im zeitlichen Zusammenhang mit dem Gesetz und von

---

[33] Vgl. § 4 (a) APA: "Except where notice or hearing is required by statute, this subsection shall not apply ... in any situation in which the agency for good cause finds ... that notice and public procedure thereon are impracticable, unnecessary, or contrary to the public interest."

[34] Vgl. den Final Report des *Attorney General's Committee*, S. 116 ff.

[35] "This Court is not at liberty to substitute its own discretion for that of administrative officers who have kept within the bounds of their administrative powers. To show that these have been exceeded ..., it is not enough that the prescribed system of accounts shall appear to be unwise or burdensome or inferior to another. Error or unwisdom ist not equivalent to abuse. What has been orderd must appear so entirely at odds with fundamental principles of correct accounting (darum ging es in der angegriffenen FTC-*rule*) as to be the expression of a whim rather than an exercise of judgment." *American Telephone and Telegraph Co. v. United States*, 299 US 232 f. (1936).

[36] *Davis*, Treatise Bd. 1 § 5.05 S. 315.

derjenigen Behörde erlassen worden ist, der die Ausführung des gesetzlichen Regulierungsauftrages übertragen worden ist, oder wenn der Kongreß durch ein „reenactment" des Ermächtigungsgesetzes, also eine Neufassung oder Verlängerung der Geltungsdauer des Gesetzes, nach Ansicht des Supreme Court gezeigt hat, daß er die zu dem Gesetz erlassenen *interpretative rules* billige[37].

Zusammenfassend läßt sich sagen, daß die Gerichte bei der Überprüfung administrativer Rechtsanwendung und Rechtsetzung ihr Augenmerk hauptsächlich auf die Einhaltung des Verfahrens richten, sich aber im übrigen bei der inhaltlichen Prüfung Zurückhaltung auferlegen. Eine Supreme Court-Entscheidung vom Beginn des Jahrhunderts faßt diese Haltung auch noch für heute gültig zusammen (mit dem einzigen Unterschied, daß für „head of a department" heute „commission" oder „agency" gesetzt werden muß):

> "That where the decision of questions of fact is committed by Congress to the judgment and discretion of the head of a department, his decision thereon is conclusive; and that even upon mixed questions of law and fact, or of law alone, his action will carry with it a strong presumption of correctness, and the courts will not ordinarily review it, although they may have the power, and will occasionally exercise of doing so[38]."

---

[37] Siehe ausführlich mit zahlreichen Belegen *Davis*, Treatise, §§ 5.03, 5.05, 5.06 und 5.07 S. 300, 315 ff., 324 ff. und 331 ff.

[38] *Bates & Guild Co. v. Payne*, 194 US 106 (1904).

Zweiter Teil

Das verfassungsrechtliche Problem der Zulässigkeit und Begrenzung der Delegation

Nach der Darstellung des Komplexes der untergesetzlichen Normsetzung im *administrative process* im ersten Teil der Arbeit soll nun der verfassungsrechtlichen Frage nach der Zulässigkeit und Begrenzung der Übertragung rechtsetzender Gewalt auf die Verwaltung nachgegangen werden.

Dieser Erörterung ist dreierlei vorauszuschicken:

1. Die amerikanische Bundesverfassung enthält keine ausdrückliche Bestimmung, die die Delegation rechtsetzender Gewalt verböte oder nur unter bestimmten materiell-rechtlichen oder prozessualen Voraussetzungen zuließe. Auch in den Protokollen des verfassungsgebenden Konvents und den Schriften seiner Mitglieder, zu denen alle bedeutenden Staatstheoretiker und führenden Politiker des Landes gehörten, finden sich zu der Delegationsfrage keine Äußerungen[1]. Aus diesem Grunde kommt der Rechtsprechung des Supreme Court zu dieser Frage entscheidende Bedeutung zu[2], da das Gericht in seiner mit der grundlegenden Entscheidung *Marbury v. Madison*[3] begründeten Funktion als Verfassungsgericht die Bundesverfassung in letzter Instanz auslegt oder dort, wo diese schweigt, bei seiner Entscheidung die nach seiner Auffassung der Verfassung vorgegebenen verfassungstheoretischen Grundsätze heranzieht[4].

---

[1] Auch die „Federalist Papers" — eine Sammlung von Aufsätzen in New Yorker Zeitungen aus dem Jahre 1787 von *Hamilton, Madison* und *Jay* (von denen die beiden ersten maßgeblichen Anteil an der Gestaltung der Verfassung hatten), die allgemein als authentische zeitgenössische Auslegung der Verfassung angesehen werden, — schweigen zur Delegationsfrage. Allerdings schreibt *Hamilton* in Essay Nr. 74, es sei „questionable, whether, in a limited Constitution, that power could be delegated by law", diese Äußerung bezieht sich jedoch nur auf die Übertragung des der Legislative zukommenden Begnadigungsrechts auf den Präsidenten.

[2] *Loewenstein,* S. 225 und *Davis,* Treatise, Bd. 1 § 2.02 S. 79.

[3] 1 Cranch 137 (1803).

[4] So beruft sich der Supreme Court zuweilen auf den „spirit of the Constitution" oder die „fundamental maxims of free government" zur Begründung seiner Entscheidungen.

2. Die Frage der Zulässigkeit der Rechtsetzungsdelegation ist trotz des Schweigens der Verfassung dazu ein altes Problem. Die ersten vor den Supreme Court gebrachten Delegationsfälle stammen vom Beginn des 19. Jahrhunderts und betrafen Zoll- und Außenhandelsermächtigungen[5]. Trotzdem wurde die Delegationsfrage erst mit den Anfängen einer nationalen Wirtschaftsregulierung zu einem zentralen verfassungsrechtlichen Problem[6]. Durch diesen Zusammenhang ist die staatsrechtliche Diskussion um die Zulässigkeit oder Verfassungswidrigkeit der Übertragung rechtsetzender Gewalt auf die Exekutive mit einer beachtlichen Heftigkeit und gewisser Irrationalität geführt worden. Die Lehre von dem absoluten Delegationsverbot („non-delegation doctrine"), zumeist — wenn überhaupt eine Begründung für erforderlich gehalten wurde — auf ein starres Gewaltenteilungsdogma gestützt, richtete sich weniger gegen das Instrument Delegation als gegen die staatliche Intervention in die Wirtschaft als solche, d. h. gegen die Abkehr von der Idee des laissez-faire als Ordnungsprinzip der Wirtschaft. In diesem Sinne spricht *Davis* von der *non-delegation doctrine* als „corollary of laissez-faire, inconsistent with positive government"[7]. Hieraus wird auch verständlich, warum der Höhepunkt der Diskussion über die verfassungsrechtliche Vereinbarkeit der Delegation mit den ersten Jahren von Roosevelts „New Deal" zusammenfiel. Mit der Entscheidung für staatliche Wirtschaftsregulierung und Sozialgestaltung ist die alte *non-delegation doctrine* im Sinne eines strikten Delegationsverbots obsolet geworden[8]. Ihre verfassungsrechtlichen Grundlagen sind jedoch weiterhin von Bedeutung und bedürfen insoweit der Erörterung, als sie heute, wo die Übertragung rechtsetzender Kompetenzen zumindest im wirtschaftspolitischen Bereich von der Ausnahme zur Regel geworden ist, Voraussetzungen und Grenzen der Delegation begründen.

3. Aus eher historisch-traditionellen als systematischen Gründen wird in den USA die Delegationsfrage als Problem nicht des Verfassungsrechts, sondern des Verwaltungsrechts angesehen[9]. Die Fragen der Zulässigkeit der Ausstattung der Regulierungsbehörden mit rechtsetzen-

---

[5] Der erste grundlegende Fall war der *Brig Aurora*-Fall, 7 Cranch 382 (1813).

[6] *Jaffes* Bezeichnung der Delegation als „handmaiden of regulation" und „dynamo of modern government" stellt ihre Bedeutung für die Wirtschaftsregulierung klar, Judicial Control, S. 33.

[7] Treatise, § 2.16 S. 157.

[8] *Scharpf*, Kosten des Rechtsstaats, S. 27 mit Hinweis auf *Ehmke* und *Jaffe;* so auch *Davis*, Treatise, § 2.01 S. 76 und § 2.16 S. 157.

[9] *Saipa/Schütze*, Das öffentlich-rechtliche Schrifttum der Vereinigten Staaten von Amerika, AöR Bd. 96 S. 113 ff., 130 f.; alle Verwaltungsrechtslehrbücher enthalten meist umfangreiche Abhandlungen über das Delegationsproblem.

den und justiziellen Kompetenzen und der gerichtlichen Nachprüfbarkeit administrativer Normen und Einzelakte waren bis zur Mitte der dreißiger Jahre fast ausschließliches Thema der „administrative law"-Disziplin[10]. Erst seitdem wandte sich die Delegationsdiskussion eigentlich verwaltungsrechtlichen Problemen zu, nämlich dem Verwaltungsverfahren und neuerdings der Frage der Begrenzung und Kontrolle des Verwaltungsermessens im Zusammenhang mit der Übertragung von allgemeinen Rechtsetzungskompetenzen und der damit zusammenhängenden Ermächtigung zur Entscheidung von Einzelfällen. Anders ausgedrückt: die Delegationsdiskussion wird heute nicht mehr unter dem (verfassungsrechtlichen) Aspekt der Zulässigkeit der Übertragung rechtsetzender Kompetenzen an die Verwaltung, sondern unter dem der inhaltlichen Begrenzung bzw. Kontrolle der Ausübung der übertragenen Gewalt geführt.

Dieser Teil der Arbeit ist folgendermaßen gegliedert:

Zunächst wird die Entwicklung der Delegationsrechtsprechung des Supreme Court darzustellen sein (§ 7). Dabei kann sich jedoch diese Arbeit auf Grundzüge beschränken, da diese Rechtsprechung von *Ehmke* in seiner Monographie „Wirtschaft und Verfassung. Die Verfassungsrechtsprechung des Supreme Court zur Wirtschaftsregulierung" bereits umfassend wiedergegeben und analysiert worden ist[11]. Sodann sollen die verfassungsrechtlichen Grundlagen der „non-delegation doctrine" und ihre heutige Bedeutung für die Begrenzung der Übertragung rechtsetzender Gewalt erörtert werden (§ 8), wobei insbesondere die Bestimmung des amerikanischen Gesetzesbegriffs Voraussetzung für eine Grenzziehung zwischen verfassungsrechtlich zulässigen und unzulässigen Delegationen sein wird (§ 9).

§ 7. Gerichtliche Nachprüfung II: Die Voraussetzungen für die verfassungsmäßige Delegation nach der Rechtsprechung des Supreme Court[12]

Zunächst ist hervorzuheben, daß der Vorwurf unzulässiger Delegation nicht nur in Fällen erhoben wurde, in denen es um die Übertragung der

---

[10] Vgl. das zu jener Zeit führende Lehrbuch *Frankfurter/Davison,* Cases and Materials on Administrative Law (2. Aufl. 1935).

[11] Kapitel 3 „Die Delegation". — Die Delegationsrechtsprechung des Supreme Court ist auch teilweise behandelt bei *Geck,* Die Übertragung rechtsetzender Gewalt in den Vereinigten Staaten von Amerika, in: Institut zur Förderung öffentlicher Angelegenheiten e.V. (Hrsg.), Die Übertragung rechtsetzender Gewalt im Rechtsstaat, Frankfurt 1952, S. 221 - 294.

[12] Die Rechtsprechung des Supreme Court zur Frage der Zulässigkeit von Gesetzesdelegationen muß grundsätzlich im Zusammenhang mit seiner Rechtsprechung zu den übrigen verfassungsrechtlichen Fragen gesehen werden,

Kompetenz auf die Verwaltung ging, allgemeine Vorschriften zu erlassen, also in Fällen, die nach deutschem Verständnis eine Delegation rechtsetzender Gewalt darstellten. Es ist schon gesagt worden, daß nach amerikanischer Auffassung auch die Übertragung solcher Kompetenzen als Delegation angesehen wird, die zum Erlaß von Einzelakten ermächtigen, da auch der amerikanische Gesetzesbegriff nicht auf abstrakt-generelle Regelungen beschränkt ist. Allerdings ist in Fällen dieser Art statt des Vorwurfs der Delegation gesetzgebender Gewalt auch teilweise der der unzulässigen Übertragung rechtsprechender Gewalt auf die Verwaltung erhoben worden, oder aber auch beide nebeneinander. Diese Unsicherheit über die Natur der übertragenen Kompetenz hat neben systematischen auch historische Gründe. Sie wurde zum Teil danach beurteilt, welche Institution vor der Gründung der wirtschaftsregulierenden Behörden für die Entscheidung dieser Fragen zuständig gewesen war, oder, wäre das betreffende Problem früher aufgetaucht, gewesen wäre[13], zum Teil danach, ob es sich um eigengestaltendes Handeln der Verwaltung aufgrund einer Ermächtigung oder um die reine „Anwendung" eines Gesetzes auf den Einzelfall handelte[14]. Dabei muß aber noch einmal darauf hingewiesen werden, daß sowohl Einzelakte von besonderer Bedeutung, als auch die Rechtsfortbildung nach der „case-by-case"-Methode im *common law*-System als Rechtsetzung und die Ermächtigung dazu als Delegation rechtsetzender Gewalt verstanden werden[15].

Weiter gelten auch Fälle der sog. bedingten Gesetzgebung („conditional legislation") als Delegation. Diese treten in zwei verschiedenen Formen auf: einmal als sog. „local option"- oder „state wide referendum"-Fälle, die Gesetze betreffen, deren Wirksamwerden von der Zustimmung der wahlberechtigten Bewohner eines bestimmten Gebietes oder eines Einzelstaates abhängt[16], zum anderen als Ermächtigungsfälle im Bereich des Außenhandels, die das Wirksamwerden eines Außenhandelsgesetzes an den Eintritt bestimmter Bedingungen binden, deren Vorliegen festzustellen und damit das Gesetz in Kraft zu setzen, dem Präsidenten übertragen wird[17]. Beiden Fällen der „conditional

---

die sich hinsichtlich des staatlichen Eingriffs in die Wirtschaft stellen, vor allem der Regelungskompetenz des Bundes und der Bedeutung der materiellen Grundrechtsschranken im wirtschaftlichen Bereich. Das allerdings ist nicht Thema dieser Arbeit und im übrigen auch schon verschiedentlich ausführlich behandelt worden, siehe *Ehmke*, Kapitel 1 und 2; siehe auch *Anderson*, S. 32 ff.

[13] Siehe *Ehmke*, S. 522 f.

[14] *Ders.* S. 524.

[15] *Ders.* S. 526.

[16] Dazu näher *Ehmke*, S. 497 FN 88 und S. 504 f.

[17] *Ders.* S. 510 ff.

legislation" ist eigentümlich, daß der Inhalt der betreffenden Regelungen vom Gesetzgeber selber normiert worden und lediglich die Entscheidung über ihr Wirksamwerden übertragen worden ist. Die Referendum-Fälle gehören nach unserem Verständnis schon darum nicht zur Delegationsproblematik, weil diese eine Ermächtigung der Exekutive betrifft, während hier die Exekutive gar nicht beteiligt ist. Aber auch die Ermächtigung des Präsidenten, den Eintritt einer Bedingung als Voraussetzung für das Wirksamwerden der Regelung festzustellen, kann bei unserer Untersuchung außer Betracht bleiben, weil — abgesehen davon, daß im Bereich der Außenpolitik und des Außenhandels besondere, auf den innenpolitischen Bereich nicht ohne weiteres übertragbare Umstände vorliegen[18] — auch hier nicht der typische Delegationstatbestand, die Übertragung der Kompetenz zur *inhaltlichen* Gestaltung einer Regelung, gegeben ist[19].

a) Die Grundsatzentscheidungen zum Delegationsproblem

Die Rechtsprechung des Supreme Court zu Fragen der staatlichen Lenkung der Wirtschaft hat, ebenso wie die von der öffentlichen Meinung getragene Wirtschaftsphilosophie, seit den Anfängen bis heute eine beträchtliche Entwicklung durchgemacht. *Ehmke* hat diesen Wandel der Auffassung in der Rechtsprechung besonders zu der Frage der Ausweitung der Bundeskompetenzen aufgrund der „interstate commerce"-Bestimmung der Verfassung und dem Abbau der materiellen Grundrechtsschranken mit „wirtschaftsverfassungsrechtlichem" Gehalt deutlich herausgearbeitet[20]. Im Bereich der Rechtsetzungsermächtigung der Verwaltung ist diese Entwicklung, die nicht nur in der veränderten Einstellung des Gerichts zu staatlicher Wirtschafts- und Sozialgestaltung, sondern auch in dem gewandelten Verständnis der eigenen Funktion — dessen Pole mit „Super-Legislature" und „Judicial Restraint" schlagwortartig bezeichnet werden können — gefunden werden müssen, ebenfalls, wenn auch vielleicht nicht so deutlich sichtbar. Aus diesem Grunde sollen die hier darzustellenden „leading cases" nach dem Zeitpunkt ihrer Entscheidung in drei Zeiträume eingeteilt werden, deren mittlerer zugleich den Höhepunkt der Auseinandersetzung um die Wirtschaftsverfassung in den USA darstellt: der New Deal.

---

[18] Vgl. den Fall *United States v. Curtiss — Wright Export Corp.*, 299 US 304 (1936) und seine Besprechung bei *Ehmke*, S. 508 f.

[19] Natürlich darf dabei nicht verkannt werden, daß zu einem Gesetz nicht nur seine inhaltliche Gestaltung, sondern auch die bindende Erklärung über sein Wirksamwerden gehört, so daß hier in der Tat ein Teil der dem Gesetzgeber zukommenden Gesetzgebungsgewalt auf die Exekutive übertragen wird, siehe *Geck*, S. 232.

[20] *Ehmke*, S. 381 ff. und 412 ff. und passim im gesamten Kapitel 2.

aa) Entscheidungen vor dem New Deal

Der erste hier zu behandelnde Delegationsfall ist insofern untypisch, als hier nicht die Übertragung einer Regelungskompetenz auf die Verwaltung, sondern auf die Justiz zur Entscheidung stand. Der *Federal Judiciary Act* von 1789 hatte die neu errichteten Bundesgerichte ermächtigt, die für sie grundsätzlich geltenden einzelstaatlichen Verfahrensvorschriften für *common law*-Klagen abzuändern, also auf die Gerichte die Kompetenz zum Erlaß von allgemeinen Prozeßregeln übertragen, die der Kongreß in dem Organisationsgesetz auch selbst hätte erlassen oder aber einem in demselben Gesetz zu schaffenden (dann aber erst 1870 errichteten) Justizdepartment hätte übertragen können. Der langjährige und für die amerikanische Verfassungsinterpretation und -fortbildung an Bedeutung nicht hoch genug einzuschätzende Chief Justice *Marshall* machte in der von ihm abgefaßten Entscheidung grundsätzliche Ausführungen zum Delegationsproblem, so daß diese Entscheidung trotz der vom Regeltatbestand abweichenden Übertragungskonstellation unbedingt in eine Rechtsprechungsübersicht zu dieser Frage gehört. *Marshall* führte aus:

> "It will not be contended that Congress can delegate to the courts, or to any other tribunals, powers which are strictly and exclusively legislative. But Congress may certainly delegate to others powers which the legislature may rightfully exercise itself. ... The line has not been exactly drawn which separates those important subjects which must be entirely regulated by the legislature itself, from those of less interest, in which a general provision may be made, and powers given to those who are to act under such general provisions to fill up the details[21]."

Ohne daß er die Grenze zwischen den Materien „which are strictly and exclusively legislative" und „those of less interest" präzisiert hätte — „a subject of delicate and difficult inquiry, into which a court will not enter unnecessarily" — war Marshall der Ansicht, daß hier den Bundesgerichten nur die Befugnis zu „minor regulations" übertragen worden sei.

Obwohl das Gericht in der Folge häufig auf diese grundlegende Entscheidung verwies[22], ging es doch in seiner Argumentation von der grundsätzlichen Zweiteilung der Regelungsmaterien in solche, die dem Gesetzgeber allein vorbehalten und damit nicht delegierbar seien, und solche von untergeordneter Bedeutung, deren Regelung einem Delegatar überlassen werden konnte, ab. Statt dessen stellte es — unter Behauptung eines allgemeinen Delegationsverbots der Verfassung, der noch zu erörternden „non-delegation doctrine" — die Regel auf, daß Delega-

[21] *Wayman v. Southard,* 10 Wheat 1 (1825).

[22] z. B. *United States v. Grimaud,* 220 US 506 (1911) und die von *Ehmke,* S. 531 in den FN 233 bis 237 aufgeführten Entscheidungen.

tionen zu dem Zweck „to fill up the details" zulässig seien, wenn in dem Ermächtigungsgesetz ein *standard* oder eine *policy* enthalten sei: „Congress cannot delegate any part of its legislative power except under the limitation of a prescribed standard[23]."

Zum ersten Mal wurde diese *standard-Doktrin* in der Entscheidung *Buttfield v. Stranahan*[24] formuliert, wo es um die Verfassungsmäßigkeit der Bestimmung des *Tea Importation Act* von 1897 ging, die den Schatzminister ermächtigte, „uniform standards of purity, quality and fitness for consumption of all kinds of tea imported to the U.S." festzusetzen. Das Gericht begründete die Gültigkeit dieser Ermächtigung damit, daß das Gesetz

„expresses the purpose to exclude the lowest grades of tea, whether demonstrably of inferior purity, or unfit for consumption, or presumably so because of their inferior quality. This, in effect, was the fixing of a primary standard, and devolved upon the Secretary of the Treasury the mere executive duty to effectuate the legislative policy declared in the Statute"[25].

Obwohl der Entscheidung nicht zu entnehmen ist, ob der „primary standard" hier nur als Prüfungsmaßstab für die Teequalität, oder im Sinne eines allgemeinen Gültigkeitserfordernisses für die Delegation, also als Konkretisierung der „legislative policy" des Ermächtigungsgesetzes gemeint war[26], ist die Aufstellung eines „standard" oder einer „policy"[27] von dieser Entscheidung an als hauptsächliches Kriterium für die verfassungsrechtliche Zulässigkeit der Übertragung allgemeiner Regelungsbefugnisse angesehen worden.

Oben, unter § 5 a), sind schon einige Beispiele für die relative Unbestimmtheit solcher „standards" gegeben worden. Trotzdem wurden bisher alle mit dem Delegationsargument angegriffenen Rechtsetzungsermächtigungen mit Ausnahme von zwei noch zu erörternden Fällen vom Supreme Court als genügend präzise und daher verfassungsgemäß angesehen. So wurde beispielsweise die Bestimmung des *Interstate Commerce Act*, daß die von der ICC zu überprüfenden und gegebenenfalls von ihr festzusetzenden Eisenbahntarife „junst and reasonable ... and not discriminatory" sein sollten, in mehreren Entscheidungen[28]

---

[23] *United States v. Chicago M. St. P. & P. R. Co.*, 282 US 311, 324 (1931).

[24] 192 US 470 (1904).

[25] S. 496.

[26] *Ehmke* spricht daher von dem „standard"-Erfordernis als einem „Zufallsprodukt", S. 531.

[27] Andere wiederkehrende Bezeichnungen dafür in der Terminologie des Gerichts sind „purpose", „guide for action", „criterion", „intelligible principle", „declaration of a general rule" oder „general scheme".

[28] *ICC v. Goodrich Transit Co.*, 224 US 194, 214 (1912); *Texas & Pacific Railway Co. v. Gulf, Colorado & Santa Fe Railway Co.*, 270 US 266, 273 (1926); *Chesapeake & Ohio Railway Co. v. United States*, 283 US 35, 42 (1930).

für einen genügend präzisierten Maßstab gehalten, ebenso die Vorschrift des *Federal Trade Commission Act,* der die FTC ermächtigte, „unfair methods of competiton" zu definieren und, wo festgestellt, gegen sie einzuschreiten[29, 30].

Allerdings hat der Supreme Court diese „standards" nicht isoliert betrachtet, sondern „history and context", also legislative Vorgeschichte, *common law*-Praxis (wo eine solche bestand) und insbesondere den Regelungszusammenhang zu deren Bestimmung mit herangezogen[31]. Bisweilen hat das Gericht auch sog. „implied standards" aus dem Ganzen des Gesetzes herausgelesen, wo selbst vage *standards* wie „in the public interest" nicht zu finden waren[32].

bb) Die negativen New Deal-Entscheidungen (Panama und Schechter)

Trotz dieses weit ausgelegten Bestimmtheitserfordernisses gesetzgeberischer Konkretisierungsmaßstäbe hat der Supreme Court zweimal die Übertragung rechtsetzender Kompetenzen an wirtschaftsregulierende Behörden wegen zu unbestimmter „standards" für verfassungswidrig erklärt.

Der *National Industrial Recovery Act* (NIRA) von 1933[33] war eines der von Präsident Roosevelt im Rahmen seines „New Deal"-Programms eingebrachten Wirtschaftsgesetze, die der amerikanischen Wirtschaft nach der großen Depression wieder Auftrieb geben sollten. Das Gesetz enthielt in § 1 eine „declaration of policy", die es als das vom Kongreß mit diesem Gesetz verfolgte Ziel bezeichnete, „to eliminate unfair competitive practices, to promote the fullest possible utilization of the present productive capacity of industries, to avoid undue restriction of production (except as may be temporarily required) ... and otherwise to rehabilitate industry and to conserve national resources".

Der in dem zuerst entschiedenen Fall *Panama Refining Co. v. Ryan*[34] erhobene Vorwurf der verfassungswidrigen Delegation betraf den

---

[29] *FTC v. Keppel & Br.*, 291 US 304, 312 (1934); *FTC v. Raladam*, 283 US 643, 648 (1931).

[30] Für andere ähnlich vage „standards", die den Bestimmtheitsanforderungen des Supreme Court genügten, siehe *Davis*, Treatise, Bd. 1 § 2.03 S. 81 f. und *Ehmke*, S. 532.

[31] "(T)he standards of a statute need not be tested in isolation. They derive much meaningful content from the purpose of the Act, its factual background, and the statuatory context in which they appear." *American Power & Light Co. v. SEC*, 329 US 90, 104 (1946).

[32] Vgl. *Ehmke*, S. 532 f. FN 252 - 255; *Davis*, Treatise, Bd. 1 § 2.04 S. 87 ff.

[33] 15 USC § 701.

[34] 293 US 388 (1935).

§ 9 (c) des Gesetzes, der den Präsidenten — zum Schutz der durch Überproduktion von der Wirtschaftskrise stark betroffenen Erdölindustrie — ermächtigte, den Transport von sog. „hot oil" zu verbieten, d. h. von Erdöl und Erdölprodukten, die entgegen der einzelstaatlichen gesetzlichen Kontingentierung produziert worden waren. Obwohl die dem Präsidenten eingeräumte Befugnis verhältnismäßig eng war — er konnte nur bestimmen, ob und zu welchem Zeitpunkt das Verbot ergehen sollte, hatte aber keinen Einfluß auf den Inhalt der Regelung, da er nur zwischen Verbot oder Nichtverbot wählen konnte[35] — und die in der „declaration of policy" enthaltenen Zweck- und Zielbestimmungen jedenfalls nicht unbestimmter waren als andere gesetzliche *standards*, die in vorangehenden Entscheidungen für ausreichend präzise angesehen worden waren, entschied das Gericht, daß hier Kompetenzen verfassungswidrig, da ohne gesetzgeberischen *standard* übertragen worden seien:

> "As to transportation of oil production in excess of state permission, the Congress has declared no policy, has established no standard, has laid down no rule. There is no requirement, no definition of circumstances and conditions in which the transportation is to be allowed or prohibited[36]."

Diese Entscheidung steht klar im Gegensatz zur früheren Delegationsrechtsprechung des Gerichts[37] und ist nur vor dem Hintergrund des anfänglichen Widerstandes des Gerichts gegen die mit dem laissez-faire Prinzip endgültig brechende New Deal-Wirtschaftsgesetzgebung zu verstehen[38].

---

[35] Es handelte sich also um eine Ermächtigung in der Form der oben schon erörterten bedingten Gesetzgebung, vgl. *Ehmke*, S. 534.

[36] S. 430. Das Gericht beschäftigte sich zwar mit der „declaration of policy", fand aber, daß die gesetzgeberischen Ziele „to promote the fullest possible utilization of ... production capacity" auf der einen Seite und „to avoid undue restriction of production (except as may be temporarily required)" auf der anderen zueinander im Widerspruch ständen.

[37] Es ist schon oben FN 31 und 32 erwähnt worden, daß „standards" aus der Gesetzgebungsgeschichte und dem Regelungszusammenhang geschlossen werden können. Das wäre hier möglich gewesen. Der Court prüfte hier zwar das von der Regierung vorgetragene Argument „that it should be assumed that the President has acted, and will act, for what he believes to be the public good", lehnte aber einen implizierten „public good"-Standard ab, weil diese Motivation jedem Handeln der öffentlichen Verwaltung inhärent sei und es bei Annahme eines solchen allgemeinen *standard* keine Beschränkung für die Gesetzgebungsdelegation mehr gäbe. Vgl. *Ehmke*, S. 534 f.

[38] *Jaffe*, Judicial Control, S. 63: "The Panama case involved a narrow power with a somewhat vague but recognizable standard. It should have been upheld and probably would have been if the Court had not been eager to chastise the New Deal's failings." Zu diesen „failings" gehörte insbesondere, daß zu dieser Zeit *rules* oder *orders* der Departments oder unabhängigen Behörden nirgendwo veröffentlicht werden mußten. Das führte zu außerordentlicher Unübersichtlichkeit. Es wurde sogar während des gerichtlichen Verfahrens entdeckt, daß die Vorschrift, nach der die Panama-Gesellschaft

Die im *Panama*-Fall angegriffene und vom Supreme Court für verfassungswidrig erklärte Vorschrift des § 9 NIRA war jedoch hinsichtlich der Bedeutung der übertragenen Regelungsbefugnis von untergeordneter Bedeutung[39]. Wichtiger war § 3 desselben Gesetzes, dessen Verfassungswidrigkeit im *Schechter*-Fall[40] behauptet wurde. § 3 NIRA ermächtigte den Präsidenten, auf Anregung und nach Anhörung der jeweiligen Wirtschaftszweige bzw. deren Verbänden, gegebenenfalls aber auch ohne deren Beteiligung sog. „codes of fair competition" zu erlassen. Die mit der Ausführung des Gesetzes beauftragte *National Recovery Administration* (NRA) erließ, im wesentlichen auf Veranlassung der von den Auswirkungen der Depression betroffenen Wirtschaft, aufgrund dieser Vorschrift eine kaum übersehbare Vielzahl solcher „codes"[41], die hauptsächlich Arbeitszeit- und Lohnbestimmungen enthielten, daneben aber auch Vorschriften über Mindestpreise, Produktionskontingente, Verbote bestimmter Wettbewerbs- und Werbungsmethoden usw. — im Grunde handelte es sich um eine Kartellierung sämtlicher Wirtschaftszweige[42]. Eine dieser Kartellverordnungen war der „Code of Fair Competition for the Life Poultry Industry of the Metropolitan Area in and about the City of New York", wegen dessen Verletzung gegen den Geflügelgroßhändler Schechter ein Strafverfahren von der NRA eingeleitet worden war. Schechter griff den Code u. a.[43] mit dem Delegationsargument an.

---

wegen Verstoßes gegen den „Petroleum Code" bestraft werden sollte, irrtümlich außer Kraft gesetzt worden war, vgl. *Jaffe*, S. 61 f. Diese Zustände und ihre Offenlegung im *Panama*-Verfahren führten dann zur Schaffung des Federal Register.

Zu der Auseinandersetzung des Präsidenten mit dem Supreme Court über die Verfassungsmäßigkeit der New Deal-Gesetzgebung überhaupt, die unter anderem den viel diskutierten „court-packing-plan" gebar (die geplante Erweiterung des Supreme Court durch neue, dem New Deal-Programm positiv gegenüberstehende Richter, mit dem Ziel, das Übergewicht der konservativen Richter des Gerichts zu überstimmen), vgl. *Ehmke*, S. 138 ff.

Der Supreme Court stellte allerdings in Abrede, daß die *Panama*-Entscheidung auf das gesamte Wirtschaftsprogramm des New Deal zielte, dessen Herzstück der NIRA war: "The question is not of the intrinsic importance of the particular statute before us, but of the constitutional processes of legislation which are an essential part of our system of government." 293 US 388 (430).

39 In den praktischen Auswirkungen auf das New Deal-Gesetzgebungsprogramm war die *Panama*-Entscheidung nicht schwerwiegend: die beanstandete Vorschrift wurde schon einen Monat nach Ergehen des Urteils so geändert, daß sie dem Präsidenten der Sache nach dieselbe Kompetenz wie bisher beließ, nun aber einen klaren „standard" aufwies, siehe *Jaffe*, Judicial Control, S. 64 FN 105.

40 *Schechter Poultry Co. v. United States*, 295 US 495 (1935).

41 In der Zeit von 1933 (Erlaß des NIRA) bis 1935 (Zeitpunkt der *Schechter*-Entscheidung) insgesamt 546 *codes*, 185 Ergänzungs*codes*, dazu 685 Änderungsvorschriften, die 18 Bände mit 13 000 Seiten füllten, vgl. *Jaffe*, Judicial Control, S. 61.

42 Vgl. *Ehmke*, S. 140 und 536; *Jaffe*, Judicial Control, S. 61.

Der § 3 NIRA enthielt keinerlei weitere Bestimmung, aus der sich irgendeine inhaltliche Konkretisierung der übertragenen Kompetenz ergeben hätte, sondern verwies nur auf die „policy of this title", also die oben angeführte Generalklausel. Das Gericht stellte zwar fest, daß außerordentliche Umstände außerordentliche Maßnahmen rechtfertigen könnten, wollte aber auch solche außerordentlichen Maßnahmen auf das verfassungsmäßig zulässige Maß beschränkt wissen: "Extraordinary conditions do not create or enlarge constitutional power[44]." Die der Verwaltung eingeräumte Kompetenz beträfe nicht nur, fand das Gericht, unlautere Wettbewerbsmethoden, sondern wirtschaftliche Maßnahmen aller Art, die sie für die Reorganisierung und das Wiedererstarken der nationalen Wirtschaft für notwendig und wünschenswert hielte. Zusammenfassend gab der Court seine Begründung für die Verfassungswidrigkeit der in § 3 des Gesetzes gegebenen Ermächtigung:

"§ 3 of the Recovery Act is without precedent. It supplies no standards for any trade, industry or activity. It does undertake to prescribe rules of conduct to be applied to particular states of fact determined by appropriate administrative procedure. Instead of prescribing rules of conduct, it authorizes the making of codes to prescribe them. For that legislative undertaking, § 3 sets up no standards, aside from the statement of the general aims of rehabilitation, correction and expansion described in § 1. In view of the scope of that declaration, and of the nature of the few restrictions that are imposed, the discretion of the President in approving or prescribing codes, and thus enacting laws for the government of trade and industry throughout the country, is virtually unfettered. We think that the code making thus conferred is an unconstitutional delegation of legislative power[45]."

Der Faktor, der *Panama* von *Schechter* unterschied, war nicht das Vorhandensein oder die Bestimmtheit gesetzlicher *standards* — diese waren in beiden Fällen dieselben, nämlich die in der Generalklausel erklärte „policy" —, sondern das Ausmaß der übertragenen Kompetenz. Während die im *Panama*-Fall zur Entscheidung stehende Befugnis von geringem Umfang war, stellte die Ermächtigung des § 3 NIRA „the most sweeping congressional delegation of all time"[46] dar, praktisch die unbegrenzte Übertragung der wirtschaftspolitischen Gesetzgebung zum Zwecke der Überwindung der Wirtschaftskrise auf die Exekutive[47]. Der Unterschied im Ausmaß der übertragenen Regelungskompetenz und nicht die *standard*-Frage war deshalb auch das ent- und die beiden Fälle unterscheidende Kriterium für den Richter *Cardozo*, der in der

[43] Im übrigen bestritt er die Bundeskompetenz, die sich nur auf „interstate commerce", also auf über einen Bundesstaat hinausgreifenden Handel und Produktion erstreckt.

[44] S. 535.

[45] S. 541 f.

[46] *Davis*, Treatise, Bd. 1 § 2.06 S. 100.

[47] *Ehmke*, S. 538.

Panama-Entscheidung eine *dissenting opinion* abgegeben hatte[48], der *Schechter*-Entscheidung dagegen zustimmte:

> "The extension (der übertragenen Gewalt) becomes as wide as the field of industrial regulation ... No such plenitude of power is susceptible of transfer. This is delegation running riot ... Here in effect is a roving commission to inquire into evils and upon discovery correct them[49]."

cc) Die Rechtsprechung seit Panama und Schechter

Der Supreme Court hat in der Folgezeit, in anderer personeller Zusammensetzung und unter veränderten politischen Umständen, weitgehende Übertragungen rechtsetzender Gewalt auf die Verwaltung als verfassungskonform aufrechterhalten. Obwohl keine der später angegriffenen Ermächtigungsvorschriften hinsichtlich des Ausmaßes der übertragenen Gewalt an die in § 3 NIRA enthaltene Ermächtigung heranreichte, stellt sich doch die Frage, inwieweit heute die beiden negativen Entscheidungen, deren Geltung als „precedent" der Supreme Court nie ausdrücklich aufgehoben („overruled") hat, noch Gültigkeit haben oder in das „museum of constitutional history"[50] gehören. Um sie zu beantworten, ist es nötig, kurz die Delegationsfälle seit den negativen New Deal-Entscheidungen zu untersuchen.

In *United States v. Rock Royal Co-op*[51] erklärte das Gericht die Preisstabilisierungsmaßnahmen des *Agricultural Marketing Agreement Act* von 1937 (AAA) für verfassungsgemäß, dessen *policy* die Aufrechterhaltung bzw Schaffung einer Marktlage für bestimmte Agrarprodukte war „as will establish prices to farmers at a level that will give agricultural commodities the purchasing power of agricultural commodities in the base period", also die Schaffung eines Paritätspreises für landwirtschaftliche Produkte, wobei als „base period" die Zeit von 1909 bis 1914 gelten sollte. Der Landwirtschaftsminister wurde in dem Gesetz angewiesen, „to protect the interest of the consumer by approaching the level of prices ... by gradual correction ... at as rapid a rate as (he) deems to be in the public interest and feasible in view of the current consumptive demand" (§ 8 a). Außerdem wurde er ermächtigt, unter Mitwirkung der Wirtschaftsverbände Vorschriften[52] über den

---

[48] "I am persuaded that a reference, expressed or implied to the policy of Congress as declared in section 1, is a sufficient definition of a standard to make the statute valid. Discretion is not unconfined and vagrant." *Dissenting Opinion*, 293 US 440.

[49] S. 551 und 553.

[50] Ausdruck von *Jaffe*, Judicial Control, S. 71.

[51] 307 US 533 (1939).

[52] Diese (allgemeinen) Vorschriften wurden als „orders" bezeichnet, ein Beispiel für die auch durch den Erlaß des APA noch nicht ganz beseitigte Begriffsverwirrung von „rule" und „order".

Handel mit diesen Produkten zu erlassen, wenn er — nach einem „hearing“ und unter Offenlegung der daraus resultierenden „findings“ — glaubte, daß diese dazu dienen könnten, „to effectuate the policy“ des Gesetzes[53]. Der Court sah die *policy* des Gesetzes hinsichtlich des Inhalts der Regelung (Aufstellung von Paritätspreisen) als genügend präzise an und war der Auffassung, daß hinsichtlich des Ausmaßes der dem *secretary* übertragenen Regelungsbefugnis durch die Aufzählung der Produkte und der vorgesehenen Maßnahmen ein ausreichend bestimmter *standard* gegeben sei[54]. Dabei berücksichtigte das Gericht offenbar, daß auf dem Gebiet der Preisregulierung von der Sache her keine präziseren Konkretisierungsmaßstäbe aufgestellt werden können, wenn nicht der Kongreß selbst die Preise festsetzen und der wechselnden Markt- und allgemeinen Wirtschaftssituation anpassen soll — eine Aufgabe, die ein Gesetzgebungsorgan klar überfordern würde[55].

Interessant ist die beinahe hilfsweise angeführte Erwägung:

> "It is further to be observed that the order could not be ... issued until after a ... hearing ... Even though procedural safeguards cannot validate an unconstitutional delegation, they do furnish protection against arbitrary use of properly delegated authority[56]."

Hierauf wird noch im Zusammenhang mit der Kritik an der *standard*-Doktrin einzugehen sein.

In *Yakus v. United States*[57] erklärte das Gericht die im *Emergency Price Control Act* von 1942 dem *Office of Price Administration* (OPA) übertragene Regelungsbefugnis mit dem Ziel „to stabilize prices and to prevent speculative, unwarranted, and abnormal increases in prices and rents“ für verfassungsgemäß. Im Interesse der Stabilisierung der Kriegswirtschaft konnte der *Administrator* Preisvorschriften erlassen, die „in his judgment will be generally fair and equitable and will effectuate the purposes of this Act“. Dabei sollte er — „as far as practicable“ — die Preise einer „base-period“, nämlich der Zeit un-

---

[53] Ausführlich zu diesem kompliziert gefaßten Gesetz *Ehmke*, S. 539.

[54] S. 557, 574 ff.

[55] Zum Ausdruck gebracht wurde das in einer anderen, die Befugnis, Höchstpreise für Bitumenkohle festzusetzen, betreffenden Entscheidung:
"In an increasingly complex society Congress obviously could not perform its function if it were obliged to find all the facts subsidary to the basic conclusion which support the defined legislative policy in fixing, for example, a tariff rate, a railroad rate or the rate of wages to be applied in particular industries by a minimum wage law. The Constitution viewed as a continously operative charter of government, is not to be interpreted as demanding the impossible or the impracticable." *OPP Cotton Mills v. Administrator of Wage and Hour Division*, 312 US 126, 145 (1941).

[56] S. 576.

[57] 321 US 414 (1944).

mittelbar vor Kriegseintritt der USA, berücksichtigen und den von ihm erlassenen Vorschriften ein „statement of considerations" beifügen.

Allgemein auf die Frage der *standards* eingehend führte das Urteil aus, entscheidend sei, „whether the definition sufficiently marks the field within which the Administrator is to act so that it may be known whether he has kept within it in compliance with the legislative will"[58]. Hinsichtlich der *standards* des *Emergency Price Control Act* sagte das Gericht:

"(T)he standards ... with the aid of the 'statement of considerations' required to be made by the Administrator are sufficiently definite and precise to enable Congress, the courts and the public to ascertain whether the administrator, in fixing the designated prices, has conformed to those standards[59]."

Hier wird deutlich, daß es nicht allein mehr auf die Weite oder Bestimmtheit der in der Delegationsnorm enthaltenen *standards* ankommt, sondern auch maßgeblich auf die Formulierung einer „subsidiary administrative policy" durch den Delegatar, nämlich auf das von dem Administrator mit der Preisregulierungsnorm vorzulegende „statement of considerations", dem eine ähnliche Funktion wie den im oben behandelten *Rock Royal*-Fall als zusätzliche Gültigkeitsvoraussetzung angeführten „findings" zukam. Damit kommt es also nicht nur auf die Bestimmtheit des gesetzgeberischen *standards* an, sondern auf die Ausformung der „subsidiary policy" durch die Verwaltung, ob das Ermächtigungsgesetz Bestand haben kann. Hier mag der Grund dafür liegen, daß die NIRA-Vorschriften für verfassungswidrig, die des *Emergency Price Control Act* für verfassungsgemäß erklärt wurden, obwohl die legislativen *standards* etwa von derselben Unbestimmtheit waren[60]: Die NIRA hatte es nicht verstanden, in dem Zeitpunkt von ihrer Ermächtigung bis zur *Schechter*-Entscheidung eine fundierte und eindeutige, das Gericht überzeugende „subsidiary administrative policy" zu entwickeln, wohingegen OPA eine solche „administrative theory of its legislation"[61], nämlich eine klare und in seinen Grundlagen für das Gericht verständliche Preisfestsetzung auf der Basis der Vorkriegsgewinne aufgestellt hatte und danach verfuhr[62].

---

[58] S. 425.

[59] S. 426.

[60] Worauf Justice *Roberts* in seiner *dissenting opinion* allein abstellte, als er erklärte, durch diese Entscheidung werde *Schechter* „overruled", S. 452.

[61] Ausdruck von *Jaffe*, Judicial Control, S. 71.

[62] Dazu kam, daß der Kongreß in der Zwischenzeit das Ermächtigungsgesetz in einigen Punkten ergänzt hatte und das Gericht infolgedessen davon ausgehen konnte, daß der Gesetzgeber die von der Verwaltung entwickelte *price-policy* durch dieses „reenactment" in seinen Willen aufgenommen hatte, vgl. *Jaffe*, Judicial Control, S. 71 FN 134.

Spätestens mit dieser Entscheidung rückte der Supreme Court auch erkennbar von seiner Fiktion ab, die Verwaltung werde nur ermächtigt, hinsichtlich der vom Kongreß erlassenen Regelung „to ascertain the facts" oder „to fill up the details", und erkannte nun auch verbal an, was er der Sache nach schon vorher getan hatte: daß hier der Exekutive eigene, weitgehende Regelungsgewalt eingeräumt wird, eine „policy", d. h. ein Regulierungsprogramm zu entwickeln, wobei den gesetzgeberischen *standards* für den Gesetzgeber selber, aber auch für Justiz und Öffentlichkeit die Funktion eines Kontrollmaßstabes dafür erfüllen, ob das administrative Regulierungsprogramm dem gesetzgeberischen Regulierungsauftrag gerecht wird.

Das Gericht hat an dieser weiten *standard*-Doktrin auch in der Folgezeit festgehalten, ja, es hat Delegationen für verfassungsmäßig gehalten, die keinen ausdrücklichen *standard* enthielten. Hier sollen nur zwei Beispielfälle angeführt werden.

In *Lichter v. United States*[63] ging es um die Verfassungskonformität des *Renegotiation Act* von 1942, der verschiedene Behörden ermächtigte, „excessive profits" von Firmen zurückzuverlangen, die diese auf Grund von Verträgen mit diesen Behörden gemacht hatten. In einer späteren Ergänzung des Gesetzes wurde der Begriff der exzessiven Gewinne spezifiziert: „The term ‚excessive profits' means any amount of a contract or subcontract price which is found as a result of negotiation to represent excessive profits" — eine Begriffserläuterung, die, wie *Davis* bemerkt, nicht mehr besagte als „that excessive means excessive"[64]. Das Gericht hielt jedoch den *standard* für ausreichend präzisiert, vermutlich deshalb, weil inzwischen eine klare „subsidiary policy" des Kriegsdepartments, dem Hauptvertragspartner der Kriegsindustrie, vorlag[65], die dann später — 1944 — vom Kongreß ausdrücklich in das Gesetz inkorporiert wurden: "The statutory term 'excessive profits', in its context, was a sufficient expression of legislative policy and standards to render it constitutional[66]." Bei seiner Begründung wies der Court noch einmal auf den Zusammenhang zwischen dem Zweck der Delegation und dem Grad der Bestimmtheit des *standards* hin:

> "It is not necessary that Congress supply administrative officials with a specific formula for their guidance in a field where flexibility and the adaption of the congressional policy to infinitely variable conditions constitute the essence of the program[67]."

Der Fall *Fahey v. Malonee*[68] schließlich betraf die Delegation des *Home Owners Loan Act* von 1933, durch die ein „Board" ermächtigt

---

[63] 334 US 742 (1948).
[64] Treatise, Bd. 1 § 2.03 S. 86.
[65] Ausgeführt bei *Davis*, aaO.
[66] S. 783.
[67] S. 785.

wurde, Vorschriften u. a. über die zwangsweise Auflösung von Spar- und Darlehnsvereinigungen zu erlassen. Einen gesetzgeberischen *standard* oder eine als *policy* ausdeutbare Generalklausel enthielt das Gesetz nicht. Das Untergericht hatte aus diesem Grunde das Vorliegen einer unzulässigen Delegation angenommen[69]. Der Supreme Court hob diese Entscheidung auf, obwohl auch er keine *standards* in dem angegriffenen Gesetz fand. Zur Begründung verwies das Gericht auf die festen Usancen, die sich im Bank- und Gesellschaftswesen entwickelt hätten, und machte deutlich, daß es hinsichtlich der Strenge des anzulegenden Maßstabes einen Unterschied zwischen Wirtschaftsregulierungs- und Strafvorschriften der Verwaltung mache:

> "It may be that explicit standard ... would have been a desirable assurance of responsible administration. But the provisions ... are not penal provisions ... The provisions are regulatory ... Banking is one of the longest regulated and most closely supervised of public callings ... A discretion to make regulations to guide supervisory action in such matters may be constitutionally permissible while it might not be allowable to authorize creation of new crimes in uncharted fields."

Im übrigen stellte die Entscheidung wieder, wie auch schon die *Yakus*-Entscheidung, auf die *regulations* ab, die das Board aufgrund der *standard*-losen Ermächtigung erlassen hatte und fand diese „sufficiently explicit, against the background of custom, to be adequate for proper administration and for judicial review if there should be a proper occasion for it"[70]; allerdings war dies anders als in *Yakus* nicht eine zusätzliche Erwägung, sondern die alleinige und die Entscheidung tragende Begründung für die Verfassungsmäßigkeit der Ermächtigung. Dieses Abstellen auf allein von der Verwaltung ausgearbeitete Konkretisierungsmaßstäbe bzw. klar formulierte Regulierungsprogramme markiert — jedenfalls für den Bereich der staatlichen Wirtschaftsregulierung — die Abkehr von der vom Supreme Court selbst entwickelten *standard*-Doktrin, nach der ein die Verwaltung zum Erlaß von wirtschaftsregelnden Vorschriften ermächtigendes Gesetz einen gesetzgeberischen *standard*, die Formulierung der Grundzüge eines Programms enthalten mußte, um den Test der Verfassungsmäßigkeit zu bestehen.

b) Delegationsverbot und „standard"-Erfordernis — Grundzüge der Delegationstheorie des Supreme Court

Der Versuch einer systematischen Erfassung der in seiner historischen Entwicklung anhand der „leading cases" zum Delegations-

---

68 332 US 245 (1947).

69 *Mallonee v. Fahey*, 68 F. Supp. 418 (S. D. Cal. 1946).

70 332 US 250, 253.

problem dargestellten Rechtsprechung des Supreme Court muß sich von vornherein zweier Schwierigkeiten bewußt sein: zum einen der „terminologischen Staubwolke eines beachtlichen ‚exercise in dialectic‘“[71], unter der präzise Linien und Grenzen hinsichtlich der verfassungsrechtlichen Zulässigkeit und Begrenzung der Delegation rechtsetzender Gewalt nicht oder nur sehr schwer zu erkennen sind, zum anderen der besonderen Methodik amerikanischer Verfassungsrechtsprechung, die verfassungsrechtliche Zweifelsfragen — wenn nicht eine grundsätzliche Stellungnahme für die Entscheidung des Rechtsstreits unbedingt erforderlich erscheint[72] — gern in der Schwebe läßt[73]. Besonders dieses Abstellen auf die Voraussetzungen und Gesamtumstände des zur Entscheidung stehenden Einzelfalls erschwert den Versuch, der Delegationsrechtsprechung der Supreme Court eine einheitliche oder auch nur eindeutige Delegationstheorie zu entnehmen[74].

Wie aus der kurzen Behandlung der wichtigsten Delegationsfälle ersichtlich geworden ist, liegt der amerikanischen Delegationstheorie das Verbot zugrunde, daß sich der Kongreß nicht auf dem Wege der Delegation seiner Gesetzgebungsgewalt entäußern können soll. Deshalb dürfen Ermächtigungen zur Ausübung von Rechtsetzung nur unter einer in dem Ermächtigungsgesetz selbst enthaltenen Bestimmung einer *policy* oder eines *standards*[75] gegeben werden. Dieses *standard*-Erfordernis geht nur terminologisch auf die Entscheidung *Buttfield v. Stranahan*[76] zurück, der Sache nach ist der *standard* nichts anderes als *Marshalls* „general provision“, die der Gesetzgeber in den weniger wichtigen Regelungsgebieten aufzustellen habe, dann aber dem Ermächtigungsempfänger überlassen könne, die „details“ zu regeln[77].

---

[71] *Ehmke*, S. 76; von *Davis* „unrealistic verbiage“ oder „misleading language“ genannt, Treatise, Bd. 1 § 2.01 S. 75 und § 2.06 S. 101.

[72] Vgl. *Scharpf*, Kosten des Rechtsstaats, S. 36 ff. und *Weyer*, S. 115.

[73] So waren z. B. die oben zitierten Ausführungen *Marshalls* in Wayman v. Southard (FN 21) obiter dicta.

[74] Siehe *Geck*, S. 221 ff., 228.

[75] Für andere gleichbedeutende Termini siehe oben FN 27. Dogmatisch gesehen müßten „policy“ und „standard“ unterschieden werden. Richtigerweise bezieht sich „policy“ auf das „legislative statement of the purpose of a statute“, ist also die Zweckbestimmung im *Wolff*schen Sinne (siehe *Wolff*, AöR 78, 197). Dagegen bezeichnet „standard“ die Vorschriften der Ermächtigung „which state out the boundaries of administrative authority“, ist also Inhalts- und Ausmaßbestimmung nach unserer an Art. 80 Abs. 1 GG ausgerichteten Terminologie. Vgl. *Carrow*, The Background of Administrative Law (1948), S. 121 FN 22. Dieser dogmatischen Unterscheidung kommt aber keine Bedeutung zu, weil der Supreme Court sie in der Sache nicht macht. Vgl. auch den undifferenzierten Gebrauch der Termini bei *Wolff*, S. 197.

[76] Siehe oben FN 24.

[77] *Wayman v. Southard*, s. o. FN 21.

Auch die *Marshall*sche Unterscheidung in „important subjects", die vom Gesetzgeber geregelt werden müßten, und in die „of less interest", deren Ausführung — unter Festlegung einer gesetzgeberischen „general provision" — dem Ermächtigten überlassen werden kann, ist der Sache nach auch weiterhin beibehalten worden. Allerdings kann nicht verkannt werden, daß gerade im Bereich der Wirtschaftslenkung die Delegation mit Billigung des Gerichts von der Ausnahme zur Regel geworden ist[78], so daß hier die Grenzziehung zwischen den delegierbaren und undelegierbaren Regelungskompetenzen eigentlich nur noch die Bedeutung hat, daß die Verwaltung im Wirtschaftsbereich keine eigentlichen Strafbestimmungen für die Verletzung der von ihr erlassenen wirtschaftsregulierenden Vorschriften aufstellen darf[79]. Bezeichnenderweise hat der Court in den beiden negativen New Deal-Entscheidungen auch nicht auf die Bedeutung der übertragenen Regelungskompetenz abgestellt[80], sondern allein auf die begleitenden *standards*, wobei aber sicherlich die Fülle der übertragenen Regelungsbefugnis für die Verneinung ausreichender *standards* ein entscheidender Gesichtspunkt war. So läßt sich also für den Bereich der Wirtschaftsregulierung eine Ausweitung hinsichtlich der der Verwaltung zulässigerweise übertragbaren Regelungsmaterien erkennen: aus der von *Marshall* für unbedenklich gehaltenen Befugnis, die Details einer Materie von minderer Bedeutung zu regeln, ist die umfassende Kompetenzzuweisung geworden, entscheidende wirtschaftliche Abläufe und Entwicklungen zu regulieren.

Dem entspricht eine Lockerung der Anforderungen an die Bestimmtheit der gesetzgeberischen *standards*, wie sie oben in ihrer Entwicklung schon aufgezeigt und wie sie ähnlich vor kurzem auch in der Entwicklung der Rechtsprechung des deutschen Bundesverfassungsgerichts zu Art. 80 Abs. 1 Satz 2 GG festgestellt worden ist[81]. Wie *Hasskarl* in seiner Rechtsprechungsanalyse herausgearbeitet hat, prüft das Bundesverfas-

---

78 *Ehmke*, S. 544.

79 Das ist zuerst ausgesprochen in *United States v. Grimaud*, 220 US 506 (1911). Ich werde auf diese Frage noch bei der Behandlung der Unterscheidung zwischen „legislative" und „law-making function" eingehen. Immerhin kann gesagt werden, daß auch diese Grenzziehung entscheidend dadurch durchbrochen worden ist, daß es der Verwaltung wohl gestattet ist, von den „penal sanctions" zu unterscheidende „civil sanctions", wie Lizenzentzug, Erstattung von in Verletzung von Verwaltungsvorschriften erzielten Gewinnen usw. festzusetzen, die in ihren Auswirkungen weit empfindlicheren Strafcharakter haben können als eigentliche Strafbestimmungen, vgl. *Ehmke*, S. 557.

80 So aber der in der *Panama*-Entscheidung abweichende, der *Schechter*-Entscheidung dagegen zustimmende Richter *Cardozo*, der auf eine Wechselwirkung Umfang — Zweck der Ermächtigung abstellte.

81 *Hasskarl*, S. 85 ff.

sungsgericht die Anforderungen an die Bestimmtheit von Inhalt, Zweck und Ausmaß der Ermächtigung unter drei Gesichtspunkten. Einmal soll die Ermächtigung soweit bestimmt sein, daß der Staatsbürger voraussehen könne, in welchen Fällen und mit welcher Tendenz von ihr Gebrauch gemacht werden könne und welchen Inhalt die aufgrund der Ermächtigung zu erlassenden Verordnungen haben könnten („Voraussehbarkeitsformel"). Zweitens müßten von dem Gesetzgeber in der Ermächtigung die Grenzen der beabsichtigten Regelung und der Zweck angegeben werden, der mit der Regelung verfolgt werde, um zu verhindern, daß sich das Parlament seiner Verantwortung als gesetzgebender Gewalt entzöge („Selbstentscheidungsformel"). Und drittens müsse die Ermächtigung schon ein Minimum an materieller Regelung enthalten, die dem Verordnungsgeber als Rahmen dienen solle und könne („Programmformel").

Es ist interessant, im Vergleich mit diesen Grundsätzen festzustellen, daß der amerikanische Supreme Court in seiner Rechtsprechung nur auf die Gesichtspunkte zwei und drei abstellt, wobei, wie gezeigt, auch die Programmformel schon insoweit erheblich eingeschränkt worden ist, als die von der Verwaltung in der Anlaufzeit des Gesetzes entwickelte „subsidiary policy" anstelle einer fehlenden gesetzgeberischen *policy* die Ermächtigung genügend zu bestimmen in der Lage ist. Zwar berührt das auch die Frage der Voraussehbarkeit, die Voraussehbarkeit der aufgrund der Ermächtigung erlassenen Verwaltungsregelung ist jedoch niemals ausdrücklich als Prüfungsgesichtspunkt herangezogen worden. Das hängt vermutlich einmal mit der Rechtfindungsmethodik des *common law*-Systems zusammen, in dem der Gesichtspunkt der Voraussehbarkeit — anders als in einem System kodifizierter Rechtsquellen — gegenüber dem der Fairneß des Rechtsfindungsvorganges zurücktritt. Zum anderen findet es seine Begründung darin, daß ja nach der Theorie, bzw. der Terminologie des Court — wenn er von „subordinate" oder „secondary rules" sprach, die die Behörden im Prozeß des „fill in the details" oder „ascertain the facts" erließen — der Gesetzgeber selber die gesetzliche Regelung genügend präzisierte und damit für den regelungsunterworfenen Bürger vorhersehbar war, in welchen Fällen und in welcher Weise die Verwaltung die Vorschrift anwenden würde. Damit war also implizit auch die Vorhersehbarkeit der aufgrund der Ermächtigung erlassenen Verwaltungsvorschriften angesprochen, wenngleich bei der Argumentation des Gerichts die Frage der Funktionen von Gesetzgeber und Verwaltung und deren strikte Trennung im Vordergrund stand. Mit der Lockerung der Anforderungen an die Bestimmtheit der legislativen „standards" und der Beschränkung der gesetzgeberischen Funktion auf die Entscheidung darüber, „what job must be done, who must do it, and what is the scope of his authority"[82], wurden die „standards" aus einer — von der Verwaltung zu ergänzenden — Rechtsetzung für die Bürger zu einer bloßen Kompetenzzuweisung an die Bürokratie. Die legislativen „standards" betreffen in erster Linie also nicht mehr das Verhältnis des Gesetzgebers zu den von ihm repräsentierten Bürgern, sondern zur Verwaltung[83]. „Standards" werden folgerichtig auf ihre Bestimmtheit unter dem Gesichtspunkt überprüft, ob sie den Verwaltungsbehörden als Leitlinie („guidance") für ihr Regulierungsprogramm zu dienen imstande sind[84]. Sie werden also als Mittel zur Begrenzung des behördlichen Ermessens hinsichtlich der Ausgestaltung des Regulierungsauftrags verstanden[85].

Unter diesem Gesichtspunkt muß auch die Frage beantwortet werden, ob die negativen New Deal-Entscheidungen heute noch Gültigkeit haben, d. h. eine materielle Schranke für die Gesetzgebungsdelegation bilden, oder ob das Delegationsverbot insgesamt hinfällig geworden ist. Mit anderen Worten: kann daraus, daß seit diesen beiden Entscheidungen keine gesetzliche Ermächtigung mehr für verfassungswidrig erklärt worden ist, geschlossen werden, daß der Supreme Court heute eine der Ermächtigung des NIRA vergleichbare Autorisierung der Verwaltung als verfassungsgemäß ansehen würde?

Man wird *Ehmkes* Ansicht zustimmen können, daß die *Panama*-Entscheidung als überholt und die *Schechter*-Entscheidung als nur noch eingeschränkt gültig anzusehen ist[86]. Dagegen geht die von *Nutting* vertretene These fehl, es gäbe keine materiellen verfassungsrechtlichen Schranken für die Rechtsetzungsdelegation und die beiden negativen Entscheidungen seien lediglich eine Warnung an den Kongreß „not to go too far too fast"[87]. Wo genau die Grenze zwischen

---

[82] *Bowles v. Willingham,* 321 US 503, 515 (1944).

[83] Vgl. *Ehmke,* S. 558.

[84] Vgl. außer den o. a. Zitaten aus den *Yakus*- und *Lichter*-Entscheidungen *OPP Cotton Mills Inc. v. Administrator of the Wage and Hour Division,* 312 US 126, 144 (1941), in der es um die Verfassungsmäßigkeit der Ermächtigung des *Fair Labor Standard Act* von 1938 ging:

"(W)here ... the standards set up for the guidance of the administrative agency, the procedure which it is directed to follow ... are such that Congress, the courts and the public can ascertain whether the agency has conformed to the standards which Congress has prescribed, there is no failure of performance of the legislative function."

[85] Vgl. *Cushman,* Commissions, S. 432: "(T)he standard must be clear enough to be visible to the naked eye of the Court, so that that tribunal can determine whether the officer or agency is following the standard instead of exercising uncontrolled discretion."

[86] aaO. S. 538. Der Supreme Court hat aber *Panama* nie ausdrücklich aufgehoben, zuletzt ist die Entscheidung als gültiger Präzedenzfall in *Kent v. Dulles,* 357 US 116, 129 (1958) zitiert worden.

[87] Congressional Delegations Since the Schechter Case, 14 Missouri Law Journal 350, 366 f. (1942). Allerdings relativierte er diese These dadurch,

verfassungsgemäßer und verfassungswidriger Ermächtigung anzusiedeln ist, ist in abstracto schwer zu sagen. *Davis* will diese Grenze bei „palpable abuse“ oder „true congressional abdication“ gezogen wissen[88], Begriffen, denen man mangelnde Eindeutigkeit ebenso leicht vorwerfen könnte, wie *Davis* das hinsichtlich der „standard“-Doktrin tut[89]. Sicher ist jedoch, daß der oberste Gerichtshof, ebenso wie die Untergerichte, grundsätzlich von dem Vorhandensein materieller Delegationsschranken ausgeht[90], wobei die Fragestellung aber nicht mehr lautet, ob Rechtsetzungsgewalt delegiert werden kann, sondern darauf abgestellt wird, ob es vertretbar ist, diese spezifische Delegation in diesem konkreten Fall vorzunehmen: "(T)he doctrine (limiting delegation) ist intelligible only in terms of the degree of delegation which the judiciary regards as appropriate in the circumstances[91]."

Bei dieser Prüfung spielen die vom Gesetzgeber in die Ermächtigung geschriebenen „standards“ nur die Rolle *eines*, wenn auch wichtigen Gesichtspunktes unter anderen. Andere von der Justiz berücksichtigte Kriterien sind Art und Notwendigkeit der Ermächtigung, die Dauer und Intensität der von der Verwaltung zu treffenden Maßnahmen und die Geltungsdauer der Ermächtigung überhaupt und die Bestätigung der von den Behörden entwickelten Regulierungsprogramme und -praktiken durch den Kongreß in Form eines „reenactment“ des Ermächtigungsgesetzes. Außerdem spielen eine Rolle die Art des Verfahrens, in denen die Verwaltungsentscheidungen zustandekommen, die Sachkunde und Objektivität des Delegatars und — wie ausgeführt — der Gebrauch, den die Behörde von der Ermächtigung vom Zeitpunkt ihres Erlasses bis zur gerichtlichen Entscheidung gemacht hat, insbesondere die Selbstbindung an von ihr selbst aufgestellte, klar formulierte Entscheidungsregeln[92].

Der Grund für die geschilderte Kehrtwendung von der — wenn auch mehr verbal postulierten als real praktizierten — Maxime eines starren Delegationsverbots zu der grundsätzlichen Zulässigkeit der Delegation unter Einhaltung gewisser materiellrechtlicher oder prozessualer Schranken liegt in der industriellen und sozialpolitischen Veränderung

---

daß er „too fast“ dahingehend interpretierte, der Gesetzgeber dürfte nicht versuchen, „to regulate all business at once“, während „too far“ bedeute, daß die Ermächtigung „some apparent, although not necessarily real, limitations on administrative discretion“ enthalten müsse.

88 Treatise, Bd. 1 § 2.01 S. 76.

89 Vgl. aber *Jaffes* Hinweis, daß „every doctrine of constitutional limitation has been attacked as vague“, Judicial Control, S. 67.

90 Ebd., S. 68.

91 Ebd., S. 71; siehe auch *Nutting*, S. 366 und *Weyer*, S. 108 f.

92 Vgl. *Freund*, S. 218 f.

und der zunehmenden Komplexität und Technizität wirtschaftspolitischer Vorgänge, Abläufe und — daraus resultierend — staatlicher Eingriffe, Beeinflussungen und Steuerungen. Insoweit spiegelt gerade die Delegationsrechtsprechung des Supreme Court die Entwicklung der USA vom im wesentlichen agrarisch strukturierten laissez-faire-Staat zum modernen Industrie- und Wohlfahrtsstaat wider. Ein Zitat von Chief Justice *Taft*, als ehemaliger Präsident der Vereinigten Staaten mit dem Problem des Verhältnisses von Gesetzgebung und Regierung nicht nur verfassungstheoretisch vertraut, macht diesen Wandel in der Rechtsprechung deutlich:

"The Interstate Commerce Commission was authorized to exercise powers the conferring of which by Congress would have been, perhaps, thought in the earlier years of the Republic to violate the rule that no legislative power can be delegated. But the inevitable progress and exigencies of government and the utter inability of Congress to give the time and attention indispensable to the exercise of these powers in detail forced the modification of the rule[93]."

Unaufhaltbarer Fortschritt also und die Erfordernisse effektiver Regierungs- und Verwaltungstätigkeit zum einen, die mangelnde Fähigkeit des parlamentarischen Gesetzgebers, mit den technisch komplizierten Regelungsgebieten in der notwendigen Schnelligkeit fertigzuwerden zum anderen, erfordern nach Auffassung des Gerichts den Gebrauch des Delegationsinstruments, um den Gesetzgebungsprozeß überhaupt erst praktikabel zu machen:

"In terms of hard-headed practicalities Congress frequently could not perform its functions if it were required to make an appraisal of the myriad of facts applicable to varying situations, area by area throughout the land, and then to determine in each case what should be done. Congress does not abdicate its function if it describes what job must be done, who must do it, and what is the scope of his authority. In our complex economy that indeed is frequently the only way in which the legislative process can go forward[94]."

Das „necessity"-Argument dient jedoch nicht nur für die Begründung der grundsätzlichen Zulässigkeit der Delegation, sondern auch für die Lockerung der Anforderungen an die präzise Determinierung des gesetzgeberischen Willens in der Gestalt von *standards:*

"Considering the nature of the subject-matter dealt with, it is quite apparent that any attempt on the part of the Legislature to prescribe a standard would result in effect in a prescription of the rules and regulations themselves; in other words, the subject-matter does not admit to the application of any except the most general standards[95]."

---

[93] Proceedings on the Death of Chief Justice White. Dieses Zitat stammt also nicht aus einer Entscheidung, ist aber in der amtlichen Sammlung abgedruckt, 257 US XXV f. (1922).

[94] *Bowles v. Willingham*, 321 US 503, 515 (1944); ähnlich *OPP Cotton Mills v. Administrator* etc.

Daß jedoch der Supreme Court die Frage nach dem „standard" nach wie vor bei der Prüfung der Verfassungsgemäßheit der Ermächtigung stellt, bedeutet, daß zwischen „necessity" und der Bestimmtheit des „standard" ein Spannungsverhältnis besteht, dessen rechtes Maß das Gericht im Einzelfall nachprüft. Es hat jedoch in der noch geltenden *Schechter*-Entscheidung und seitdem in verschiedenen obiter dicta klargemacht, daß auch in Krisenzeiten das Argument der Notwendigkeit nicht so übermächtig sei, daß die verfassungsrechtlichen Grundsätze der USA auf dem Altar (wirtschafts-)politischer Notwendigkeiten geopfert oder auch nur zeitweise suspendiert werden dürften[96].

Zusammenfassend läßt sich feststellen, daß im Bereich der Wirtschaftsregulierung die Delegation von den Gerichten als zulässiges Instrument effektiven staatlichen Handelns angesehen wird. Wie schon oben[97] für die inhaltliche Nachprüfung administrativer Rechtsetzung läßt sich auch hinsichtlich der verfassungsrechtlichen Frage der Zulässigkeit von Gesetzesdelegationen sagen, daß die Gerichte dem Gesetzgeber weitgehend freie Hand bei der Ausgestaltung wirtschaftsregelnder Programme lassen. Die Elle, mit der der Supreme Court Delegationen in diesem Bereich mißt, ist lang genug „for almost any administrative experiment believed at the time to be necessary"[98], ohne daß jedoch die Rede davon sein kann, daß es keinerlei Schranken für die Übertragung rechtsetzender Gewalt auf die Verwaltung mehr gäbe.

§ 8. Die Grundlagen der Lehre vom Delegationsverbot und ihre Bedeutung für die Grenzen der Übertragung rechtsetzender Gewalt

Die Gerichte gingen ursprünglich, wie am Beispiel des Supreme Court aufgezeigt, von einem generellen Verbot der Delegation rechtsetzender

---

95 *State ex rel. Wisconsin Inspection Bureau v. Whitman*, 196 Wis 472, 220 N.W. 929, 942 (1928).

96 Besonders deutlich in der Entscheidung *Youngstown Sheet & Tube Co. v. Sawyer*, 343 US 579 (1952), wo die Frage zur Entscheidung stand, ob der Präsident ohne gesetzgeberische Ermächtigung die vom Streik bedrohten Stahlwerke des Landes in staatliche Verwaltung überführen konnte. Hier ging es also nicht um eine Delegation, sondern einen Fall der Usurpation gesetzgebender Gewalt durch die Exekutive, in dem das Gericht die von der Regierung ins Feld geführten „necessities" der Kriegssituation (Korea) gegen den Verfassungsgrundsatz abwog, daß die gesetzgebende Gewalt allein vom Kongreß ausgeübt wird:

"The Founders of this Nation entrusted the lawmaking power to the Congress alone in both good and bad times. It would do no good to recall the historical events, the fears of power and the hopes for freedom that lay behind their choice. Such a review would but confirm our holding that this seizure order cannot stand."

97 § 6 dieser Arbeit.

98 *Jaffe*, Judicial Control, S. 72.

Gewalt aus. Diese „non-delegation doctrine“ war bis zum New Deal herrschende Lehre und wurde aus der Bundesverfassung sowie aus vorkonstitutionellen Prinzipien der Verfassungstheorie hergeleitet.

Trotz der Abkehr des Supreme Court von dem generellen Delegationsverbot und der Anerkennung eines Bereichs zulässiger Delegation als unerläßlich für das Funktionieren des Gesetzgebungsprozesses selbst hat die Übertragung rechtsetzender Gewalt Schranken. Um diese Grenzen der Delegierbarkeit bestimmen zu können, ist es notwendig, die Grundlagen für das obsolete generelle Delegationsverbot heranzuziehen und sie vor dem Hintergrund des modernen sozialgestaltenden Staates zu interpretieren.

a) Die amerikanische Bundesverfassung

Die Auffassung, daß sich das allgemeine Delegationsverbot aus der Verfassung selbst ableiten ließe, ist verschiedentlich auf die Bestimmung des Art. 1 § 1 gestützt worden: "All legislative Powers herein granted shall be vested in a Congress of the United States." Ob hierin ein zwingender Auftrag an den Kongreß gesehen werden muß, alle staatlichen Normen selber zu setzen, ist ungewiß; insoweit wird es zum einen entscheidend auf die Auslegung des Ausdrucks „legislative power“ ankommen, zum anderen auf die Beantwortung der Frage, ob nicht der Kongreß mit einer von der Verwaltung weiter zu konkretisierenden Rahmengesetzgebung in Form eines Regulierungsauftrages in Verbindung mit einer gesetzgeberischen „policy“ diesem Auftrag nachkommt.

Dagegen glauben die Gegner des Delegationsverbots, aus einer anderen Bestimmung des Art. 1 im Gegenteil die grundsätzliche Zulässigkeit von Rechtsetzungsermächtigungen der Verwaltung herleiten zu können[1]. Nachdem die einzelnen Kompetenzen des Kongresses enumerativ aufgeführt sind, bestimmt Art. 1 § 8 Abs. 18, daß dem Kongreß auch die Kompetenz zukommen solle, „to make all laws which shall be necessary and proper for carrying into Execution the foregoing Powers, and all other Powers vested by this Constitution in the Government of the United States, or in any Department or Officer thereof“. Diese sog. „necessary and proper clause“ ist vom Anbeginn vom Supreme Court in der Weise ausgelegt worden, daß „necessary“ nicht „objektiv und zwingend notwendig“ heißen könne, sondern daß die Bestimmung dem Gesetzgeber „that discretion“ gebe, „which will enable that body to perform the high duties assigned to it, in the manner most beneficial to the people“[2].

---

[1] *Farrington*, The Limitations upon the Delegation of Powers by the Federal Legislature (1941), S. 37 f. und 78 f., und *Davis*, Discretionary Justice, S. 47.

[2] *McCulloch v. Maryland*, 4 Wheat 316 (1819).

Dieser Bestimmung ist jedoch ebensowenig etwas Eindeutiges für die grundsätzliche Zulässigkeit der Delegation zu entnehmen wie aus Art. 1 § 1 Abs. 1 für deren Verbot. Die „necessary and proper“-Bestimmung ist ihrer Natur nach eine Annexkompetenz, sedes materiae für die „implied powers“ des Kongresses. Inhalt dieser Bestimmung ist die Kompetenz „to make laws“, sie stellt also eine Erweiterung des übrigen Gesetzgebungskatalogs dar und kann nicht dafür herangezogen werden, Ermächtigungen der Verwaltung zum Erlaß von Rechtsvorschriften mit der Begründung zu rechtfertigen, daß sie zur Ausführung der übrigen Gesetzgebungskompetenzen notwendig seien.

Nach Ansicht einiger Autoren ist dagegen die Verfassungsbestimmung, nach der „(n)o person shall ... be deprived of life, liberty, or property, without due process of law“[3], die verfassungsrechtliche Grundlage für das Delegationsverbot, bzw. begründet dieses im Verein mit den noch zu behandelnden vorverfassungsrechtlichen Maximen der politischen Theorie[4].

Diese Auffassung ist — abgesehen von der hier nicht zu behandelnden Gesetzgebungsdelegation an Private[5] — von den Gerichten nie vertreten worden. Es ist zwar richtig, daß die bei ihrer Aufnahme in den Grundrechtskatalog der Verfassung rein prozessual verstandene „due process“-Bestimmung später dem Supreme Court unter dem Konzept des „substantive due process“ und des „economic due process“ als Hebel gegen die zunehmende staatliche Wirtschaftsregulierung diente[6]. Abgesehen davon, daß diese die „due process“-Bestimmung mit einem materiellen Gehalt versehende Auslegung in den dreißiger Jahren aufgrund der einsetzenden Selbstbeschränkung des Supreme Court abgebaut wurde und heute keine Rolle mehr spielt[7], kann sich jedoch die Vorschrift auch unter dieser Auslegung nicht auf die Frage der verfassungsrechtlichen Zulässigkeit der Übertragung von Rechtsetzungs-

---

[3] 5. Verfassungszusatz; 1868 durch den insoweit gleichlautenden 14. Verfassungszusatz auch für die Einzelstaaten als verpflichtendes Prinzip eingeführt. Zu der Entstehung der „due process“-Garantie siehe *Ehmke*, 269 ff.; zu ihrer Bedeutung vgl. *Fraenkel*, S. 171 ff.

[4] *Comer*, Legislative Functions of National Administrative Authorities (1927), S. 126; *Merrill*, Standards — A Safeguard for the Exercise of Delegated Power, 47 Nebraska Law Review 469 ff. (1968); *Hart*, Limits of Legislative Delegation, in: 221 Annals 87, 88 ff. (1942); vgl. besonders auch *Cushman*, Commissions, S. 433 und *ders.*, The Constitutional Status of the Independent Regulatory Commissions, 24 Cornell Law Quarterly 13, 32 f. (1938).

[5] Vgl. dazu die New Deal-Entscheidung *Carter v. Carter Coal Co.*, 298 US 328 (1936); siehe auch *Ehmke*, Kap. 3.

[6] Siehe ausführlich dazu *Ehmke*, S. 201, 270 ff., 334 ff., 381 ff. und *Albert* S. 157 ff.

[7] Zur heutigen Bedeutungslosigkeit des „economic due process“ vgl. auch *Buxbaum*, Economic Law in the United States of America, in: Rinck (Hrsg.), Begriff und Prinzipien des Wirtschaftsrechts, Frankfurt 1971, S. 11 ff., 12.

befugnissen auf die Verwaltung, sondern höchstens auf die Garantie individuellen Eigentums beziehen, soweit dieses durch die administrative Rechtsetzung beeinträchtigt wird. Wenn also gesagt wurde, daß

„one whose rights have been adversely affected by the exercise of unrestrained legislative discretion in the hands of an administrative officer or agency is actually being deprived of liberty or property without due process of law“[8],

so würde auch „due process“ kein grundsätzliches Delegationsverbot begründen, sondern Ermächtigungen wären so lange zulässig, als die auf ihnen beruhenden „rules“ nicht den nach der damaligen Auffassung der Gerichte von „due process“ geschützten harten Kern des Eigentums berührten[9]. Die Frage der verfassungsrechtlichen Zulässigkeit der Delegation ist also zu trennen von der — Gesetzgebungsakte des Kongresses und Rechtsetzungsakte der Gerichte gleichermaßen betreffenden — Frage nach dem Inhalt der das Eigentum berührenden materiellen Regelung. „Due Process“ betraf, solange der Bestimmung ein materieller Schutzgehalt zugelegt wurde, nur die zweite, nicht die erste dieser Fragen.

Allerdings spielt die Verfassungsgarantie des „due process“ für die Delegationsfrage insofern eine Rolle, als die neuere, von der grundsätzlichen Zulässigkeit der Delegation ausgehende wissenschaftliche Richtung diese nur dann für verfassungsgemäß hält, wenn prozessuale Sicherungen ihre Ausübung begleiten. Aber auch dieses Konzept der „procedural safeguards“ betrifft die Frage des Schutzes des Individuums vor fehlerhaftem Verwaltungshandeln, nicht aber die Frage der Zulässigkeit der Delegation, die sie gerade voraussetzt. Für die grundlegende Frage der Zulässigkeit der Übertragung von Rechtsetzungskompetenzen spielt also „due process“ keine Rolle[10].

b) Vorkonstitutionelle Verfassungsprinzipien

Da sich aus der Verfassung für die Behandlung der Delegationsfrage ausdrücklich nichts ergibt, hat sich in den USA — ebenso wie in Deutschland, bevor das Grundgesetz sie positivrechtlich regelte — die Diskussion auf Grundsätze der Verfassungstheorie gestützt. Freilich hat der Supreme Court diese außerkonstitutionellen Verfassungsprinzipien nur sehr selten explizit zur Begründung des Delegationsverbots angeführt[11], und zwar wohl im wesentlichen, um dem Vorwurf zu

[8] *Cushman*, Constitutional Status, S. 33.

[9] *Carrow*, S. 117.

[10] Vgl. *Ehmke*, S. 570 und *Scheuner*, Ausländische Erfahrungen, S. 118 - 166, 130 f.

[11] Vgl. die Entscheidung *Hampton Jr. and Co. v. United States*, 276 US 394, 405 (1928):

entgehen, seine Kompetenz für die Auslegung des positiven Verfassungsrechts zu überschreiten[12].

aa) Das Prinzip der Gewaltenteilung und das System der „checks and balances"

Anders als verschiedene der Bundesverfassung zeitlich vorausgehende Einzelstaatenverfassungen[13] enthält jene keine ausdrückliche Aufnahme des Grundsatzes der Trennung der Gewalten[14]. Jedoch läßt die sog. „distribution clause", die die Gewalten in den ersten drei Artikeln verschiedenen Staatsorganen zuweist[15], mit Deutlichkeit erkennen, daß diese Doktrin ein „underlying principle" der Bundesverfassung ist[16]. Ohne hier näher auf den Ursprung und die verschie-

---

"The well-known maxim 'Delegata Potestas non Potest Delegari' applicable to the law of agency in the general and common law, is well understood and has had wider application in the construction of our federal and state Constitutions than it has in private law. Our federal Constitution and state Constitutions of this country divide the governmental power into three branches ... It is a breach of the national fundamental law if Congress gives up its legislative power and transfers it to the President or to the judicial branch ..."; siehe auch *Kilbourn v. Thompson*, 103 US 168, 190 (1881).

12 Vgl. ausführlich dazu *Ehmke*, S. 218 FN 16.

13 Die Verfassung des Staates Virginia von 1776 z. B. bestimmte: "The legislative, executive and judiciary departments shall be separate and distinct, so that neither exercise the powers properly belonging to the other: nor shall any person exercise the powers of more than one of them at the same time ..." Bekannt ist auch Art. XXX, Teil 1 der Verfassung von Massachusetts (1780): "In the government of this Commonwealth, the legislative department shall never exercise the executive and judicial powers, or either of them: The executive shall never exercise the legislative and judicial powers, or either of them: The judicial shall never exercise the legislative and executive powers, or either of them: to the end it may be a government of laws and not of men."

Gorwin hat jedoch darauf hingewiesen, daß diese Trennung der Gewalten in den meisten Einzelstaatsverfassungen „verbal merely" waren und kaum eine andere Bedeutung hatten, als Ämterverflechtungen zu verhindern, The Progress of Constitutional Theory 1776 to 1787, in: American Historical Review, Bd. 30 S. 514 (1925).

14 Vgl. aber die verschiedenen Verfassungsvorlagen, die eine explizite Vorschrift darüber enthielten, bei *Sharp*, The Classical American Doctrine of the Separation of Powers, 2 University of Chicago Law Review 385, 420 f. (1934).

15 Art. I § 1 Abs. 1: All legislative power herein granted shall be vested in a congress ...

Art. II § 1 Abs. 1: The executive power herein granted shall be vested in a president of the United States of America.

Art. III § 1 Abs. 1: The judicial power of the United States shall be vested in one Supreme Court, and in such inferior courts as the congress may from time to time ordain and establish.

16 Richter *Frankfurter* in *Youngstown Sheet and Tube Co. v. Sawyer (concurring opinion)*, 343 US 579 (1952).

denen Ausformungen der Maxime einzugehen[17], soll nur ihre spezifisch amerikanische Prägung, wie sie Eingang in das amerikanische Verfassungsverständnis gefunden hat, skizziert werden, um damit den Ausgangspunkt für die Erörterung der dem Delegationsproblem heute zugrundeliegenden verfassungstheoretischen Ansätze zu haben.

Obwohl *Madison*, der den maßgeblichen Anteil an der amerikanischen Ausformung der Doktrin hat, sich ausdrücklich nur auf *Montesquieu* bezog[18], muß wohl *Locke* als derjenige angesehen werden, der die amerikanische Verfassungstheorie hinsichtlich der Gewaltenteilungsidee — allerdings durch die Vermittlung *Montesquieus*[19] — maßgeblich beeinflußt hat. *Locke* unterschied zunächst drei Funktionen, zwei, die der einzelne auch schon im Naturzustand, also vor seinem Eintritt in die „civil society" aufgrund des Sozialvertrages hatte, nämlich die „legislative power" und die „executive power", während sich die dritte — die „federative power" — aus der Natur der Gesellschaft ableitet. Die Legislativgewalt, von *Locke* wiederholt als die oberste („supreme") bezeichnet, war diejenige „which has the right to direct how the force of the commonwealth shall be employed for preserving the community and the members of it", die exekutive diejenige, die „should see to the execution of the laws that are made and remain in force". Die föderative schließlich war „the power of war and peace, leagues and alliances, and all the transaction with all persons and communities without the commonwealth"[20]. Unterschied er grundsätzlich erst einmal diese drei materiellen Staatsfunktionen, so wies er sie aber nicht gleichzeitig drei voneinander unterschiedenen, politisch eigenständigen Trägern zu, vielmehr sollten nur Legislativ- und Exekutivgewalt organisatorisch voneinander getrennt werden, während er es für „almost

---

[17] Das Gewaltentrennungsprinzip, das, wie *Friedrich* bemerkt (Constitutional Government and Democracy, 4. Aufl. 1968, S. 619), in den „dogmatic slumber of an accepted principle of constitutional law" gefallen war, nachdem es politisch als Munition gegen das absolutistische Regierungssystem erfolgreich gewesen war, hat erst in jüngster Zeit wieder das Interesse der amerikanischen politischen Wissenschaft gefunden. Auf zwei umfangreiche und sorgfältige Monographien sei hier hingewiesen: *Gwyn*, The Meaning of the Separation of Powers (1965) und *Vile*, Constitutionalism and the Separation of Powers (1967).

[18] „The oracle who is always consulted and cited on this subject is the celebrated Montesquieu", Federalist Papers Nr. 47.

[19] Vgl. den Hinweis des französischen Herausgebers des „De l'Esprit des Lois", Bd. 1 Paris (Ed. Garnier Frères) 1961, S. 263 FN 108, daß sich die von M. im VI. Kapitel des XI. Buches entwickelten Prinzipien schon bei *Locke* fänden. Zur Originalität *Montesquieus* und *Lockes* Einfluß auf ihn, vgl. ausführlich *Knust*, Montesquieu und die Verfassungen der Vereinigten Staaten von Amerika, München 1922, S. 46 ff.

[20] *Locke*, The Second Treatise of Government (1690), zitiert nach der Ausgabe der Liberal Arts Press (1952), Nr. 143, 144, 146.

impracticable" hielt, exekutive und föderative Gewalt in verschiedene Hände zu legen.

Die „executive power" *Lockes* darf allerdings nicht mit der „vollziehenden Gewalt" im neuzeitlichen Verständnis gleichgesetzt werden. Er verstand sie als „power ... to judge of and punish the breachers of that law in others"[21], d. h. der eigentlichen Wortbedeutung von „execution" gemäß als Straf- und unmittelbare Vollstreckungsgewalt zur Erzwingung der Beachtung der Gesetze[22]. Die die Regierungs- und Verwaltungsfunktion nach damaliger Praxis umschreibende vollziehende Gewalt im weiteren Sinne führte *Locke* als vierte Gewalt ein, als „prerogative power", die er als „power to act according to discretion for the public good, without the prescription of the law and sometimes even against it"[23] ebenfalls dem Inhaber der Exekutivgewalt im engeren Sinne zuwies[24].

Wesentlich war nach *Lockes* Ansicht für „well ordered commonwealths" also nur, daß nicht Exekutiv- und Legislativgewalt in denselben Händen vereinigt sein dürften, da sonst die Freiheit der einzelnen Schaden nehmen würde[25], also aus demselben Grunde, den schon *Harrington* in seinem utopischen Staatsroman „Oceana" (1656) zur Begründung der Gewaltentrennung angeführt hatte[26].

Diese Funktionslehre *Lockes* wurde von *Montesquieu*, gemeinhin als der Begründer der Gewaltenteilungsdoktrin angesehen, weitergeführt und modifiziert. In dem 6. Kapitel des XI. Buches seines „De l'Esprit des Lois", das die Verfassung Englands mehr idealtypisch als der Verfassungswirklichkeit entsprechend charakterisierte[27], unterschied er drei Gewalten, die er als legislative, als exekutive und als richterliche („la puissance de juger") bezeichnete. Indem er die exekutive, vollziehende Gewalt — *Lockes* föderative Gewalt — auf die Vollstreckungs-

---

[21] Nr. 87.

[22] *Böckenförde*, Gesetz und gesetzgebende Gewalt, Berlin 1958, S. 23.

[23] Nr. 160; zur näheren Bestimmung der Prärogativgewalt siehe *Böckenförde*, S. 26.

[24] Nr. 159 und 160.

[25] Nr. 143.

[26] Vgl. den Hinweis bei *Bloch*, Freiheit und Ordnung — Abriß der Sozialutopien, Hamburg 1969, S. 9, daß „Oceana" Pate bei der amerikanischen Verfassung gestanden habe.

[27] Vgl. *Vile*, S. 84 ff.; *Carrow*, S. 52 f. besonders FN 13; *Vanderbilt*, The Doctrine of the Separation of Powers and its Present-Day Significance (1953), S. 45 f.; siehe aber auch die differenzierende Würdigung bei *Imboden*, Montesquieu und die Lehre der Gewaltenteilung, Berlin 1959, S. 4 ff.; und *ders.*, Die Staatsformen — Versuch einer psychologischen Deutung staatsrechtlicher Dogmen, Basel 1959, S. 44 f.

und Zwangsgewalt im Innern erweiterte[28], gab er der Dreifunktionenlehre die uns vertraute Form.

Im Gegensatz zu *Locke* lag bei *Montesquieu* jedoch das Hauptgewicht nicht in seinem Beitrag zur Funktionenlehre, sondern auf dem organisatorischen Prinzip der Gewaltentrennung und -balancierung. Diese Betonung war nicht lediglich eine Fortbildung der Lehre von der Teilung der Funktionen einer unteilbaren Staatsgewalt, vielmehr hatte sie ihre Wurzeln auch in der auf *Aristoteles* zurückgehenden klassischen Staatsformenlehre, die die drei möglichen Grundformen staatlicher Herrschaft nach den Regierungsformen Monokratie, Aristokratie und Demokratie unterschied, und der darauf aufbauenden sog. gemischten Verfassung („mixed government“), in der Elemente dieser drei Grundformen nebeneinander in derselben Staatsverfassung bestanden, und zwar in der Weise, daß die drei Staatsgewalten in organisatorischer Hinsicht den klassischen Strukturformen entsprechen: die Legislative der Demokratie, die Exekutive der Monokratie und die Justiz der Aristokratie[29]. Diese Dreiteilungslehre der klassischen gemischten Verfassung verband *Montesquieu* mit *Lockes* Funktionenlehre[30]. Aber obwohl er in ähnlichen Worten wie *Locke* auf die Bedeutung der Gewaltentrennung für die individuelle Freiheit hinwies[31], war seine Maxime in erster Linie den politischen Zielen des Konstitutionalismus[32] verpflichtet, nämlich Schaffung angemessener Proportionen unter den Funktionen der Staatsgewalt und Beteiligung der verschiedenen sozialen Stände an deren Ausübung[33]. Anders als *Locke* war er daher der Überzeugung, daß auch die rechtsprechende von den übrigen beiden Gewalten organisatorisch getrennt sein müßte, allerdings nicht als

[28] Diese Erweiterung oder sachliche Umdeutung ergibt sich aus verschiedenen Bemerkungen, in denen er die vollziehende Gewalt behandelt, vgl. *Böckenförde*, S. 36. Die vollziehende Gewalt entspricht somit etwa *Lockes* „executive power“ und „federative power“ zusammengenommen. Hinsichtlich der „prerogative power“ sagt *Montesquieu* explizit nichts, jedoch wird überwiegend angenommen, daß auch diese der „executive power“ Montesquieuscher Ausformung unterfiele, vgl. *Friedrich*, Der Verfassungsstaat der Neuzeit, Berlin 1953, S. 177.

[29] Vgl. *Imboden*, Montesquieu, S. 14 ff.

[30] Darauf wurde erst neuerdings wieder hingewiesen, vgl. *Vile*, S. 76 ff., 83 f.; *Friedrich*, Verfassungsstaat, S. 174; *Imboden*, Montesquieu, S. 16.

[31] Buch XI, Kap. 6, Abs. 4: „Lorsque dans la même personne ou dans le même corps de magistrature, la puissance législative est réunie à la puissance exécutrice, il n'y a point de liberté; parce qu'on peut craindre que le même monarque ou le même sénat ne fasse des lois tyranniques pour les executer tyranniquement.“ Und Abs. 6: „Tout serait perdu si le même homme, ou le même corps des principeaux, ou des nobles, ou du peuple, exercaient ces trois pouvoirs!“

[32] *Montesquieu* bezeichnete diese Form als „gouvernment modéré“.

[33] Vgl. *Forsthoff*, Montesquieus Esprit des Lois, DRZ 1948, 405 ff., 407.

politisches Gegengewicht zu Parlament und König („Celle de juger est en quelque facon nulle“), da er die notwendige politische Balance bereits durch das Kräftedreieck Unterhaus — Oberhaus (= zweite gesetzgebende Kammer, zugleich oberster Gerichtshof) — König als erreicht ansah. Erstrebtes Ergebnis dieser Gewaltentrennung war für *Montesquieu*, daß durch die Kräftebalance eine gegenseitige Gewaltenhemmung erreicht würde, die die Gewalten zwänge, miteinander zu kooperieren[34].

Montesquieus Dreiteilungslehre fiel in den USA auf fruchtbaren Boden[35]. Nachdem allerdings mit der Unabhängigkeitserklärung die Bande mit dem Mutterland zerschnitten worden waren, waren es nicht mehr der König oder sein Gouverneur, sondern die gesetzgebenden Versammlungen der einzelnen Staaten, die alle staatlichen Funktionen in sich vereinigt und eine Art „majority tyranny“ errichtet hatten. Die politische Stoßrichtung der Gewaltenteilungslehre war also nicht wie in Europa gegen die Prärogative des Monarchen, sondern gegen die Allmacht der Gesetzgeber gezielt[36].

Die in der verfassunggebenden Versammlung für eine Bundesverfassung entwickelte Konzeption traf auf Kritik aus zwei entgegengesetzten Lagern: Einmal wurde ihr vorgeworfen, sie übertrage die im Kampf gegen das absolutistische Fürstentum entwickelte Idee von der gemischten Verfassung auf die Republik, für die jedoch nicht das Prinzip der Aufteilung, sondern der Vereinigung aller Staatsgewalt im Staatsvolk gelte. Zum anderen warf man ihr im Gegenteil vor, der Verfassungsentwurf beachte das Gewaltenteilungsprinzip nicht genügend, da er eine Fülle von Gewaltenverschränkungen vorsähe. Auf den ersten Vorwurf antwortete John *Adams* mit seinem dreibändigen Werk „A Defense of the Constitutions of Government of the United

---

[34] Buch XI, Kap. 6, Abs. 55: „Ces trois puissances devraient former un repos ou une inaction. Mais comme, par le mouvement nécessaire des choses, elles sont contraintes d'aller, elles seront forcées d'aller de concert.“

[35] Zu seinem Einfluß auf die Einzelstaatsverfassung, vgl. *Knust*, S. 57 ff.

[36] Vgl. die Bemerkungen *Jeffersons* in seinen „Notes on Virginia“, die er im Zusammenhang damit machte, daß die Regierungsbeamten und Richter von der gesetzgebenden Versammlung angestellt und bezahlt wurden:

"All the powers of government, legislative, executive, and judiciary, result in the legislative body. Concentrating these in the same hands is precisely the definition of despotic government. It will be no alleviation that these powers will be exercised by a plurality of hands, and not by a single one. 173 despots would surely be as oppressive as one ... As little will it avail us that they are chosen by ourselves. An *elective despotism* was not the government we fought for, but one .,. in which the powers of government should be so divided and balanced among several bodies of magistracy, as that no one could transcend their legal limits, without being effectually checked and restrained by the others." The Writings of Thomas Jefferson (ed. P. Ford), Bd. III (1849) S. 223 f. (Hervorhebung von *Jefferson*).

States of America" (1787), einem ebenso gründlichen wie leidenschaftlichen Plädoyer für den Konstitutionalismus[37]. Wichtiger für die Form, die das Gewaltenteilungsprinzip in der amerikanischen Verfassung gefunden hat, ist die Begründung, mit der James *Madison* den Vorwurf zurückwies, die Gewaltentrennung sei nicht strikt genug durchgeführt und *Montesquieus* Maxime verletzt:

"(I)n saying 'there can be no liberty where the legislative and executive powers are united in the same person, or body of magistrates', or, 'if the power of judging be not separated from the legislative and executing powers', he (d. h. Montesquieu) did not mean that these departments ought to have no *partial agency* in, or no *control* over, the acts of each other. His meaning, as his own words import, and still more conclusively as illustrated by the example in his eye (d. h. England), can amount to no more than this, that where the *whole* power of one department is exercised by the same hands which posses the *whole* power of another department, the fundamental principles of a free constitution are subverted[38]."

Hier wird klar erkennbar, daß das — wenn auch nicht strikt durchgeführte — Prinzip der Trennung der Gewalten mit einem System gegenseitiger Kontrollen und Hemmungen kombiniert wurde. *Madison* sah nicht die absolute Trennung der Staatsfunktionen und ihre Übertragung auf voneinander unabhängige organisatorische Träger als ausreichende Sicherung gegen ein despotisches Regime an[39], vielmehr war er der Auffassung, daß eine Machtakkumulation bei einer der Gewalten nur verhindert werden könne

„(by) giving to those who administer each department the necessary constitutional means and personal motives to resist encroachments of the others ... Ambition must be made to counteract ambition. The interest of the man must be connected with the constitutional rights of the place[40]."

Es ist nicht zu übersehen, daß *Madison* trotz seiner ständigen Berufung auf *Montesquieu* dessen Gewaltenteilungssystem modifiziert hat. Seine Glosse zu *Montesquieus* Lehre ist für Amerika bedeutsamer als das Original geworden[41].

---

[37] Wobei die republikanische Staatsform für ihn zweitrangig war, vgl. *Vile*, S. 148.

[38] Federalist Papers Nr. 47. Hervorhebung von *Madison*.

[39] Vgl. *Madisons* Ausführungen in der verfassunggebenden Versammlung 1778:
"If a constitutional discrimination of the departments on paper were a sufficient security to each against encroachments of the others, all further provisions would indeed be superfluous. But experience had taught us a distrust of that security; and that it is necessary to introduce such a balance of powers and interests, as will garantee the provisions on paper." Zitiert nach *Vile*, S. 153.

[40] Federalist Papers Nr. 51.

[41] *Fraenkel*, S. 221.

Die verfassungsrechtliche Diskussion über die Zulässigkeit der Ermächtigung der Exekutive zum Erlaß rechtsetzender Vorschriften kann in den USA also nicht mit Hinweis auf *Montesquieu* und dessen angeblich strikt zu verstehendes Funktionentrennungsprinzip geführt werden[42], ja, „es kann nicht dem leisesten Zweifel unterliegen, daß für (Montesquieu) keineswegs die Auffassung maßgebend gewesen ist, daß jeder Erlaß genereller Rechtsregeln eine Angelegenheit der Legislative sei“[43]. Auch nach der amerikanischen Ausformung bedeutet die Doktrin nicht starre organisatorische Trennung der Regierungsgewalten, vielmehr ist die Verschränkung der Regierungsfunktionen in so weitgehender Weise möglich, daß erst die vollständige Ausübung zweier dieser Funktionen durch ein Organ das Prinzip verletzt. Die amerikanische Variante der Gewaltenteilungslehre, die das Hauptgewicht nicht auf eine saubere Trennung der Regierungsfunktionen, sondern auf die gegenseitigen „checks and balances“ zur Verhinderung unkontrollierter Herrschaft durch eins der Staatsorgane legt, kann also ein unbedingtes Delegationsverbot, d. h. das Verbot einer teilweisen Übertragung der Legislative auf die Exekutive nicht begründen.

Eigentliche Wurzel des Delegationsverbots war denn auch ein anderes, freilich mit dem Gewaltenteilungsgedanken zusammenhängendes verfassungstheoretisches Prinzip, die Konzeption des „government“ als „trust“, die im Gewande der Common Law-Regel „Delegata Potestas non Potest Delegari“ Eingang in die Verfassungstheorie fand.

bb) Der Treuhandgedanke und die „Delegata Potestas non Potest Delegari“-Maxime

Die Gerichte haben sich zur Begründung des Delegationsverbots zuweilen auf die aus dem Common Law stammende Doktrin „Delegata Potestas non Potest Delegari“ berufen[44]. Sie besagt, daß — anders als im römischen Recht und folglich auch in den kontinentalen Rechtssystemen — der Vertreter („agent“) keinen Untervertreter („sub-agent“) mit der Ausführung des ihm übertragenen Geschäfts beauftragen darf, und zwar mit der Begründung, daß zwischen Geschäftsherrn und Vertreter ein persönliches Vertrauensverhältnis bestehe, jener in diesen

[42] Daß beide Richtungen, die Vertreter einen strikten Gewaltentrennung und *Madison*, der der teilweisen Verschränkung das Wort redete, sich auf denselben *Montesquieu* berufen konnten, hängt damit zusammen, daß dieser explizit nicht zu der Frage Stellung genommen hatte, wie scharf die Trennungslinie zwischen den Gewalten zu ziehen sei. Allerdings ergibt sich aus dem Zusammenhang, daß er gewisse Eingriffs-, Mitwirkungs- und Kontrollrechte vorsah, vgl. *Vile*, S. 90 ff., 93 ff.

[43] *Scheuner*, Ausländische Erfahrungen, S. 136.

[44] Vgl. z. B. die oben unter § 7 zitierte Entscheidung *J. W. Hampton Jr. & Co. v. United States* und *Davis*, Treatise, Bd. 1 § 2.02 S. 79 FN 15.

also „trust“ oder „confidence“ gesetzt habe[45]. Im Grunde beinhaltet diese Common Law-Regel also nicht ein Delegations-, sondern ein Subdelegationsverbot.

Die Anwendung des aus dem Vertretungsrecht stammenden Treuhandgedankens auf das Verfassungsrecht hat *Ehmke* gründlich untersucht, insoweit kann auf eine Darstellung hier verzichtet werden[46]. Er ist zu dem Ergebnis gekommen, daß es im Grunde *Locke* ist, auf den sich die Gerichte für ihre Doktrin vom (Sub-)Delegationsverbot berufen.

John Locke hat zur Frage der Delegation gesetzgebender Gewalt ausdrücklich Stellung genommen. Sein grundsätzliches Delegationsverbot beruht auf derselben Vorstellung eines Treuhandverhältnisses zwischen einzelnem und Regierung wie im privatrechtlichen Vertretungsverhältnis: die sich im Gesellschaftsvertrag zusammenschließenden Individuen übertragen ihre ihnen im Naturzustand zukommenden individuellen Rechte dem Staat („government“), der dafür mit den Mitteln des Gesetzes, das seine Legitimation aus dem Konsens der Gesellschaft herleitet[47], deren Leben, Freiheit und Eigentum schützt.

Zwischen dem Gesetzgeber und den einzelnen besteht also ein Treuhandverhältnis[48], das auf dem Tatbestand der Übertragung von gewissen Rechten der das Volk konstituierenden einzelnen auf die die Gesetze erlassende Legislative beruht.

---

[45] Dazu näher *Ehmke*, S. 497 FN 86.

[46] S. 495 und 502 ff. und *ders.*, Delegata Potestas non Potest Delegari: A Maxim of American Constitutional Law, *in:* 47 Cornell Law Quarterly 50 (1961).

[47] Second Treatise of Government, Nr. 124, 138 und passim; Leben, Freiheit und Eigentum werden von Locke unter dem Sammelnamen „property“ zusammengefaßt, Nr. 123.

[48] Nr. 149: "(T)here can be but one supreme power which is the legislative, to which all the rest are and must be subordinate, yet, the legislative being only a fiduciary power to act for certain ends, there remains still in the people a supreme power to remove or to alter the legislative when they find the legislative act contrary to the trust reposed in them; for all power given with trust for the attaining of an end being limied by that end"; vgl. auch Nr. 171. *Fraenkel*, S. 183 ff., hat auf die Bedeutung des Treuhandgedankens für das amerikanische Demokratieverständnis hingewiesen und dieses dem *Schmitt*schem der Identität von Regierten und Regierenden gegenübergestellt, das kennzeichnend für die Herrschaft eines potentiell omnipotenten Staates sei. Die durch das Bestehen eines Treuhandverhältnisses geschaffene (besser: aufrechterhaltene) Distanz zwischen Treuhandgeber und Treuhandnehmer wird prägnant begründet von *Alexander Hamilton* in dem Artikel Nr. 78 der Federalist Papers: "There is no position which depends on clearer principles than that every act of a delegated authority, contrary to the tenor of the commission under which it is exercised, is void. No legislative act, therefore, contrary to the Constitution, can be valid. To deny this would be to affirm that the deputy is greater than his principal; that the servant is above his master; that the representatives of the people are superior to the people themselves."

Aus diesem Ansatz der Legitimation der Bindungsgewalt der Gesetze durch Konsens und des Verständnisses der Legislativgewalt als „fiduciary" oder „entrusted power"[49], leitete *Locke* ab, daß diese Gewalt allein von denen ausgeübt werden könne, in deren (Treu-)Hand sie vom Volk gelegt worden sei:

"This legislative is not only the supreme power of the commonwealth, but sacred and unalterable in the hands where the community have once placed it; nor can any edict of anybody else, in what form soever conceived or by what power soever backed, have the force and obligation of a law which has not its sanction from that legislative which the public has chosen and appointed; for without this the law could not have that which is absolutely necessary to its being a law: the consent of the society over whom nobody can have a power to make laws, but by their own consent and by authority received from them[50]."

Aus diesem Grunde soll die Legislative diese ihr anvertraute Gewalt auch nicht auf einen anderen übertragen können:

"(T)he legislative cannot transfer the power of making laws to any other hands; for it being but a delegated power from the people, they who have it cannot pass it over to others ... The power of the legislative, being derived from the people by a positive voluntary grant and institution, can be no other than what that positive grant conveyed, which being only to make laws, and not to make legislators, the legislative can have no power to transfer their authority of making laws and place it in other hands[51]."

Der Nachweis, daß diese Gedanken Eingang in das amerikanische Verfassungsdenken gefunden haben, ist aus dem Geist der Verfassung, aber auch schon aus dem Wortlaut der Unabhängigkeitserklärung[52] und der die Verfassung erläuternden „Federalist Papers"[53] leicht zu führen. So ist es also *Lockes* „Gedanke, daß in der auf der verfassungsgebenden Gewalt des Volkes beruhenden Ordnung der repräsentativen Demokratie nur die Volksvertretung den Bürgern Verpflichtungen auferlegen kann, daß es die Mitwirkung des Volkes an der Gesetzgebung ist, die diese legitimiert, ... der tragende Grund des Verbots der Delegation gesetzgebender Gewalt"[54].

---

[49] Diese Ausdrücke kommen so oft bei *Locke* vor, daß von einem Einzelnachweis hier abgesehen werden kann.

[50] Nr. 134.

[51] Nr. 141.

[52] "We hold these truths to be self-evident, that all men are created equal, that they are endowed by their Creator with certain unalienable rights, that among these are Life, Liberty and the pursuit of Happiness. That to secure these rights, Governments are instituted among Men, deriving their just powers from the consent of the governed."

[53] „confidence", „fidelity", „public trust" und „representative trust" kommen in den Federalist Papers so häufig vor, daß auch hier Einzelnachweise überflüssig sind.

[54] *Ehmke*, S. 504.

Allerdings ist fraglich, ob diese verfassungstheoretische Maxime ein striktes und ohne Einschränkung gültiges Delegationsverbot tragen kann. Zweifel daran können sich aus der notwendig langwierigen und schwerfälligen Natur des Konsensbildungsprozesses und der Notwendigkeit schnellen staatlichen Handelns ergeben. *Locke* hat dies selber erkannt und trotz seiner im Grundsatz eindeutigen Stellungnahme im Zusammenhag mit der Bestimmung der Prärogativgewalt (seit *Montesquieu:* Exekutivgewalt) Ausnahmen von der grundsätzlichen Alleinzuständigkeit des Gesetzgebers zugelassen:

"Where the legislative and executive power are in distinct hands ... there the good of society requires that several things should be left to the discretion of him who has the executive power; for the legislators not being able to foresee and provide by laws for all that may be useful to the community, the executor of the laws, having the power in his hands, has by the common law of nature a right to make use for it for the good of the society, in many cases where the municipal law has given no direction, till the legislative can conveniently be assembled to provide for it. Many things there are which the law can by no means provide for; and those must be necessarily be left to the discretion of him who has the executive powers in his hands, to be ordered by him as the public good and advantage shall require[55]."

Interessanterweise findet man bei *Locke* dieselbe Begründung für die Prärogative des Monarchen, wie sie in der Neuzeit für die Delegation von Rechtsetzungsgewalt an die Verwaltung gegeben wird: die Schwerfälligkeit des Gesetzgebungsprozesses und die daraus resultierende Unfähigkeit des Gesetzgebers, vorausschauend einen zu regelnden Sachverhalt in jedem Detail gesetzestechnisch perfekt zu normieren:

"(S)ince in some governments the lawmaking power is not always in being, and is usually too numerous and so too slow for the dispatch requisite to execution, and because also it is impossible to foresee, and so by laws to provide for, all accidents and necessities that may concern the public ... therefore is a latitude left to the executive power to do many things of choice which the laws do not prescribe[56]."

Hieraus ergibt sich, daß *Lockes* gesetzgebende Gewalt mit der rechtsetzenden keineswegs identisch ist. Während diese ein eigenes Recht des Monarchen ist, ist jene — nicht delegierbar — in den Händen des Gesetzgebers lokalisiert.

Die Abgrenzung erfolgt durch die inhaltliche Bestimmung des Gesetzesbegriffs, dessen wesentliches Kriterium für *Locke* darin bestand, daß nur „established standing" oder „settled, known laws", Regelungen mit einer „constant and lasting force"[57] ihm unterfielen. *Locke* begriff

---

[55] Second Treatise, Nr. 159; vgl. auch die Bemerkung bei *Weeks*, S. 321: "Locke paid his respects to what was in effect, even if he did not call it such, the legislative power of the Crown under the prerogative."

[56] Nr. 160.

also den Charakter des Gesetzes „als eine allgemeine und auf Dauer angelegte Regel, allgemein nicht lediglich im Sinne eines unbestimmten Adressatenkreises oder einer Vielzahl von Fällen, sondern im Sinne des Bedeutsamen, grundlegend Allgemeinen, Substantiellen“[58]. Nur für den Erlaß von nach diesen Merkmalen bestimmten Regeln war also der Gesetzgeber alleinzuständig. Eine sich auf *Locke* berufende Theorie vom Verbot der Delegation könnte folglich auch nur die Übertragung solcher Regelungskompetenzen betreffen, und jede nicht in dieser Weise qualifizierte Regelungsgewalt müßte, wenn sie schon Inhalt eines selbständigen Verordnungsrechts der Exekutive sein kann, auch einem anderen Funktionsträger übertragen, bzw. da der Gesetzgeber nicht selber Träger dieser Regelungsgewalt ist, zugewiesen werden können.

Es zeigt sich also, daß die Frage nach Zulässigkeit und Grenzen der Delegation rechtsetzender Gewalt nicht beantwortet werden kann, ohne zuvor den Inhalt der „legislative power“ zu bestimmen[59].

§ 9. „Legislative Power“ und Gesetzesvorbehalt

Wie in Deutschland, so besteht auch in den USA — wenn auch aus anderen Gründen — die Schwierigkeit, den Inhalt von „Gesetz“ und „gesetzgebender Gewalt“ inhaltlich zu bestimmen: "their meanings are, and always have been, vague and indefinite and seemingly incapable of exact definition." Mehr noch als in Deutschland liegt das daran, daß „(t)heir legal and political connotations have been the product of historical evolution and association rather than of logic“[1].

Wie schon oben bei der Begriffsbestimmung der *rule* hervorgehoben wurde, ist der amerikanische Gesetzesbegriff nicht durch die formalen Kriterien Abstraktheit und Allgemeinheit bestimmt. Die Tatsache, daß der amerikanische Kongreß neben den „public laws“ sog. „private laws“ erläßt, die die Rechtsstellung einzelner Personen regeln, wurde in diesem Zusammenhang als augenfälliges Beispiel schon erwähnt. Auch die Entscheidungen des Supreme Court, die weitgehende Einzelmaßnahmen des Präsidenten — z. B. die teilweise Verstaatlichung der Stahlindustrie[2] —, die von seinem verfassungsrechtlich verankerten

[57] Nr. 124, 131 und passim.

[58] *Böckenförde,* S. 24 f.

[59] Vgl. *Scheuner,* Ausländische Erfahrungen, S. 134 f.

[1] *Weeks,* S. 317; vgl. auch den Hinweis *Scheuners,* Ausländische Erfahrungen, S. 135, daß die materielle Darstellung von der Aufgabe des Parlaments auf dem Gebiete der Rechtsetzung sehr viel weniger begrifflich stark entwickelt sei als bei uns.

[2] Vgl. die schon zitierte Entscheidung *Youngstown Sheet & Tube Co. v. Sawyer,* die die Beschlagnahme der Stahlindustrie durch den Präsidenten

selbständigen Verordnungsrecht auf dem Gebiet der auswärtigen Gewalt und in seiner Eigenschaft als militärischer Oberbefehlshaber[3] nicht gedeckt waren, als Usurpation gesetzgebender Gewalt aufgehoben haben, zeigen, daß dem amerikanischen Gesetzesbegriff andere Merkmale zugrundeliegen.

Ebenso wie der deutsche liberale Gesetzesbegriff seinen Charakter aus der geschichtlichen Auseinandersetzung des Konstitutionalismus mit dem selbständigen Verordnungsrecht der Krone ableitet (kein Eingriff in Freiheit oder Eigentum ohne von der Volksvertretung zu erlassendes Gesetz), ist auch der amerikanische Gesetzesbegriff nur vor dem geschichtlichen Hintergrund der ursprünglichen, wenn auch später schrittweise, insbesondere durch die Ausbildung eines selbständigen Bereichs der Rechtsprechung eingeschränkten Omnipotenz des Gesetzgebers[4] zu verstehen. Weil man im anglo-amerikanischen Rechtskreis schon seit dem 16. Jahrhundert „in der Gesetzgebung ... den wichtigsten Ausdruck der politischen und staatlichen Macht erblickte"[5], ging die amerikanische Verfassungstheorie trotz der grundsätzlichen Verankerung des *Montesquieu*schen Teilungs- und Balanceprinzips in der Verfassung von der *Locke*schen Idee der Suprematie der gesetzgebenden Gewalt aus[6, 7]. Danach ist der amerikanische Gesetzgeber im Bereich der Regelung des Gemeinwesens „the supreme power of the commonwealth", ihm steht die gesamte Rechtsetzung, die Aufstellung von alle Bürger bindenden Rechtssätzen zu[8], und zwar weder beschränkt durch ein formales Kriterium der Allgemeinheit der Regelung im Sinne Carl *Schmitts*[9], noch durch eine materielle Be-

---

zwecks Behebung eines durch Arbeitskampf drohenden Produktionsstops betraf. Das Gericht erklärte die Beschlagnahme für verfassungswidrig, weil die Entscheidung darüber ein „job for the Nation's lawmakers" sei, 343 US 579, 585 (1952).

3 Vgl. dazu *Weyer*, S. 110 f.

4 Siehe dazu eingehend *Ehmke*, S. 546 ff.

5 *Friedrich*, Der Verfassungsstaat, S. 310.

6 Vgl. *Weeks*, S. 321: "The American constitution-makers of the eighteenth century, who were influenced by both writers (d. h. *Montesquieu* und *Locke*) accepted *Montesquieu's* formula of the coordination of the powers ..., but they embodied in their documents essentially the idea of *Locke* to the extent of accepting the supremacy of legislation if not of the legislature."

7 Diese Vorrangstellung des Gesetzgebers im amerikanischen Verfassungssystem verkennt *Forsthoff*, S. 408, wenn er annimmt, in den USA habe wegen der weitgehenden Orientierung der Verfassung an *Montesquieu* die gesetzgebende Körperschaft — anders als in den modernen Verfassungen — keine Vorrangstellung.

8 Daneben kann er „Verwaltungs"akte und gewisse Rechtsprechungsakte vornehmen, besitzt die Organisationsgewalt und ist in hohem Maße Kontrollorgan für die Verwaltungstätigkeit, vgl. auch die obigen Ausführungen zum „congressional system of government", § 3 FN 41.

9 Dazu *Weyer*, S. 117 und *Ehmke*, S. 61 ff.

stimmung des Rechtssatzes etwa im konstitutionellen Sinne eines Eingriffs in Freiheit und Eigentum: „,Gesetz' ist ein politischer, kein bürgerlich-rechtsstaatlicher Begriff[10]." Das bedeutet in anderen Worten, daß der in den USA geltende demokratische Gesetzesbegriff nicht abstrakt aus der „Natur" des formell oder materiell determinierten Gesetzes bestimmt werden kann, sondern — wie *Heller* allgemein für den demokratischen Gesetzesbegriff ausgeführt hat — aus der „erhöhten materiellen Geltungskraft" des Gesetzes abgeleitet werden muß, die es aufgrund seiner Eigenschaft „als autonomer Beschluß der die Gemeinschaftswerte repräsentierenden volonté générale" hat[11].

Allerdings steht dem Kongreß nicht nur diese allgemeine — im Sinne von höherrangig und für das Gemeinwesen wichtig[12] — Regelungskompetenz zu, sondern aus der ehemaligen Omnipotenz folgt noch immer seine Omnikompetenz, d. h. der Kongreß ist grundsätzlich zuständig für jede — mit Ausnahme des schon erwähnten engen Verordnungsrechts des Präsidenten auf dem Gebiet der auswärtigen und militärischen Angelegenheiten — Rechtsetzung, und zwar im weitesten Sinne: im amerikanischen Verfassungssystem „hat der Gesetzgeber über die Ordnung der Behörden und Gerichte, über die Ordnung der Bürger, ihrer Gruppen und Gesellschaften untereinander und über ihr Verhältnis zum *government* (handele es sich nun um dessen „Eingriffe" oder um dessen Leistungen) zu bestimmen"[13].

Ausgehend von dieser grundsätzlichen Zuständigkeit für alle Rechtsetzung muß auch die Frage nach dem Gesetzesvorbehalt und des Bereichs der zulässigen Delegation beantwortet werden. Aus der Allzuständigkeit folgt, daß die Frage nach dem „Gesetzesvorbehalt" nicht als Kompetenzfrage Bedeutung hat — also deutlich unterschieden von der konstitutionellen Fragestellung ist —, sondern sich dahingehend stellt, welche Materien der Gesetzgeber delegieren kann und welche er selbst regeln muß.

Der Supreme Court hat denn auch zunächst, wie sich aus seiner Delegationsrechtsprechung ergibt, im terminologischen Bereich Gesetzgebungs- und Rechtsetzungsfunktion — dogmatisch richtig, wenn man

---

10 *Weyer*, S. 118 mit Hinweis auf die Ähnlichkeit zwischen dem amerikanischen und dem von *Heller* herausgearbeiteten demokratischen Gesetzesbegriff nach der Weimarer Reichsverfassung. So auch *Ehmke*, S. 62 FN 145.

11 Der Begriff des Gesetzes in der Reichsverfassung, Veröffentlichungen der Vereinigung der Deutschen Staatsrechtslehrer, Heft 4, S. 116 (1927). Vgl. auch S. 107, wo *Heller* begründet, warum die obersten Normen zwar in der Regel („eine organisationstechnische Zufälligkeit"), nicht aber notwendig allgemein im Sinne von generell sind.

12 *Weyer*, S. 121.

13 *Ehmke*, S. 553.

von der Regelungskompetenz des Kongresses ausgeht — gleichgesetzt, im tatsächlichen Bereich aber durchaus unterschieden, wenn er trotz des selbstaufgestellten Delegationsverbots die Übertragung von Rechtsetzungsbefugnissen auf die Verwaltung zuließ. Die daraus erwachsenden terminologischen Schwierigkeiten löste das Gericht, indem es im Wege der „legal sophistry“[14] die von der Verwaltung ausgeübten Rechtsetzungsbefugnisse als „quasi-legislative“, „sub-legislative“, als „administrative“ oder „secondary legislation“ bezeichnet hat[15]. Bekannt ist die ironische Kritik *Cushmans* an dieser Nomenklatur:

"Much may be accomplished in an argument if one is allowed to write his own definitions. If the power which is necessary to delegate to regulating agencies can be called something other than 'legislative power' then the constitutional rule is intact. This may be put in the form of a syllogism as follows:

Major premise:	Legislative power cannot constitutionally be delegated by Congress.
Minor premise:	It is essential that certain powers be delegated to administrative officers and regulatory commissions.
Conclusion:	Therefore the powers thus delegated are not legislative powers[16]."

Es war klar, daß auch die Regulierungsbehörden „legislative power“ ausübten, wenn sie nun die Funktion wahrnahmen, für die der Kongreß die Gesetzgebungszuständigkeit hatte. Wenn also die ICC nationale („interstate“) Tarife für die Personen- und Frachtbeförderung festsetzte, so war der Behörde eine Funktion übertragen, die der Gesetzgeber auch selbst hätte ausüben können und — wie oben ausgeführt — in den Anfängen der Wirtschaftsregulierung auch vereinzelt ausgeübt hat. Dieselbe Funktion, so warfen die Kritiker an der Supreme Court-

---

[14] *Weeks*, S. 332.

[15] "(The administrative bodies) have become a veritable fourth branch of the Government, which has deranged our three-branch theories as much as the concept of a fourth dimension unsettles our three-dimensional thinking. Courts have differed in assigning a place to these seemingly necessary bodies in our constitutional system. Administrative agencies have been called quasi-legislative, quasi-executive or quasi-judicial, as the occasion required, in order to validate their function within the separation-of-powers scheme of the Constitution. The mere retreat to the qualifying 'quasi' is implicit with confession that all recognized classifications have broken down, and 'quasi' is a smooth cover which we draw over our confusion as we might use a counterpane to conceal a disordered bed." *Dissenting opinion* von Richter *Jackson* in *FTC v. Ruberoid Co.* 343 US 476, 487 f. (1952).

[16] Commissions, S. 429. Vgl. auch das abweichende Votum des Bundesrichters *Holmes* in *Springer et al. v. Government of the Phillipine Islands*, 277 US 189, 209 (1928): "It is said that the power of Congress cannot be delegated, yet Congress has established the Interstate Commerce Commission, which does legislative, judicial, and executive acts, only softened by a quasi."

Nomenklatur ein, könne nicht darum einmal legislativ und ein anderes Mal anders bezeichnet werden, je nachdem, welches Staatsorgan sie wahrnähme[17].

Der Ansatz zum Ausweg aus diesem Dilemma, das auf dem Festhalten an einem strikten Delegationsverbot einerseits und den staatlichen Notwendigkeiten für die Übertragung weitreichender Rechtsetzungsbefugnisse andererseits sowie auf der terminologischen Gleichsetzung von Rechtsetzungs- und Gesetzgebungsfunktion beruhte, wurde zwar schon in dem ersten vor den Supreme Court kommenden Delegationsfall von Chief Justice *Marshall* aufgezeigt[18], in späteren Entscheidungen dann aber nicht fortgesetzt. Nach Ansicht *Marshalls* sollte der Kongreß nicht gehindert sein, „subjects of less interest" Gerichten oder Behörden zur Regelung zu überlassen, während andere, und wie im Umkehrschluß angenommen werden muß, wichtige Fragen vom Gesetzgeber selbst geregelt werden müßten. Dieser Ansatz ist der dem amerikanischen Verfassungsrecht systemgemäße. Er beantwortet die Frage nach dem Gesetzesvorbehalt im obigen Sinne, nämlich nach dem Kernbereich der staatlichen Ordnung, der nur dem Gesetzgeber als repräsentativem und verantwortlichem höchsten Staatsorgan zur Regelung überlassen bleiben darf.

Noch einmal: der deutsche Betrachter darf nicht vergessen, daß dieser „Vorbehalt" anders als im konstitutionellen Staat keine Bedeutung für die Regelungskompetenz des Kongresses hat, da dieser grundsätzlich für alle Rechtsetzung zuständig ist, während die Verwaltung — von dem besonderen Verordnungsrecht des Präsidenten abgesehen — nur in den Bereichen Recht setzen kann, in denen ihr die Regelungsgewalt vom Kongreß übertragen worden ist: sie kann solche Kompetenzen also nur aufgrund von Delegation besitzen[19]. Vielmehr kann dieser Begriff, der im übrigen im amerikanischen Recht in dem weiten Begriff der „rule of law" nur eine entfernte Entsprechung hat[20], nur den Bereich grund-

---

17 Siehe dazu die gründlichen Ausführungen des Richters *Rosenberry* in der (Einzelstaat-)Entscheidung *State ex rel. Wisconsin Inspection Bureau et al. v. Whitman*, 220 NW 929, 938 (1928): "If an executive or administrative officer has authority ... to do the very thing that Congress might have done in the exercise of its legislative power; that is, to make a rule of conduct for which a citizen may be penalized if he disobeys it, it is difficult to see how it can be said that the power exercised is in one case legislative and in the other case it is not. The regulation made by the administrative officers answers every definition of law... To call one legislative power and the other a power to make rules and regulations does not change the substance of the power exercised in each case." — Siehe auch *Rosenberry*, Administrative Law and the Constitution, in: 23 American Political Science Review 32 ff. (1929).

18 Vgl. oben § 7 FN 21.

19 Vgl. *Ehmke*, S. 553.

20 Siehe die Diskussion der „extravagant version of the rule of law" bei *Davis*, Discretionary Justice, S. 28 ff. und *ders.*, Treatise, Bd. 1 § 1.08 S. 53 ff.

sätzlicher Entscheidungen von politischem Gewicht, die sog. „legislative policy“[21], bezeichnen, die nur der Kongreß entscheiden kann, aber auch entscheiden muß.

Für die Bestimmung der Angelegenheiten, die diesem politisch wichtigen, vom Kongreß nicht delegierbaren Kernbereich unterfallen, lassen sich naturgemäß feste Kriterien nicht aufstellen. Sie unterliegen zwangsläufig den „Wandlungen des politischen und rechtlichen Bewußtseins in einem Volke darüber ..., welche Angelegenheiten für das politische Gemeinwesen so wichtig sind, daß sie allein von dem repräsentativen Verfassungsorgan als ‚supreme power of the commonwealth‘ entschieden werden müssen“[22].

Demgemäß wird auch in der amerikanischen Literatur nicht der Versuch unternommen, allgemeine Wichtigkeitskriterien aufzustellen[23]. Vereinzelt findet sich jedoch in der Rechtsprechung des Supreme Court, der, wie wir oben gesehen haben, hinsichtlich der Abgrenzung der Staatsfunktionen generell auf „common sense and the inherent necessities of the governmental coordination“ abstellt, ein Ansatz hierzu, wenn er Materien spezifiziert, die er wegen ihrer Wichtigkeit für undelegierbar hält. Das geschieht dann aber in der Weise, daß das Gericht feststellt, daß die übertragenen Befugnisse den Wichtigkeitsgrad nicht erreichen, der die Delegation verfassungswidrig machen würde, so z. B. als es ausführte, daß die mit dem Delegationsargument angegriffenen Vorschriften „do not declare rules with reference to rights of persons and property, nor do they create or regulate obligations or liabilities, nor

---

[21] Vgl. *Yakus v. United States*, 321 US 414, 424 (1944): "The essentials of the legislative function are the determination of the legislative policy and its formulation and promulgation as a defined and binding rule of conduct."

[22] *Ehmke*, S. 556.

[23] Vgl. die Äußerungen von *Bickel*, Foreword: The Passive Virtues — The Supreme Court 1960 Term, S. 68: "(T)he answer must lie in the importance of the decision. The more fundamental the issue, the nearer it is to the principle, the more important is it that it be decided in the first instance by the legislature." *Farrington*, S. 66 will den Vorbehalt erstrecken auf „decisions of broad national policy, the determination of the general scope and operation of a particular law, or the decision about the extent to which constitutional rights should be delimited or otherwise interfered with in the administration of law“. *Davis*, Treatise, Bd. 1 § 2.16 S. 156 behält dem Gesetzgeber vor „major policies that depend more upon emotional bent and political instincts than upon investigation, hearing and analysis“. Ähnlich *Landis*, Administrative Process S. 55: "(T)he responsibility for fashioning a policy, not only of great economic importance but also one that has divided the faiths and loyalities of classes of people, cannot appropiately be intrusted to the administrative." — Vgl. aber *Weeks*, S. 317 ff., der „legislation“ zwar grundsätzlich als synonym mit „the general policy-framing function of government“ ansieht (S. 318), dann aber fordert, „a legislative rule should bear the earmarks of some degree of generality and futurity“ (S. 327). Kritisch dazu *Ehmke*, S. 555 FN 349 letzter Absatz.

declare what shall be crimes nor fix penalties therefor"[24]. Angesichts der Ausweitung der den Regulierungsbehörden übertragenen Befugnisse muß aber auch diese aus dem Jahre 1911 stammende Abgrenzung als durch die rechtsgeschichtliche Wandlung des Gesetzesbegriffs stark eingeschränkt angesehen werden.

Festzuhalten bleibt, daß nicht alle rechtsetzende Gewalt, die dem Kongreß kompetenzmäßig zukommt, auch gesetzgeberische Gewalt ist, d. h. daß „legislative function" mit „law-making function" nicht identisch ist. Der Kongreß ist daher nicht gehindert, diejenige Regelungsgewalt auf die Verwaltung zu übertragen, die nicht unter dem „Gesetzesvorbehalt" im oben erläuterten Sinne steht, also zum harten Kern seiner Regelungsbefugnis, der eigentlichen „legislative power" gehört.

Das bedeutet dreierlei:

Erstens, daß das inzwischen vom Supreme Court auch terminologisch aufgegebene strikte Delegationsverbot keine Grundlage im Verfassungsrecht hatte. Nicht jede Regelung, die der Kongreß aufgrund seiner weiten Regelungszuständigkeit selbst wahrnehmen könnte, unterliegt einem Übertragungsverbot, vielmehr ist nur der wirkliche Kernbereich des „policy-making" dem Kongreß allein vorbehalten. Dazu gehören auf dem Gebiet der Wirtschaftsregulierung zumindest zum einen die Entscheidung darüber, welche Bereiche bzw. funktionellen Phasen der Wirtschaft überhaupt einer Regelung bedürfen und welches Ordnungsziel mit der Regelung angestrebt wird, zum anderen der Erlaß von Strafbestimmungen für die Verletzung gesetzlicher oder untergesetzlicher Regulierungsvorschriften.

Zweitens, daß die von den Behörden ausgeübte Rechtsetzungsfunktion übertragene Gewalt ist, mit der Folge, daß der Kongreß als ursprünglich zuständiges Organ diese Ermächtigung jederzeit zurückziehen, ändern und die Wahrnehmung der Funktion auf das genaueste kontrollieren und beeinflussen kann. Daraus erklärt sich auch die oben erwähnte organisationsmäßige Einordnung der rechtsetzenden Regulierungsbehörden als „agent" oder „arm of Congress".

Drittens folgt aus der — wie aus der Darstellung der Supreme Court-Rechtsprechung ersichtlich wird: schrittweisen — Aufgabe der Identifizierung von „legislative" und „law-making power", daß im Bereich der zulässigen Delegation der Gesetzgeber nicht notwendigerweise immer auch selber „standards" als skelettmäßige Regelung der Materie für die gesetzesunterworfenen Bürger aufstellen muß, die dann durch die Ver-

---

[24] *United States v. Grimaud,* 220 US 506, 515 (1911).

waltung durch ihre ursprünglich nur als „fill up the details“ oder „ascertain the facts“ qualifizierte Tätigkeit mit Fleisch angefüllt werden. Vielmehr ist aus dem „standard“ im Sinne der grundlegenden gesetzgeberischen Rechtsetzung für den Gesetzesunterworfenen eine Kompetenzzuweisung an die Verwaltung geworden[25], aus der gesetzberischen Funktion im Bereich der delegierbaren Gesetzesmaterien lediglich die Entscheidung darüber, „what job must be done, who must do it, and what is the scope of his authority“[26]. Oder, um in den rechtstechnischen Begriffen des deutschen Grundgesetzes zu sprechen, der Gesetzgeber hat nur noch den „Zweck“ der Ermächtigung in dieser selbst festzulegen, während er „Inhalt“ und „Ausmaß“, soweit sie sich nicht schon aus dem Zweck ableiten lassen, der Bestimmung der Behörden überlassen kann. Einschränkend ist jedoch zu wiederholen, daß das nur für neue Regulierungsgebiete, bzw. -probleme und nur für die Anlaufzeit der Regelungen gilt, und auch nur dann, wenn die Gerichte der Auffassung sind, daß gewisse verfahrensmäßige Sicherungen — im wesentlichen Partizipationsrechte der Betroffenen — in den behördlichen Entscheidungsprozeß eingebaut und beachtet worden sind.

---

[25] *Ehmke*, S. 558 f.

[26] *Bowles v. Willingham*, 321 US 503, 515 (1944).

Dritter Teil

Untergesetzliche Rechtsetzung und moderner politischer Prozeß

Die Behandlung der verfassungsrechtlichen Maximen des 18. Jahrhunderts, die in die amerikanische Verfassung eingeflossen oder doch „underlying principle" derselben sind, kann für eine Untersuchung des Delegationsproblems Ende des 20. Jahrhunderts kaum genügen. Angesichts der revolutionären Entwicklung, die sich unter der Herrschaft der im wesentlichen unveränderten Verfassung von 1787 vollzogen und die zur Folge gehabt hat, daß „any similiarity between the national government of (today) and that of Tocqueville's day is very much incidental"[1], ist offensichtlich, daß die Verfassung im Lichte neuer Ideen interpretiert und mit Leben erfüllt werden muß[2]. Darum wäre die Arbeit unvollständig ohne eine kurze Darstellung jüngerer Theorien und Tendenzen des Verfassungsrechts, die das Gewaltenteilungsprinzip im modernen Staat, die Funktionen von Legislative und Exekutive und ihr Verhältnis zueinander, sowohl im Prozeß der Normengebung als auch im Prozeß des Normenvollzuges, zum Thema haben.

§ 10. Gewaltenteilung und moderner Staat: Die veränderte Delegationsproblematik

Mit der industriellen Revolution und den ihr nachfolgenden sozialen Mißständen, mit der Erkenntnis, daß „free play of forces" und nur durch Abwehreingriffe gekennzeichnetes „negative government" nicht die sozialen Probleme lösen konnten, gewann die Ansicht Einfluß, daß der Ruf nach dem sozialgestaltenden, die Wirtschaftskräfte zentral und effektiv regulierenden „active government" auch zunehmende Koordinierung der drei herkömmlichen Staatsfunktionen und Kooperation

---

1 *Levitan*, The Responsibility of Administrative Officials, 61 Political Science Quarterly 562 ff., 564 (1946).

2 Vgl. *Aiken*, An Impact of the United States Supreme Court on Three Problems of the 20th Century, in: Die moderne Demokratie und ihr Recht, Festschrift für Gerhard Leibholz, Bd. 2 Tübingen 1966 S. 375 ff., 375.

ihrer Träger, anstatt deren weitestgehende Trennung bedeutete. Insbesondere die Erfahrung der mangelnden Eignung des Parlaments und der Justiz zur raschen und bundeseinheitlichen Handhabung der als dringend empfundenen Eisenbahnregulierung und die Schaffung eines neuen, nicht in das herkömmliche Gewaltendreiteilungsschema passenden Behördentyps führte zu einer kritischen Einschätzung dieses Schemas[3]. Dazu kam das Bewußtsein von der wachsenden Bedeutung der politischen Parteien und ihrer — nicht gewählten — mächtigen Parteifunktionäre, die, ohne selbst einen Platz in dem Dreiteilungskonzept zu besitzen, auf die Auswahl der Kandidaten für öffentliche Ämter in allen drei Staatgewalten und auf ihr Programm entscheidenden Einfluß haben[4]. Auch dieses Aufkommen extrakonstitutioneller politischer Kräfte und Instrumente ließ die Überzeugung wachsen, daß die überkommenen Verfassungstheorien, die ihr Augenmerk einzig auf die drei Staatsfunktionen Gesetzgebung, Regierung bzw. Verwaltung und Justiz und die Machtbalance ihrer Träger zueinander richteten, neu überdacht, modifiziert und den wirklichen Verfassungsverhältnissen angepaßt werden mußten.

Im Hinblick auf die Entwicklung der Parteien zu extrakonstitutionellen Macht- und Entscheidungszentren, deren Einfluß sich unterschiedslos auf die Legislative und die Exekutive erstreckt, ist verschiedentlich der Wert der institutionellen Unterscheidung dieser beiden Gewalten, auf deren Verhältnis zueinander es bei der Betrachtung der Delegationsfrage ankommt, für den neuzeitlichen Parteienstaat bezweifelt und die These vertreten worden, Gewaltenteilung und „checks and balances" seien durch ein „responsible party government", durch die Herrschaft der Mehrheitsparteien abgelöst worden[5]. Abgesehen von dem Widerspruch[6], in dem diese Behauptung zur Klage ihrer Verfasser steht, das herrschende (Gewaltenteilungs-)System sei ein „system designed for deadlock and inaction"[7], so stimmt sie aber auch in ihren Voraussetzungen für das amerikanische Regierungssystem nicht. Selbst wenn die Partei des Präsidenten im Kongreß die Mehrheit hat, was durchaus nicht immer

[3] Statt aller anderen vgl. *Landis*, Administrative Process S. 1 ff.

[4] Vgl. *Kales*, Unpopular Government in the United States (1914), S. 23: "A decentralized legal government has been replaced by a centralized extra-legal government." Siehe auch *Goodnow*, Politics and Administration, S. 106 ff., 134; und *Wilson*, Constitutional Government in the United States (1908), S. 220 f.

[5] *Wilson*, Congressional Government, S. 265 ff.; *Ranney*, The Doctrine of Responsible Party Government (1962); *Burns*, The Deadlock of Democracy (1963). Die Diskussion ist unter der Flagge des Widerstreits der *Madinson*-schen und *Jefferson*schen Regierungsmodelle geführt worden, vgl. bes. *Burns*, aaO.

[6] Auf den *Friedrich*, Verfassungsstaat der Neuzeit, S. 211 f. hinweist.

[7] *Burns*, Deadlock of Democracy, S. 6.

der Fall ist, so steht sie — aus einer Reihe von im amerikanischen Parteien- und Wahlsystem angelegten Gründen[8] — durchaus nicht immer geschlossen hinter dem Präsidenten, ebensowenig wie die „Opposition" immer geschlossen gegen den Präsidenten auftritt. Läßt sich für das parlamentarische Regierungssystem die These aufstellen, daß Legislative und Exekutive „nur noch Instrumentarium der Herrschaftsausübung (sind), die sich die oligarchischen Träger der politischen Gewalt unterschiedslos dienstbar zu machen suchen", so daß das Dreiteilungsschema nur noch „einen gewissen staatserhaltenden und disziplinierenden Wert"[9] hat, so hat in den USA das Entstehen der Parteien das Gewaltenteilungsprinzip im Bereich der ersten beiden Gewalten zwar gemildert, nicht aber aufgehoben[10].

Zunächst blieb die politische Wissenschaft des ausgehenden 19. Jahrhunderts — beeinflußt gleichermaßen von der deutschen und französischen Verfassungstheorie sowie der englischen Verfassungspraxis[11] — mit der Kritik an der modernen Anforderungen nicht Rechnung tragenden Version einer strikten Trennung der ersten und zweiten Gewalt in dem Denkschema des überkommenen Gewaltenteilungskonzepts, wenn sie einer stärkeren Koordination der Funktionen und Kooperation ihrer Träger das Wort redete. Dabei schwebte den meisten ihrer Vertreter zwar nicht die institutionelle Konsequenz der Einführung eines Kabinettsystems nach englischem Muster[12], wohl aber einer stärkeren Funktionentrennung und einer in den USA aufgrund des starken Übergewichts des Kongresses nur in der Theorie vorhandenen gleichgewichtigen Balance zwischen Parlament und Exekutive als mustergültig vor[13]. Mit dem Prinzip der „mechanistischen" Gewaltenteilungslehre brach dann aber die politische Theorie, die das politische System nicht mehr unter dem Aspekt der drei materiellen Staatstätigkeiten und deren Verteilung auf drei voneinander unabhängige Träger, sondern unter einem Funktions- (a) oder eine Verhaltensaspekt (b) sah. Obwohl hier auf die verschiedenen Ausformungen dieser

---

8 Vgl. dazu *Fraenkel*, S. 46 ff., 58 ff., bes. 60 - 71.

9 *Werner Weber*, Die Teilung der Gewalten als Gegenwartsproblem, in· Festschrift für Carl Schmitt, Berlin 1959 S. 253 ff., 262.

10 *Friedrich*, Verfassungsstaat der Neuzeit, S. 211 f.

11 Zu diesen Einflüssen *Vile*, S. 266 ff.

12 Siehe aber *Wilson*, Congressional Government, S. 92 und Constitutional Government, S. 14.

13 Vgl. *Vile*, S. 264 ff. und *Horn*, The Cabinet and Congress (1960). Zusammengefaßt lautete die Kritik des „progressive movement" an einer strikten Gewaltenteilungslehre so: "Government has been divided up in parts, because no one man or group of men can be safely intrusted with the exercise of comprehensive government functions; but within the limits of a necessary and desirable separation of powers a partial reunion may be permissible and useful", *Croly*, Progressive Democracy (1915), S. 364 f.

theoretischen Ansatzpunkte nicht eingegangen werden soll, erscheint es sinnvoll, ihre Fragestellung und Auswirkung auf eine Delegationstheorie im 20. Jahrhundert kurz zu behandeln.

a) Die Delegationsfrage unter dem organ-funktionalen Aspekt

Die funktionale Theorie hat ihren Ansatzpunkt in einer von der herkömmlichen Dreifunktionenlehre abweichenden Bestimmung der materiellen Staatsfunktionen. Sie machte zunächst geltend — beeinflußt von der französischen und deutschen Unterscheidung von Regierung und Verwaltung[14] — daß die Exekutive nicht lediglich — den politischen Willen des Kongresses — ausführende Gewalt, sondern in ihrem einen Bestandteil an der Formulierung und dem Zustandekommen des politischen Willens des Staates Anteil habe. Deswegen bestehe auch keine durch die Funktion bedingte Unterscheidung zwischen Kongreß und Präsident, vielmehr müsse zwischen dem im politischen Prozeß zustandegekommenen Aufstellen eines staatlichen Aktionsprogramms und der (unpolitischen) Ausführung und Anwendung, also zwischen dem über die legislative Funktion hinausgehenden politischen Prozeß auf der einen und den materiellen Funktionen der Verwaltung und Justiz auf der anderen Seite unterschieden werden[15]. Diese neue funktionale Unterscheidung zwischen den „political" und den „administrative branches of government" bedinge statt Trennung und Konflikt Kooperation und Harmonie zwischen Legislative und Exekutive, soweit letztere an der Formulierung von politischen Aktionsprogrammen beteiligt sei, dagegen weiterhin Trennung und Abhängigkeit von Verwaltung und Justiz[16].

Die stärker soziologisch orientierte Richtung zäumte das Problem vom anderen Ende her auf. Ihr Interesse richtete sich nicht mehr auf die abstrakte Definition materieller Staatstätigkeiten und deren Zuweisung an die herkömmlichen Funktionsträger[17], sondern konzentrierte sich auf das soziale System als Ganzes, auf den politischen Gesamtprozeß, so daß auch extrakonstitutionelle Kräfte dieses Prozesses wie die politischen Parteien, Interessengruppen, die die öffentliche Meinung beein-

---

14 Für die allgemeine Bewunderung kontinentaleuropäischer, besonders preußischer Verwaltung vgl. *Wilson*, The Study of Administration (1887), abgedruckt in: Woll (Hrsg.), Public Administration and Policy S. 15 - 41, 20 ff. (1966).

15 *Wilson*, Constitutional Government, S. 212.

16 *Goodnow*, S. 26, 38 ff.

17 *Gulik*, Politics, Administration and the "New Deal", in: 169 Annals of the American Academy 62 (1933): "Whether an act is executive or legislative or judicial in character, is purely an institutional concept, and grows out of the practical division of work which happens to exist at a given time. It does not arise from the nature of the things done."

flussenden Medien einbezogen werden konnten. Ihre Fragestellung lautete: Welche Art von Problemen muß ein soziales System für seine Erhaltung lösen? Welche Tätigkeiten sind dafür erforderlich? Was für geartete Organe sind Voraussetzung für ihre Ausübung[18]?

Mit der Zugrundelegung eines „sozialen Systems“ als Bezugspunkt wurde zugleich eine Analogie zwischen diesem System und einem biologischen Organismus angestellt, der ebenfalls Bedürfnisse hat, deren Befriedigung von verschiedenen Organen mit unterschiedlichen Funktionen zum Zweck der Erhaltung des Gesamtorganismus wahrgenommen wird. Und ebensowenig wie im lebenden Organismus — so zog die organ-funktionale Richtung die Konsequenz aus der Analogie — kann im sozialen System das Verhältnis der Organe zueinander durch Mißtrauen, gegenseitige Überwachung und Konflikt, sondern muß durch kooperative Interdependenz, Konsens und Harmonie gekennzeichnet sein[19].

Abgesehen von dem Einfluß, den die funktionale Betrachtungsweise auf die moderne amerikanische Rechtswissenschaft, insbesondere bei der Behandlung der Delegationsfrage, gehabt hat — darauf wird am Ende dieses Kapitels noch zurückzukommen sein —, spielt sie in ihrer modernen Ausformung eine entscheidende Rolle auf dem erst in jüngerer Zeit wiederentdeckten Gebiet der Vergleichung politischer Systeme („comparative politics“) und damit auch der öffentlich-rechtlichen Vergleichung. Anders als die alte Methode der Verfassungsvergleichung liegt das Schwergewicht dieser funktionalen Systemtheorie nicht auf einem Nebeneinanderstellen formaler Strukturen der untersuchten Verfassungssysteme, also der Gliederung, Kompetenz und Funktion von Legislative, Exekutive und Judikative nach dem jeweils geltenden Verfassungsrecht, sondern auf dem Zusammenspiel aller im politischen Prozeß relevanten Kräfte und Strukturen eines Verfassungssystems. Diese systematisierend werden neben vier „input“-Funktionen[20] drei „output“-Funktionen jedes politischen Systems unterschieden, nämlich Vorschriftenerlaß („rule-making“), Vorschriftenanwendung („rule-application“) und formelle Entscheidung über die Anwendung der Vorschrift im Einzelfall („rule-adjudication“)[21]. Diese „output“-Funktionen sind, wie leicht erkennbar ist und wie auch der Begründer der funktionalen Systemtheorie *Almond* einräumt, die des *Montesquieu*-

---

[18] *Jordan*, Three Models of Political and Social Change, 22 Administrative Law Review 530, 543 f. mit Hinweis auf *Parson*, Social Systems (1951).

[19] Vgl. die bei *Jordan*, FN 27 bis 33 angegebene Literatur.

[20] Diese sind „political socialization and recruitment“, „interest articulation“, „interest accumulation“ und „political communication“.

[21] *Almond/Coleman*, The Politics of Developing Areas (1960) und *Almond/Powell*, Comparative Politics: A Development Approach (1966).

schen Teilungsmodells, werden aber anders benannt, um sie von ihren „structural overtones", d. h. ihrer automatischen Assoziierung mit den jeweiligen herkömmlichen Trägerinstitutionen zu befreien[22]. War die reine Gewaltenteilungsdoktrin davon ausgegangen, daß die drei Kategorien materieller Staatstätigkeiten ausschließlich von den jeweiligen, d. h. historisch zugeordneten verschiedenen Trägern ausgeübt werden könnten und müßten — was den Supreme Court in die Verlegenheit gebracht hatte, von einer „quasi"-Tätigkeit zu sprechen, wenn ein anderes Organ als das zuständige sie wahrnahm —, so weist *Almond* aufgrund seiner Analyse des politischen Prozesses auf die „multifunctionality of political structures", d. h. darauf hin, daß die herkömmlichen Strukturen nicht eine, sondern mehrere Funktionen erfüllen. Bestimmte Staatsfunktionen sind nicht an bestimmte Institutionen gebunden und umgekehrt, jedes staatliche Organ kann mehrere Funktionen erfüllen. Das Parlament ist nicht die einzige Gewalt, die allgemeinverbindliche Vorschriften erläßt, sondern „rule-making" ist ebenfalls Sache der Verwaltung und Justiz.

Die funktionale Systemtheorie sieht den modernen Staat also nicht von einer völligen, sondern von einer nur teilweisen Funktionentrennung gekennzeichnet. Dabei kommt sie insofern nicht völlig mit dem Ergebnis der konstitutionellen Theorie in Konflikt, als sie sowohl von der Notwendigkeit einer Kräftebalance — allerdings nicht nur der drei klassischen Funktionenträger, sondern aller relevanten Kräfte des politischen Systems — als auch davon ausgeht, daß kennzeichnendes Kriterium für ein demokratisches Regierungssystem der Primat der Legislative für das „rule-making" ist. Sie hat den Vorteil vor der Dreiteilungsdoktrin, nicht fiktiv von einer im staatstheoretischen Denken des 18. Jahrhunderts verankerten Verfassungsstruktur und einer Verteilung der Staatsaufgaben auszugehen, die der Komplexität eines demokratisch-pluralistischen sozialgestaltenden Staates nicht mehr entsprechen. Sie braucht Rechtsetzung und Rechtsprechung im *administrative process* nicht mit einem „quasi" zu bemänteln und kann die offensichtlich multifunktionalen, in das Gewaltendreiteilungsschema nicht einzuordnenden unabhängigen Wirtschaftsbehörden („the headless 4th branch of the government") als „our generation's answer to the inadequacy of the judicial and the legislative process"[23] erklären.

b) Die Delegationsfrage unter dem Verhaltensaspekt („behaviorism")

Die mit „behaviorism" bezeichnete soziologische Richtung der politischen Wissenschaft, entstanden als Antithese auf die, wie sie behauptet,

---

22 Politics of the Developing Areas, S. 17.

23 *Landis*, Administrative Process, S. 46.

mit Ideologie befrachtete politische Theorie, hat als methodischen Ausgangspunkt die strikt empirische Untersuchung. Demgemäß richtet sie ihr Interesse ausschließlich auf die „human nature“ und den durch wechselseitige Beziehung zwischen Individuen und Gruppen zustandekommenden Prozeß („interaction“), der nicht a priori durch Einführung von Konflikt- oder Kooperationsmodellen, sondern nur durch die empirische Exploration der — entweder konflikthaften oder kooperativen — Beziehungen erfaßt werden könne, und leugnet jeden, oder jedenfalls jeden relevanten Einfluß formaler Verfassungsstrukturen auf die soziale Struktur und Entwicklung der Gesellschaft[24]. Die Folge ist die Verlagerung des Interesses auf solche psychologisch-soziologischen Phänomene wie Motivation, Rollenspiel, Anpassung und deren Wechselwirkungen und Einflüsse auf die verschiedenen Entscheidungsprozesse[25]. Demgegenüber sind „constitutional factors“ wie die institutionelle Maschinerie, deren verfassungsrechtlich geregelten Kompetenzen und Verfahren etc. „entirely irrelevant; their significance is trivial as compared to the non-constitutional“[26].

Einer der Vertreter dieser Methode, Robert *Dahl*, hat an dem *Madison*schen Gewaltenteilungsmodell nachzuweisen versucht, daß sowohl dessen Prämissen — die Vereinigung aller drei Funktionen in derselben Hand bedeute Tyrannei —, als auch seine Schlußfolgerungen — weitgehende Gewaltentrennung, verbunden mit einem „checks and balances“-System verhindere Tyrannei, auch solche der Mehrheit über die Minderheit — „demonstrably false“ seien. Er begründet das damit, daß Begriffe wie Tyrannei oder Mißbrauch von Gewalt empirisch nicht nachprüfbar seien. *Madison* selbst sei eine präzise Definition schuldig geblieben, daher sei sein Modell nicht politische Theorie, sondern Ideologie. *Dahls* Kritik zeigt die Schwäche der allein empirischen Methode bei der Erfassung von politischen Mechanismen und Prozessen zugrundeliegenden Wertordnungen auf: sie schließt einen weiten und

---

[24] Als früher Vorläufer kann *William Penn*, der Gründer des Bundesstaates Pennsylvania, angesehen werden. In der Vorrede zu seiner Schrift „Frame of Government of the Province of Pennsylvania“ kritisierte er den Wert, den die konstitutionellen Theorien bestimmten Verfassungsstrukturen beilegten: “There is hardly one frame of government so ill designed by its first founders, that in good hands will not do well enough; and story tells us the best in ill ones, can do nothing that is great or good... Let men be good, and the government cannot be bad; if it be ill they will cure it. But if men be bad, let the government be never so good, they will endeavour to warp and spoil it to their turn.” Zitiert nach *Vile*, S. 297 f.

[25] Vgl. für den Bereich der Verwaltung z. B. *Simon*, Administrative Behaviour, A Study of Decision Making Processes in Administrative Organization (2. Aufl. 1958), *deutsch:* Das Verwaltungshandeln, 1955; für den Bereich der Justiz siehe die zahlreiche bei *Jordan*, S. 575 f. FN 110 - 112 aufgeführte Literatur.

[26] *Dahl*, A Preface to Democratic Theory (1956), S. 135.

wichtigen Bereich der politischen Theorie aus ihren Untersuchungen aus.

Lehnt die behavioristische Schule auch die Gewaltenteilung und den ihr von der konstitutionellen Verfassungstheorie beigelegten Wert als ideologisch und im Vergleich zu den „social forces" als irrelevant ab, so erkennt sie doch an, daß die westlichen Demokratien durch eine Gewaltentrennung gekennzeichnet sind, leitet das aber allein aus einem Bedürfnis für Arbeitsteilung und Spezialisierung ab[27]. Auch diese Beobachtung geht fehl[28]. Sie beruht ebenso wie die Leugnung jeden Einflusses der verfassungsmäßigen Strukturen und Mechanismen auf einer falschen Unterscheidung zwischen „Verfassung" und „sozialen Kräften", von denen nur die letzteren für den politischen Prozeß relevant sein sollen. Das Abstellen allein auf die „social forces" ist zwar als Reaktion auf den früher vorherrschenden Legalismus und Formalismus in der Verfassungstheorie zu erklären, schießt aber insofern über das Ziel hinaus, als die „social forces" und „constitutions" interdependente Größen sind.

Aus der Sicht des Behaviorism ist die Delegationsfrage ein konstitutionelles Scheinproblem und damit irrelevant. Selbst wenn die Gewaltenteilung als Arbeitsteilungsprinzip unter dem Verhaltensaspekt empirisch verifizierbar und anerkannt ist, so ist natürlich die Delegation, besser: die Rechtsetzung der Verwaltung völlig unproblematisch. Hinsichtlich der Zulässigkeit oder Grenzen der Delegation kann diese Lehre keine Antwort geben, weil sich ihr schon die Frage nicht stellt. Da das Nebeneinander von Trägern der Gesetzgebung und der ausführenden Gewalt und deren Kompetenz und Verhältnis zueinander für den Ablauf des politischen Prozesses lediglich formale und legalistische Faktoren sind, kann auch die Frage der Übertragung einer Kompetenz auf einen anderen Funktionenträger nicht von Belang sein.

c) Einfluß der funktionalen und behaviorism-Theorien auf die Verwaltungsrechtswissenschaft

Der veränderte Ansatzpunkt in der Betrachtungsweise des politischen Prozesses hatte erheblichen Einfluß auf die amerikanische Verwaltungsrechtswissenschaft, oder genauer: auf die Lehre vom *administrative process*.

Daß die Betonung auf dem „process" und nicht auf den Institutionen und verwaltungsrechtlichen Begriffen lag, war ebenso ein Einfluß der behaviorism-Methode wie die Festlegung der für ein faires Verfahren

27 S. 136 f.

28 Im einzelnen kritisch *Vile*, S. 302 f. und S. 311 ff.

notwendig gehaltenen Prozeßregeln im Administrative Procedure Act und der darin normierten Rollenunterscheidung und -trennung innerhalb der Regulierungsbehörden (Behörde als Ankläger, bzw. Kläger, Behörde als unparteiischer Verhandlungsleiter und erstinstanzlicher Richter, Behörde als Rechtsmittelinstanz).

Die Bedeutung der funktionalen Betrachtungsweise für die Begründung und Rechtfertigung der — dem Dreiteilungskonzept offensichtlich nicht einzuordnenden — unabhängigen Behörden war noch bedeutsamer. Wie schon erwähnt, hatte das von Roosevelt eingesetzte *Committee on Administrative Management* auf der Grundlage des Gewaltenteilungsprinzips gegen die Existenz der IRCs Stellung bezogen („a headless ‚fourth'branch of the Government"), auf die Zersplitterung der Exekutive und die daraus folgende Schwächung der Stellung des Präsidenten hingewiesen („his stature is bound to diminish; he will no longer be in reality the Executive, but only one of many executives") und daraus die Notwendigkeit der Eingliederung der (damals über 100) *administrative agencies* in die (zu der Zeit 12) Departments abgeleitet.

James Landis, Dekan der Juristischen Fakultät der Havard-Universität und der bedeutendste theoretische Wegbereiter und Verfechter der New Deal-IRCs griff in seiner Schrift "The Administrative Process" besonders die verfassungsrechtliche Grundlage der Thesen des Ausschusses an (nämlich daß es „the basic theory of the American Constitution (sei) that there should be three major branches of Government and only three"). Er argumentierte, der „administrative process" sei als Reaktion auf die Unfähigkeit des von weitgehender Gewaltenteilung gekennzeichneten laissez-faire-Staates zu verstehen, den neuen Problemen des Industrie- und Sozialstaates wirksam zu begegnen. Wenn es früher auch im wirtschaftlichen Bereich genügt habe, von Staats wegen die Beziehungen der Gesellschaftsmitglieder nach ethischen Maßstäben zu regeln und die Einhaltung dieser Regeln als eine Art Schiedsrichter mit nur korrigierenden Eingriffen zu überwachen, so habe sich mit der fortschreitenden Industrialisierung die Notwendigkeit ergeben, von Staats wegen zu planen, fördern, Einhalt zu gebieten, m. a. W., Aufgabe des Staates sei es inzwischen, „to provide for the efficient functioning of the economic processes of the state"[29]. Aus dieser veränderten Aufgabenstellung des Sozialstaates folge, da sich die herkömmlichen drei Strukturen als ungeeignet für die Erfüllung der gewandelten Staatsaufgaben erwiesen hätten, die Notwendigkeit einer neuen organisatorischen Struktur.

Landis argumentierte funktional-strukturell, d. h. ging aus von dem sich der Gesellschaft stellenden Problem und kam über die zur Lösung

---

[29] *Landis,* The Administrative Process, S. 15 f.

erforderlichen staatlichen Funktion zur Antwort der für deren Wahrnehmung besten organisatorischen Struktur: "The dominant theme in the administrative structure is thus determined not primarily by political conceptualism but rather by concern for an industry whose economic health has become a responsibility for government[30]." Eingehend auf die der Notwendigkeit staatlicher Wirtschaftsregulierung und der Art dieser Aufgabenerfüllung entsprechenden Struktur machte *Landis* geltend, daß die staatliche Planungs- und Lenkungsfunktion Ähnlichkeit mit der Tätigkeit des Industrie-Management habe und daß es daher nur „intelligent realism" sei, hinsichtlich des Aufbaus und der Funktionsweise der staatlichen Regulierungsbehörden „to follow the industrial rather than the political analogue"[31]. Statt Gewaltenteilung erfordere die Tätigkeit der Planung, Lenkung und Beaufsichtigung Gewaltenverschränkung in den Regulierungsbehörden, nämlich „an assemblage of rights normally exercisable by government as a whole"[32].

Die Frage nach der Art der zur Erfüllung gesellschaftlicher Bedürfnisse erforderlichen staatlichen Funktionen[33] und die Übertragung dieser auf den zu ihrer Ausführung geeignetsten — bzw. wenn es einen geeigneten bisher nicht gibt, auf einen speziell für diese Aufgabe neuzuschaffenden — Träger ist in der modernen verwaltungsrechtlichen Literatur vorrangig an die Stelle der bis dahin gebetsmühlenartig wiederholten Betonung der Dreiteilung der Gewalten getreten. Daß diese der Pragmatik der amerikanischen Rechtswissenschaft entsprechende Unterordnung der Organkompetenz unter den Gesichtspunkt Eignung für die Frage der Delegation überragende Bedeutung hat, ist ohne weiteres ersichtlich. Sie wird unter diesem Betrachtungsansatz nicht nur in der Weise beantwortet, daß Delegationen grundsätzlich zulässig sind, sondern auch, daß die Administrative solange — und zwar auch ohne gesetzgeberische Leitlinien in Form von *standards* — Recht setzen solle, als sie diese Funktion besser erfüllen könne als der Kongreß, was wiederum von der zu regelnden Materie und deren Bedeutung abhänge: "The starting point is probably recognition that in final analysis the problem (d. h. die Frage, ob und in welchem Ausmaß die Verwaltung Recht setzen solle) is one of

---

30 Ebd. S. 12.

31 Ebd. S. 12.

32 Ebd. S. 15.

33 Und zwar nicht bestimmt nach einer der drei Staatsgewalten, von der sie ausgeübt wird, sondern nach ihrer inhaltlichen Bestimmung. Wie schwierig es ist, neue Staatstätigkeiten in die alten Fächer legislative, exekutive oder judizielle Tätigkeit einzuordnen, zeigt auch *Davis*, Treatise, Bd. 1 § 1.09 S. 72 f.

determining what organs are best qualified to determine particular policies[34]."

Bei allem Pragmatismus dieser Betrachtungsweise berücksichtigen die Theoretiker des *administrative process* durchaus den dem Gewaltenteilungsdogma zugrundeliegenden Schutzgedanken. Ausgehend von der Prämisse, daß das Wesen des Prinzips nicht die Existenz von nur drei Gewalten, sondern die Balance und gegenseitige Kontrollen unter den vorhandenen Organen — wieviel es auch seien — verlange, betonte *Landis* die Notwendigkeit, daß das Verhältnis zwischen den drei klassischen und der administrativen Gewalt durch gegenseitige „checks and balances" gekennzeichnet sein müsse: „Four, five and six ‚branches' of government may, of course, exist without violating Montesquieu's maxim, for the ultimate source and the ultimate division of power remain the same. It is the relationship of the administrative to the three departments of government that is important"[35, 36]. Mit der gleichen Begründung wird die Multifunktionalität der *administrative agencies* für unbedenklich gehalten und auf die Kontrolle der von ihnen ausgeübten Gewalt hingewiesen: "The pressures from practical needs for a blending of powers have been overwhelming, and the basic objectives of the theory of separation of powers are in practice adequately achieved through the system of checks and balances. ... The danger ist not blended power. The danger is unchecked power[37]."

Damit hat sich das Schwergewicht der Delegationsfrage vom Problem der grundsätzlichen Zulässigkeit und der Grenzen der Übertragung auf die Grenzen der Ausübung der übertragenen Befugnisse, d. h. deren Kontrolle verlagert. Daß die Nachprüfung der Verwaltungsrechtsetzung durch die Gerichte sich im wesentlichen auf die Einhaltung des weiten Ermessens der Behörden beschränkt, wurde oben schon ausgeführt. Daher sieht die Verwaltungsrechtslehre die „checks" auf zwei anderen

---

[34] *Davis*, Treatise, Bd. 1 § 2.16 S. 153; vgl. auch *Weeks*, S. 336: "What is most to be desired is that the law be made by the authority best qualified to make it. That authority is in many cases not the legislature. It is well and good for the legislature to confine itself to formulating general policies, but it may be more important at times for it to exert its judgment on the application of a general policy of legislation enacted by another agency than to waste time ineptly at the start attempting to formulate the policy."

[35] Administrative Process, S. 88; zur Anzahl der Staatsgewalten auch S. 46 f.

[36] Vgl. auch den vom Center for the *Study of Democratic Institutions* in Santa Barbara, Kalifornien, erarbeiteten Entwurf einer Musterverfassung für die USA, der neben den drei herkömmlichen Gewalten eine Electoral Branch, eine Planning Branch und eine Regulatory Branch, in der die IRCs unter der Koordination eines National Regulator zusammengefaßt sind, vorsieht.

[37] *Davis*, Treatise, Bd. 1 § 1.09 S. 68 f.; vgl. auch *Jaffe*, Judicial Control Kapitel 2, S. 28 ff.

Ebenen verwirklicht, einmal aufgrund der politischen Verwaltungskontrolle, zum anderen in den rechtsstaatlichen und demokratischen Sicherungen, die in den Verwaltungsprozeß eingebaut sind. Mit dem ersteren setzt sich der folgende Abschnitt auseinander, von letzterem handelt der letzte Abschnitt dieser Arbeit.

§ 11. Entpolitisierung der Rechtsetzung durch Delegierung und politische Kontrolle der delegierten Rechtsetzung

Die oben mehrfach erwähnte Prädominanz des Kongresses vor der Exekutive („congressional system of government") darf nicht den Blick dafür verstellen, daß sich seine Funktionen im 20. Jahrhundert, ebenso wie die der anderen Parlamente der westlichen Demokratien, teilweise gewandelt haben. Konnte *Wilson* noch 1885 sagen: „The predominant and controlling force, the center and source of all motive and of all regulative power is Congress"[1], so liegt spätestens seit dem „New Deal" die Gesetzesinitiative jedenfalls im Bereich der Wirtschaftsgesetzgebung überwiegend bei der Exekutive, und zwar sowohl hinsichtlich der Initiierung als auch der Ausgestaltung der Regelungsprogramme[2]. Obwohl auch heute noch eine Anzahl von Gesetzesentwürfen aus der Mitte des Kongresses eingebracht werden, so „ratifiziert" er doch in weiten Bereichen die Vorlagen der Exekutive[3], bzw. verweigert ihre Ratifizierung[4].

Hand in Hand mit der Entwicklung des Kongresses vom Gesetzgebungs- zum — jedenfalls überwiegend — Kontrollorgan der Gesetz-

---

[1] Wobei er freilich kritisierte, daß sich die Tätigkeit des Kongresses in Gesetzgebung erschöpfe, Congressional Government S. 11: "The political philosopher has ... something more than a doubt with which to gainsay the usefulness of a sovereign representative body which confines itself to legislation to the exclusion of all other functions... There is no similar legislature in existence which is so shut up to the business of lawmaking as is our Congress." Vgl. auch S. 295, 297.

[2] Vgl. nur *Huntington*, Congressional Responses of the Twentieth Century in: Truman (Hrsg.) The Congress and America's Future (1965) S. 5 - 31, 5 ff. und *Chamberlain*, The President, Congress, and Legislation (1946), S. 450 ff.

[3] *The President's Committee on Administrative Management* fand schon 1937, daß mindestens zwei Drittel aller Gesetzesvorlagen direkt von der Exekutive eingebracht wurden (Report S. 361); vgl. auch *Witte*, Administrative Agencies and Statute Law Making und *Sapp*, Executive Assistance in the Legislative Process, *beide* in: Woll (Hrsg.), Public Administration and Policy (1966), S. 153 bzw. 172.

[4] *Huntington*, S. 6 hat auf das Paradoxon hingewiesen, daß die Autonomie des Kongresses heute darin besteht, Vorlagen der Regierung *nicht* zu ratifizieren: "Vis-à-vis the Executive, Congress is an autonomous, legislative body. But apparently Congress can defend its autonomy only by refusing to legislate, and it can legislate only by surrendering its autonomy."

gebung ging die Ausweitung der parlamentarischen Verwaltungskontrolle. Das ist nicht als bloße politische Kompensation der verlorengegangenen Gesetzgebungskompetenz anzusehen, vielmehr gehört nach anglo-amerikanischer Auffassung zur Aufgabe der demokratischen Legislative mehr als nur Gesetzgebung: "Quite as important as legislation is vigilant oversight of administration, and even more important than legislation is the instruction and guidance in political affairs which the people might receive from a body which kept all national concerns suffused in a broad daylight of discussion[5]."

a) Spezialisierung und Entpolitisierung der Rechtsetzung

Neben anderen Gründen, denen im Rahmen dieses Themas nicht weiter nachgegangen werden kann[6], ist es im wesentlichen der durch die Komplexität der Probleme einer modernen Industriegesellschaft bedingte Zwang zur Spezialisierung und zentralen Planung, der zur Verschiebung des Schwergewichts im Bereich der Rechtsetzung vom Kongreß auf die Verwaltung beigetragen hat. Da das Parlament als Ganzes den hierzu erforderlichen hochspezialisierten Sachverstand nicht besitzen kann, übernimmt die Fachbürokratie die Funktion sowohl der Gesetzesvorbereitung als auch des Erlasses untergesetzlicher Normen im „administrative process". Damit ist der eigentliche Gesetzgebungsprozeß nicht mehr alleinige oder auch nur überwiegende Domäne des Kongresses, sondern wird zum Kooperationsprozeß („cooperative arrangement"[7]) zwischen Parlament und Verwaltung.

Freilich muß hier einschränkend darauf hingewiesen werden, daß diese Teilung der Gesetzgebungsgewalt (im Sinne von Aufteilung) nicht mit dem „gewaltenteilenden parlamentarischen Monismus" gleichgestellt werden kann, mit dem die Situation in den modernen parlamentarischen Regierungssystemen beschrieben wird, in denen in der Regel der Chef der Regierung zugleich Führer der Mehrheitspartei im Parlament ist[8]. Denn hier genießt die Regierung das Vertrauen und die

---

[5] *Wilson*, Congressional Government, S. 297; vgl. auch die Bemerkung von *Schwartz*, A Commentary on the Constitution of the United States, 2 Bde. 1963, Bd. 1 S. 89: "Important though the law making function itself may be, a legislative body is hardly worthy of the title Congress or Parliament if it merely grinds out legislation as a sausage maker grinds out sausages."

[6] Siehe dazu *Huntington*, S. 18 ff.

[7] *Davis*, Treatise, Bd. 1 § 2.16 S. 155: "(T)he choice between legislative and administrative enunciation of policy is usually a choice between two complex sets of cooperative arrangements by which many parts of the governmental establishment contribute to policy formulation." Vgl. auch *Jaffe*, Judicial Control, S. 34 und 38, der von „complementary process" und „creative partnership" zwischen Kongress und Verwaltung spricht.

[8] Vgl. *Leibholz*, Die Kontrollfunktion des Parlaments, S. 299.

Unterstützung der Mehrheitspartei, die sie bestellt hat, während diese wiederum weitgehend von dem politischen Ansehen der Regierung abhängt und es sich daher in der Regel nicht leisten kann, die von jener eingebrachten Gesetzgebungsprogramme zu blockieren oder entscheidend abzuändern. Dagegen ist der amerikanische Präsident als direkt gewählte Exekutivspitze nicht von dem Vertrauen der Mehrheitspartei im Kongreß abhängig, gehört zuweilen sogar der Minderheitspartei an. Da sich die Mehrheitspartei[9] aus diesem Grunde nicht mit der Exekutive zu identifizieren, sie nicht mit dem Ziel der eigenen Wiederwahl zu unterstützen braucht, hat sich der Kongreß eine vergleichsweise größere Freiheit hinsichtlich der Ausgestaltung der Gesetzgebung bewahrt, die sich allerdings häufig im negativen Sinne, d. h. in der Ablehnung der von der Exekutive eingebrachten Vorlagen, aber auch darin konkretisiert, daß die Ausschüsse der beiden Häuser an der Einzelausgestaltung der Gesetze mehr Anteil haben, als das unter einem parlamentarischen Regierungssystem der Fall ist[10]. Insoweit muß die obige Bemerkung von der „Ratifizierung" der von der Exekutive eingebrachten Gesetzesvorlagen relativ verstanden werden.

Die Zuständigkeitsverschiebung hinsichtlich der Rechtsetzungsfunktion wird in den USA begünstigt durch eine gewisse Wissenschaftsgläubigkeit der Amerikaner, die mit einem gewissen Mißtrauen gegen die Politik korreliert, die sich von dem Odium der Korruption und Ämterpatronage noch nicht hat befreien können. Das hat zur Folge, daß alles, was mit dem Stempel der Wissenschaftlichkeit oder Sachlichkeit versehen ist, leichter als objektiv-richtiges und unparteiliches Ergebnis akzeptiert wird, während „politische" Aussagen und Entscheidungen eher als partei- bzw. wahltaktisch motiviert und daher eigennützig-suspekt erscheinen. Weiter trägt auch dazu die — nicht auf die USA beschränkte, sondern in westlichen Demokratien allgemein festzustellende — Tatsache bei, daß die Bürokratie im Bereich der längerfristigen Politikplanung kraft Sachkunde natürlicherweise eine Vorrangstellung vor dem Parlament einnimmt. Ob man allerdings folgern kann, daß diese Politikplanung („policy") unter Ausnutzung der Legitimationskraft der Wissenschaft notwendigerweise im Begriff sei, die den Entscheidungsprozeß eines Parlaments kennzeichnende kontroverse Politik („politics") zu verdrängen, muß bezweifelt werden. Angesichts der Tatsache, daß politische Programmentscheidungen nicht ausschließlich auf wissenschaftlich-sachlogischer, objektiv-richtiger Erkenntnis beruhen,

---

[9] Der Begriff paßt als solcher nicht auf die amerikanischen Verhältnisse, da sich die Abgeordneten einer Fraktionsdisziplin nicht beugen, die Fronten zwischen „Regierungspartei" und „Opposition" fließend sind und quer durch die Parteien gehen, vgl. *Fraenkel*, S. 60 ff. und 155 ff.

[10] Ebd. S. 281 f.

kann die Bürokratie auch darauf beschränkt werden, mögliche Handlungsziele offenzulegen und die Voraussetzungen und Folgen der alternativen Handlungsmöglichkeiten aufzuzeigen, was dann die im Parlament ausgetragenen politischen Konflikte durchaus intensivieren würde[11].

Damit ist die Frage nach der Rolle des Fachmannes in einem demokratischen Regierungssystem aufgeworfen, die man als zentrales Strukturproblem der westlich-parlamentarischen Demokratie bezeichnet hat[12]. *Laski* hat früh und besonders eindringlich darauf hingewiesen, daß die Übertragung der endgültigen politischen Entscheidung auf den Spezialisten das Ende des demokratischen System bedeute. Der demokratiekritischen These von „the plain man's incompetence" hat er die von den „limitations of the expert" gegenübergestellt. Obwohl er keineswegs in Abrede stellte, daß der in der Fachbürokratie angesiedelte oder von ihr herangezogene spezialisierte Sachverstand als Grundlagenmaterial für Entscheidungsalternativen unverzichtbar ist, machte er eindriglich klar, daß den Spezialisten nicht die Kompetenz der endgültigen Entscheidung zustehen könne:

"(T)he inference from a knowledge that the plain man is ignorant of technical detail ... is certainly not the conclusion that the expert can be left to make his own decisions ... We must ceaselessly remember that no body of experts is wise enough, or good enough, to be charged with the destiny of mankind. Just because they are experts, the whole life is, for them, in constant danger of being sacrificed to a part; and they are saved from disasters only by the need of deference to the plain man's common sense[13]."

Laskis allgemeine Warnung hat in den USA speziell Bedeutung für den Prozeß der Wirtschaftsregulierung. Wie aus der Zuweisung der meisten und wichtigsten Regulierungsfunktionen an sogenannte unabhängige, d. h. politisch-organisatorisch nicht eindeutig zu lokalisierende Sonderbehörden ersichtlich ist, besteht in den USA „the tendency to isolate regulatory matters from the general context of political and social problems"[14]. Diese mit dem Schlagwort „keeping regulation out of politics" bezeichnete Tendenz war ursprünglich nicht auf den Bereich staatlicher Aufsicht und Lenkung der Wirtschaft gemünzt, sondern zielte allgemein auf einen politikfreien Handelsraum für die Verwaltung, die

---

11 Siehe *Scharpf*, Planung als politischer Prozeß, S. 21.

12 *Leibholz*, S. 305.

13 *Laski*, The Limitations of the Expert, Harper's Magazine 1930, Bd. 162 Nr. 967, abgedruckt in: U.S. Senate Committee on Government Operations (Hrsg.), Specialists and Generalists, 90. Congress (1968), S. 50 ff., 58 und 59, ähnlich *Finer*, Administrative Responsibility in Democratic Government, in: Woll (Hrsg.), Public Administration and Policy (1966), S. 247 ff.

14 *Bernstein*, S. 126.

im 19. Jahrhundert als „within politics" angesiedelt betrachtet worden war, mit der Folge, daß die durch Ämterpatronage („spoils system"), Korruption und mangelnde Effizienz gekennzeichnet war[15]. Die Bewegung „to keep things out of politics", auf Schaffung einer parteipolitisch unabhängigen Verwaltung nach europäischen Vorbild gerichtet, lag dogmatisch die insbesondere von *Wilson* und *Goodnow* vertretene funktionsmäßige Unterscheidung und Trennung eines „politics"- und eines „administration"-Bereichs zugrunde[16], die oben bereits erwähnt worden ist, und muß politisch sowohl vor dem Hintergrund der negativen Bedeutung gesehen werden, mit der Begriffe wie „politics" und „politician" belegt waren und vereinzelt noch heute sind[17], als auch der allgemeinen in den USA vorherrschenden Tendenz zugeschrieben werden „to attempt to defuse political controversy by transforming political issues into technical problems"[18]. „Keeping regulation out of politics" bezeichnet also das Konzept unpolitischer Entscheidungsgremien, zusammengesetzt aus politisch unabhängigen und neutralen, nur dem öffentlichen Interesse verpflichteten Regulierungsfachleuten, die weitgehend dem politischen Druck der regulierten Industrie und der kontroversen Politik entzogen sind, mit dem Ziel, auf diese Weise Stabilität und Kontinuität der staatlichen Wirtschaftslenkung zu garantieren[19].

Wie weit dieses Ziel durch die Errichtung unabhängiger Behörden erreicht worden ist, kann hier nicht gründlich untersucht und abschließend beurteilt werden. Fest steht jedoch, daß die IRCs, aufgrund ihrer eminent wichtigen wirtschaftspolitischen Funktion dem Einfluß

---

15 Vgl. hierzu z. B. *Myrdal,* An American Dilemma (1944), S. 432 ff. und *Wilson,* The Study of Administration, S. 20.

16 *Goodnow,* Politics and Administration, definierte die der politischen Einwirkung entzogenen Aufgabengebiete als „semi-scientific, quasi-judicial, quasi-business" etc., Termini, die in den Delegationsurteilen des Supreme Court wieder auftauchen, vgl. *Vile,* S. 277 ff.; siehe dazu auch *Rourke,* Bureaucracy, Politics and Public Policy (1969), S. 50 ff.

17 Vgl. *Myrdal,* S. 432 ff.; *Bernstein,* S. 128 ff.

18 *Rourke,* S. 57.

19 Diese Idee kommt klar zum Ausdruck in der Stellungnahme des Commissioner *Eastman,* langjähriger Vorsitzender der ICC, zu dem Plan, ein Department of Transportation einzurichten: "Transportation is essentially a technical subject and should be dealt with accordingly. It is vital that it be kept out of politics, so far as possible. A Cabinet member, concerned with the general affairs of State as well as with transportation, would have difficulty in mastering the subject. Necessarily, also, he is in politics and has no greater permanence than the administration of which he is a part. Thus there would be frequent shifts in the personnel of a Secretary of Transportation, militating against any continuity of policy and development of wisdom from experience... If independent, nonpolitical control over planning, prevention, and coordination is desired, as it should be, the Commission is the logical body for this work." Zitiert nach *Bernstein,* S. 62, vgl. auch denselben S. 128 ff.

sowohl von Legislative und Exekutive, als auch dem Druck der regulierten Industriegruppen[20] in hohem Maße ausgesetzt sind[21].

b) Parlamentarische Verwaltungskontrolle

Die Abhängigkeit der wirtschaftsregulierenden Behörden vom Kongreß aufgrund dessen Budget-, Inspektions- und Organisationsgewalt sowie seines Mitspracherechts bei der Ernennung der kollegialen Behördenspitzen ist oben bereits behandelt worden. Ihr Umfang wird aber erst angesichts der eben erörterten Erscheinung deutlich, daß die Gesetzgebungsfunktion des Kongresses zugunsten der Ausweitung der Verwaltungskontrolle an Bedeutung verloren hat. Für die Verwaltung bedeutet das umgekehrt, daß der weitgehenden Kompetenzausweitung aufgrund von generalklauselartigen Handlungsermächtigungen eine oft minutiöse, laufende politische Kontrolle der Ausübung der übertragenen Regelungsgewalt gegenübersteht[22].

Das außerordentliche Anwachsen staatlicher Regulierungsaufgaben und die Zersplitterung der damit befaßten Behörden bedingt auch hinsichtlich der Verwaltungskontrolle eine Zersplitterung und Spezialisierung des Kontrollorgans selbst: der Kongreß als ganzer ist nicht in der Lage, die vielfältigen Regulierungsgebiete zu übersehen und die Verwaltungsentscheidungen auf der ganzen Breite zu beeinflussen und zu kontrollieren. Diese Aufgabe nehmen daher die zahlreichen Ausschüsse und Unterausschüsse[23] wahr, die aufgrund langjähriger Zugehörigkeit

---

[20] Zur „industry orientation" der IRCs kritisch *Bernstein*, S. 146: "(M)aintenance of the myth of commission independence represents a conscious effort by regulated groups to confine regulatory authority to an agency that is somewhat more susceptible than an executive department to influence, persuasion, and, eventually, capture and control." Vgl. auch S. 84, 90, 93 f., 154 ff. und 267 ff. Die Gefahr wird auch von *Landis* gesehen, der von einem „daily machine-gun-like impact on both agency and its staff of industry representation" spricht, Report on Regulatory Agencies, aaO. S. 71; vgl. auch *McConnell*, Private Power and American Democracy (1966); überwiegend positiv dagegen *Jaffe*, Judicial Control, S. 23 f. und *ders.*, The Independent Agency — A New Scapegoat, in: Gellhorn/Byse, Administrative Law — Cases and Comments (4. Aufl. 1960) S. 73 ff.; siehe auch *Albert*, S. 34 ff. und die dort aufgeführte Literatur.

[21] Vgl. z. B. *Burns*, Congress on Trial, S. 111: "The result (der Unabhängigkeit der IRCs) has not been — despite hopes to the contrary — to take these regulatory agencies 'out of politics'. Agencies with such tremendous powers cannot exist in a political vacuum. On the contrary, in their legislative and administrative activities they have been subjected to a maze of pressures — pressures from the industry regulated, from the interested public, from the political parties, from officials in the executive and legislative branches, from other independent agencies."

[22] Vgl. *Harris*, S. 10; *Scharpf*, Kosten des Rechtsstaats, S. 62 und 69 f.

[23] Insgesamt hat der Kongress 36 ständige Ausschüsse, die sich in mehr als 250 Unterausschüsse zergliedern, vgl. U.S. Government Organization Manual 1970/71 S. 20.

ihrer Mitglieder selber in gewissem Maße fachkundig und jeweils für die „oversight" einzelner Regulierungsgebiete und damit der entsprechenden Behörden zuständig sind.

Allgemeine positivrechtliche Grundlage hierfür ist § 136 des *Legislative Reorganization Act* von 1946[24], der die Ausschüsse zur „continuous watchfulness" über die Verwaltungsbehörden anhält, mit dem Ziel, Materialien und Grundlagen für Gesetzesänderungen oder -ergänzungen oder die Ausgestaltung der Haushaltsgesetze zu sammeln[25]. Die Tätigkeit der Ausschüsse geht aber über diese Zielsetzung hinaus und hat mit Gesetzesvorbereitung und Haushaltsaufstellung oft nichts zu tun. Zum anderen sehen einzelne Ermächtigungsgesetze für bestimmte administrative Maßnahmen die Zustimmung des Kongresses („clearance", „approval" oder „come into agreement"-Klauseln) oder auch nur den Vorbehalt eines Vetorechts vor. Letzteres war zunächst dem Kongreß als Plenum vorbehalten, der durch eine „joint resolution" beider Häuser die administrative Regel außer Kraft setzen konnte, inzwischen hat sich aber auch diese Funktion zunehmend auf die Ausschüsse verlagert[26]. Der Vorschlag allerdings, das britische System des „laying on the table" — nach dem *alle* administrative Rechtsetzung dem Parlament vorgelegt werden muß und entweder nicht in Kraft tritt, bevor dieses seine Zustimmung erteilt, oder aber seine Gültigkeit verliert, wenn das Parlament innerhalb bestimmter Frist Einspruch dagegen erhebt — auch in den USA zu übernehmen und möglicherweise die zuständigen Fachausschüsse mit dieser Aufgabe zu betrauen, hat bisher auf Bundesebene keine Chance der Verwirklichung[27].

Die Regulierungsbehörden, die für ihre Tätigkeit im allgemeinen und für ihr gesetzlich nicht länger als ein Jahr abgesichertes, daher jährlich neu zu bewilligendes Budget im besonderen auf den politischen

---

[24] *Huntington,* S. 20 meint, das Gesetz hätte besser „Committee Reorganization Act" genannt werden sollen, da die personalen und sachlichen Mittel für die Verbesserung des gesetzgeberischen Hilfsdienstes zum größten Teil den Ausschüssen zugeflossen seien.

[25] Vgl. den Wortlaut des § 136 des Gesetzes bei *Fraenkel,* S. 303 f. *Fraenkel* hat auch auf den Unterschied zwischen der Stellung der amerikanischen Kongress- und der deutschen Bundestagsausschüsse hinsichtlich der Gesetzesvorbereitung hingewiesen, S. 306.

[26] Vgl. die ausführlichen Darstellungen bei *Harris,* S. 226 ff., 241 ff.; *Ginnane,* S. 583 ff.; *Gellhorn/Byse,* Kapitel 2 S. 82 ff.; *Newman/Keaton,* Congress and the Faithful Execution of Laws — Should Legislators Supervise Administrators? 41 California Law Review 565 ff. (1953/54).

[27] Ausführlich *Note,* Laying on the Table — A Device for Legislative Control of Delegated Powers, 65 Harvard Law Review 637 (1952). Allerdings hat sich diese Technik parlamentarischer Kontrolle administrativer Rechtsetzung in mehreren Einzelstaaten durchgesetzt, vgl. *Helstud/Boyer,* Legislative Control of Administrative Rule Making, ABA Journal 1955, S. 1048 ff. und *Gelhorn/Byse,* S. 191 f. m. w. N.

„support" des Kongresses angewiesen sind[28], sind aber auch ihrerseits an einer vorherigen Abstimmung ihrer grundlegenden „policy"-Entscheidungen mit den zuständigen Fach- und Haushaltsausschüssen, deren Gesetzgebungs- und Haushaltsbewilligungsempfehlungen das Plenum in aller Regel folgt[29], auf das höchste interessiert. Auf diese Weise findet nicht nur punktuelle, nachträgliche Kontrolle durch die Kongreßausschüsse statt, sondern diese sind an den grundsätzlichen Verwaltungsentscheidungen durch informelle Konsultation laufend beteiligt. Bedeutsamere Entscheidungen aufgrund von Handlungsermächtigungen werden also nicht eigentlich von den ermächtigten Behörden allein, sondern im Einvernehmen mit den parlamentarischen Ausschüssen getroffen, sie fallen in einem subpolitischen Prozeß, in dem halbautonome Behörden und halbautonome Teileinheiten des Gesetzgebungsorgans zusammenwirken[30]. Angesichts dieser Interaktion im subpolitischen System ist die Feststellung des langjährigen Vorsitzenden der SEC verständlich, „that agencies seldom take controversial steps under their rule-making power which do not have some support from Congress"[31].

Ist das nicht der Fall, so wird der Kongreß, entweder durch seine Haushaltsmittelzuweisung, die, wie oben gezeigt, spezielle Weisungen an die Behörden enthalten können, durch ein legislatives Veto oder auch durch ein die *rule* aufhebendes oder abänderndes Gesetz die Vorschrift direkt oder indirekt außer Kraft setzen. Das Beispiel der oben ausführlich erörterten „cigarette rule" der FTC, dessen Zustandekommen die Tabakindustrie durch Nichtteilnahme im *rule-making*-Verfahren zu boykottieren versucht hatte, mag für viele andere stehen. Nachdem die Tabaklobby im Kongreß tätig geworden war, mußte die Behörde zunächst auf Drängen des *House Interstate and Foreign Commerce Committee* das Datum für das Inkrafttreten der Vorschrift um 6 Monate verlegen. In der Zwischenzeit verabschiedete der Kongreß ein Gesetz, das die ursprüngliche Regelung der FTC inhaltlich erheblich abmilderte[32].

Neben dieser Art der Einflußnahme auf laufende administrative Entscheidungen entweder durch den Kongreß als Ganzen oder wichtiger:

---

28 Dazu ausführlich *Rourke*, S. 12 und 24 ff.; und *Woll*, S. 124 und 134 ff.

29 Siehe z. B. *Burns*, Congress on Trial, S. 114 und *Macmahon*, S. 176 ff. und 386.

30 Vgl. hierzu eingehend *Freeman*, The Political Process — Executive Bureau — Legislative Committee Relations, S. 1 ff.; siehe auch *Jacob*, Policy and Bureaucracy (1966), S. 77 ff.; *Harris*, S. 9 ff., 85 ff., 237 ff.; *Bernstein*, S. 150 ff.; *Rourke*, S. 28 ff., 138; *Griffith*, S. 54 ff.; *Rhode*, Committee Clearance of Administrative Decisions (1959) und *Cotter/Smith*, Administrative Accountability: Reporting to Congress, 10 Western Political Quarterly 405 (1957).

31 *Cary*, Politics, S. 53.

32 *Ders.* S. 53 ff.

seiner Ausschüsse und Unterausschüsse soll die Beeinflussung der Behördenleitung durch einzelne einflußreiche Kongreßmitglieder oder Ausschußvorsitzende zugunsten von Industrielobbies oder der Wählerschaft ihrer Wahlkreise hier nur erwähnt, aber nicht weiter erörtert werden[33].

Insgesamt kann gesagt werden, daß die amerikanische Wirtschaftsverwaltung in einem — im Vergleich mit der Bundesrepublik — außerordentlichem Maße parlamentarischer Weisung und Kontrolle unterliegt. Diese Kontrolle ist nicht punktueller und nachträglicher Natur, vielmehr nimmt die politische Instanz Kongreß laufend an dem Entscheidungsprozeß teil. Der Kritik am Kongreß, der, statt seine Gesetzgebungsfunktion wahrzunehmen, versuche „to be a 537 man board of directors overseeing the executive function of the agenc(ies)“[34], steht die These gegenüber, daß diese enge politische Kontrolle die Ausübung weiter Rechtssetzungsbefugnisse durch die Verwaltung demokratisch legitimiere. *Davis'* zutreffende Beschreibung: „By various means, formal and informal, prominent and concealed, direct and devious, the people's representatives influence the exercise of the delegated power“[35] wirft allerdings die Frage auf, inwieweit bei dieser Einflußnahme die Transparenz des politischen Entscheidungsprozesses und zugleich die Möglichkeit verloren geht, die politische Verantwortlichkeit für die behördliche Maßnahme eindeutig zu lokalisieren[36].

Wie auch in anderen westlichen Demokratien wird in den USA eine gründliche Reform des Kongresses gefordert[37]. Allerdings sind die Ziele der Reformvorschläge recht verschieden. Sehen manche in der Gesetz-

---

[33] Vgl. hierzu *Gellhorn/Byse*, S. 180 ff. m. w. N.; *Newman/Keaton*, S. 593 FN 127; *Scher*, Congressional Committee Members as Independent Agency Overseers, 54 American Political Science Review 911 (1960); aus der vielfältigen sensationsmäßig aufgemachten „Enthüllungsliteratur“ *Pearson/Anderson*, The Case against Congress — A Compelling Indictment of Corruption on Capitol Hill (1968).

Diese Art von Intervention und persönlicher Beeinflussung durch einzelne Kongressmitglieder spielt eine erhebliche Rolle und wird bis auf krasse Mißbrauchsfälle für legitim gehalten. Sie erklärt sich z. T. aus dem Umstand, daß der Kongress als Repräsentativorgan von „particular territorial interests“ angesehen wird, vgl. *Huntington*, S. 17 ff.

[34] Das Zitat stammt aus einem Artikel des ehemaligen Vorsitzenden der SEC, *Armstrong*, zitiert bei *Gellhorn/Byse*, S. 169 FN 11.

[35] *Davis*, Treatise, Bd. 1 § 2.16 S. 155.

[36] Vgl. *Wilson*, The Study of Administration, S. 32: "Public attention must be easily directed, in each case of good or bad administration, to just the man deserving of praise or blame. There is no danger in power, if only it be not irresponsible. If it be divided, dealt out in shares to many, it is obscured; and if it be obscured, it is made irresponsible."

[37] Vgl. allgemein *Steffani*, Amerikanischer Kongress und deutscher Bundestag — ein Vergleich, in: Kluxen (Hrsg.), Parlamentarismus, Köln 1967 S. 230 ff., 244 - 47.

gebung die eigentliche und wieder voll herzustellende Funktion des Kongresses, so wollen andere ihm lediglich eine Vetokompetenz hinsichtlich der Gesetzgebung zugestehen, die zum Aufgabengebiet der Exekutive gehören soll, reden also nicht nur für den Bereich der delegierten Rechtsetzung einem „laying on the table"-System das Wort, sondern wollen den Kongreß generell auf die Funktionen der Wahlkreis-Interessenvertretung und Verwaltungskontrolle („constituent service and administrative oversight") beschränken[38]. Während sich im zweiten Fall das Problem der Delegation überhaupt nicht stellte, müßte im ersten Fall der Kongreß mit einer eigenen Bürokratie ausgestattet werden, die einen Großteil der jetzt von der Verwaltungsbürokratie geleisteten Arbeit übernehmen könnte. Mitunter wird vorgeschlagen, letztere soweit sie rechtsetzend tätig wird, organisationsmäßig als „sublegislative corps" in den Kongress einzugliedern[39], zumeist aber die Neuschaffung einer parlamentarischen Gegenbürokratie für notwendig gehalten[40]. Ob solche Vorschläge überhaupt realisierbar sind, mag hier dahinstehen[41]. Fest steht jedoch, daß eine bloße Etikettenvertauschung wie im Fall des „sublegislative corps" das Problem des Verhältnisses von repräsentativem Parlament und Bürokratie nicht lösen, sondern den Konflikt höchstens internalisieren und damit verschleiern würde. Der erste Schritt zur Schaffung einer parlamentarischen Gegenbürokratie ist mit der Ausweitung des zentralen Gesetzgebungshilfsdienstes und der Spezialstäbe der Fach- und Haushaltsausschüsse aufgrund des *Legislative Reorganization Act* bereits gemacht, hat aber eher die Entwicklung zur Verstärkung der Verwaltungskontrolle als zur Unabhängigkeit der Gesetzgebung von den Vorlagen der Bürokratie beschleunigt.

Die Darstellung der Rechtsetzung im Gesetzgebungsprozeß des Kongresses und der untergesetzliche Normenerlaßprozeß des subpolitischen Kräftesystems läßt sich in einem Zweistufenmodell für den politischen Entscheidungsprozeß zusammenfassen: Auf der eine Stufe wird die

---

[38] *Huntington*, S. 26 ff.

[39] Vgl. *De Grazia*, Toward a New Model of Congress, in: Congress: The First Branch of Government, S. 1 ff.: "All representativ-type bodies formed by executive agencies should have the direct authorization of Congress and all members ... of such agencies in the executive branch should be considered subrogated for Congress... All officials to whom has been delegated considerable legislative power, are to be constituted into a Sub-Legislative Corps, certificated by Congress as to the qualification for such offices, and required to acknowledge and act in terms of the legislative capacities of their office under Congress." (S. 15 und 17).

[40] Vgl. nur *Dexter*, „Check and Balance" Today: What Does it Mean for Congress and Congressmen, in: Congess: The First Branch of Government (1966) S. 83 ff.

[41] Kritisch *Woll*, S. 132 f.

Entscheidung von dem repräsentativen Gesetzgeber gefällt, auf der zweiten von einem Delegatar, der sie jedoch mit den Kräften des politischen Subsystems abstimmen muß. *Scharpf* bezeichnet diese beiden Stufen als „demokratisch“ und „pluralistisch“ und hebt hervor, daß die Existenz der zweiten Stufe den Regierten über ihre Beteiligung an den allgemeinen Wahlen hinaus zusätzliche Einflußchancen auf die Verwaltungsentscheidungen und -programme gebe[42]. Im Sinne einer solchen pluralistischen Demokratietheorie ist auch *Davies*' Rechtfertigung des administrativen „rule making“ als „demokratisch“ zu verstehen:

"The assumption in some quarters that exercise of delegated power is undemocratic, is largely unwarranted ... When an agency conducts a rule-making hearing, a miniature democratic process is often at work. When the ICC conducted 89 informal conferences throughout the country, attended by 1740 individuals representing 1286 motor carriers, in order to lay the groundwork for regulations for transporting household goods, the essence of the process was government with the consent of the governed[43]."

Es ist ohne weiteres ersichtlich, daß der Unterschied in der Bedeutung des Begriffs „demokratisch“ in einem unterschiedlichen Inhalt des Begriffes „Repräsentation“ zu suchen ist. Der damit aufgeworfenen Frage der Demokratietheorie soll hier nicht nachgegangen, sondern nur festgestellt werden, daß im Bereich der Wirtschaftsregulierung das egalitär-demokratische Prinzip, wonach „(e)very citizen has the right to demand that his civil conduct shall only be regulated by the associate wisdom, intelligence, and integrity of the whole representatives of the State“[44], nur mehr auf der ersten Stufe des politischen Entscheidungsprozesses Geltung hat.

Wenn dagegen unter Repräsentation verstanden wird, „that those who represent groups or individuals will act in terms of their interests as the groups or individuals themselves conceive them“, ist nicht allein das Parlament Repräsentativorgan, sondern auch eine dem Einfluß der Gruppeninteressen offenstehende Verwaltung. Unter diesem Aspekt kann mit Recht behauptet werden: "The administrative branch is highly representative, and it may even be argued that it is more representative than Congress. In many respects the only difference between the legislature and the bureaucracy it that the former is elected[45]." Von diesem Repräsentationsverständnis her können die Regulierungsbehörden als Repräsentativorgan der von ihren Entscheidungen betroffenen Gruppen, besser: der an ihrem Entscheidungsprozeß teilnehmenden Gruppen, und

---

[42] Kosten des Rechtsstaats, S. 63 - 65.

[43] Treatise Bd. 1 § 2.16 S. 155.

[44] So ein Gericht in einer frühen einzelstaatlichen Delegationsentscheidung, *Cincinnati W. & R. Co. v. Commissioners of Clinton County*, 1 Ohio State 77, 88 (1852).

[45] *Woll*, S. 139.

umgekehrt die Gruppen als „administrative constituencies" der Behörden angesehen werden[46, 47].

Die Frage, wieweit die Teilung des politischen Entscheidungsprozesses in eine „demokratische" und eine „pluralistische" Stufe eine befriedigende Antwort auf die sich in allen repräsentativ-demokratischen Regierungssystemen stellende Problematik der Repräsentation im klassischen Sinne und die Frage der Zulässigkeit und Grenzen der Mitwirkung von organisierten Interessen zu geben vermag, kann hier nicht abschließend beantwortet werden. Aus der hier gegebenen Darstellung wird aber wohl deutlich, daß bei allem Zwang zu staatlichen Eingriffen in den Wirtschaftsbereich durch die weitgehende Beteiligung der durch die Regulierung betroffenen Gruppen das laissez-faire-Prinzip vom Gemeinwohl als Summe von Partikularinteressen nicht durch ein Gemeinwohlverständnis in unserem Sinne ersetzt worden ist, sondern auch weiterhin grundsätzlich, wenn auch eingeschränkt, Gültigkeit besitzt[48].

§ 12. Delegierte Rechtsetzung als Problem von Bindung und Freiheit der Verwaltung

Nachdem oben die verfahrensmäßigen Sicherungen („procedural safeguards") im Verwaltungsprozeß selbst sowie die verwaltungsexternen Sicherungen in Gestalt von politischen Kontrollen der Verwaltung und deren organisationsmäßiger Ausgliederung aus der „politischen" Exekutive erörtert worden sind, soll zum Abschluß noch die Frage aufgeworfen werden, wieweit die Verwaltung bei der Ausübung der übertragenen Rechtsetzungsbefugnisse gebunden ist, bzw. sich selber bindet, wo sie Handlungs- und Gestaltungsfreiheit besitzt. Diese Erörterung kann verhältnismäßig kurz gefaßt werden, da schon in verschiedenen Zusammenhängen davon die Rede war.

---

46 *Woll*, S. 53 ff. und *Rourke*, S. 64.

47 Daß die Verwaltung „repräsentativ" sei, wird auch unter dem Aspekt der soziologischen Provenienz des Verwaltungspersonals im Vergleich zu der Kongressabgeordneten behauptet, vgl. *Davidson*, Congress and the Executive: The Race for Representation, in: Congress: The First Branch of Government, S. 377 ff., 395 und *Levitan*, The Responsibility of Administrative Officials in a Democratic Society, S. 582 f.

48 Vgl. *Bernstein*, S. 154:
"Usually, the public interest is conceived as a balancing by a commission of the interests involved in regulation ... Left largely to its own resources, which are apt to be weak relative to the strengths of the organized parties, a commission will probably be guided by dominant interests in the regulated industry in its formulation of the public interest. Thus the public interest may become more private than public." Zu dem Prozeß des „adjustment" der Behörden an die organisierten Interessen, *ders.*, S. 155 ff.; vgl. weiter *Rourke*, S. 119 ff.; *Schubert*, The Public Interest (1960), S. 64 ff. und 106 ff.; *Jacob*, S. 192 ff. und *Herring*, Public Administration and the Public Interest, S. 377.

Generell kann gesagt werden, daß die Regulierungsbehörden in aller Regel mit weiten der Konkretisierung bedürftigen Regulierungsaufträgen ermächtigt werden und es ihnen freisteht, ob sie diese durch den Erlaß von allgemeinen Vorschriften oder durch Einzelakte konkretisieren wollen. Diese zweite sog. case-by-case-Methode hat den Vorteil für die Behörden, nach und nach eine administrative „policy“, ein Verwaltungsprogramm zu entwickeln und sich nicht von vornherein abstrakt auf ein solches festlegen zu müssen, noch bevor sie genügend Erfahrungen für den betreffenden Regelungsbereich gesammelt haben. Sie hat für den Regelungsbetroffenen den damit korrespondierenden Nachteil der Rechtsunsicherheit, der nicht immer durch die Möglichkeit der Partizipation an dem Entscheidungsverfahren ausgeglichen wird. Oben ist schon gesagt worden, daß der Gesichtspunkt der Voraussehbarkeit der Verwaltungsmaßnahme kein Kriterium für die Beurteilung der Verfassungsgemäßheit der Ermächtigung ist. Die vereinzelt gegebene Interpretation der Bedeutung der „rule of law“ dahingehend

„that government in all its action is bound by rules fixed and announced beforehand — rules which make it possible to foresee with fair certainty how the authority will use its coercive powers in given circumstances and to plan one's individual affairs on the basis of this knowledge[1].“

findet in der amerikanischen Verfassungswirklichkeit keine Entsprechung und wird daher als „extravagant version of the rule of law“ bezeichnet[2].

Das ist ohne weiteres einsichtig, wenn man davon ausgeht, daß ein großer Teil der wirtschaftsregulierenden Ermächtigungen, wie oben in Teil 1 erwähnt, nicht gesetzgeberische Konditionalprogramme darstellen, gekennzeichnet durch die feste Montierung von bestimmten Rechtsfolgen an bestimmte Tatbestände[3], sondern Zweckprogramme, die die Behörden anweisen: „Here is the problem. Deal with it“, ja zuweilen sogar nicht einmal den Zweck der Regulierung in ihrer „policy“ zum Ausdruck bringen, sondern eine Blankohandlungsermächtigung im Sinne etwa „We the Congress don't know what the problems are: find them and deal with them“[4] geben[5].

Bedenken gegen die Verfassungsmäßigkeit dieser Praxis werden auch in den USA geltend gemacht:

---

[1] *Hayek*, The Road to Serfdom (1944), zitiert nach *Davis*, Discretionary Justice, S. 32.

[2] *Davis*, Discretionary Justice, S. 27 ff. und 33.

[3] *Luhmann*, Recht und Automation, S. 42 f.

[4] *Davis*, Treatise, 1970 Ergänzungsband § 2.01 S. 62 und *ders.*, Discretionary Justice, S. 48.

[5] Vgl. das Beispiel von den Aufgaben des CAB nach dem *Civil Aeronautics Act* von 1968 bei *Davis*, Discretionary Justice, S. 35 f. und 39 f.

"We still live under a Constitution which provides that 'all legislative powers ... shall be vested in a Congress'; even if a statute telling an agency: 'Here is the problem: deal with it' be deemed to comply with the letter of the command, it hardly does with the spirit[6]."

Sie werden von der modernen Verwaltungsrechtslehre mit dem Hinweis darauf ausgeräumt, daß die Verfassung dem Kongreß auch die Kompetenz zuweise „to make all Laws which shall be necessary and proper for carrying into execution the foregoing (nämlich die übrigen Gesetzgebungskompetenzen) powers" und daß auch der Supreme Court die Rechtsetzungsdelegation grundsätzlich als notwendig für den modernen Gesetzgebungsprozeß anerkannt habe. Entscheidend ist aber die Auslegung der gesetzgeberischen Kompetenzzuweisung („all legislative powers"), die nach der neueren Lehre auch die Entscheidung des Kongresses darüber umfassen soll, „how much delegation is desirable"[7] — eine Auffassung, die mit dem Inhalt der „legislative power" nicht in Widerspruch steht, solange der Kongreß die durch die Kriterien Wichtigkeit und Grundsätzlichkeit gebildete Grenze nicht überschreitet und der Verwaltung Materien zur selbständigen Regelung zuweist, die dem demokratischen Parlament als dem „most representative organ" vorbehalten sind[8].

Ist der Charakter der meisten wirtschaftspolitischen Ermächtigungen als Zweckprogramm erkannt, so folgt daraus, daß die gesetzgeberischen Leitlinien den Ermächtigungsbereich für die Verwaltung abstecken („here is the problem"), nicht aber als Skelettrechtsetzung für die Regelungsunterworfenen angesehen werden können, die von der Verwaltung nur noch im Wege des „fill up the details" mit Fleisch versehen werden muß. Dem trägt die gerichtliche Nachprüfung der Einhaltung der „standards" Rechnung. Begriffe wie „in the public interest", „unjust or unreasonable", „unfair methods of competition" — nach deutschem Verständnis unbestimmte Rechtsbegriffe, die hinsichtlich der tatbestandlichen Voraussetzungen und der rechtlichen Auslegung in vollem Umfange nachprüfbar wären — werden in den USA lediglich mit der Elle des „ultra vires" gemessen, d. h. die Gerichte überprüfen, ob die Verwaltungsvorschrift oder — wenn die die Behörden im „case-by-case"-Verfahren Recht setzen (und nicht lediglich „selfexecuting"-Gesetze anwenden[9]) — der rechtsetzende Einzelakt überhaupt von der Kompetenzzuweisung gedeckt ist, d. h. sich innerhalb des von den gesetzgeberischen Leitlinien gebildeten Handlungsrahmens bewegt[10]. Hieraus

---

6 *Friendly*, S. 21 f.

7 Vgl. besonders *Davis*, Discretionary Justice, S. 47 f. und *ders.*, Treatise, 1970 Ergänzungsband § 2.01 S. 62.

8 Vgl. *Farrington*, S. 37 f. und 78; siehe auch *Ehmke*, S. 564.

9 d. h. Gesetzen, die unmittelbar bindende Regeln für die Gesetzesunterworfenen aufstellen, vgl. *Ehmke*, S. 564.

erklärt sich, warum heute das Problem der Verwaltungsrechtsetzung von der modernen Verwaltungsrechtslehre im wesentlichen unter dem Aspekt der Begrenzung und Bindung des Verwaltungsermessens hinsichtlich der Ausübung der übertragenen Regelungsgewalt behandelt wird.

Da im wirtschaftspolitischen Bereich detaillierte vorweggenommene Normierungen durch den Gesetzgeber von der Natur der Sache her nicht möglich und generalklauselartige Ermächtigungen der Verwaltung die Regel sind, kann also eine solche Begrenzung und Bindung nicht durch Festlegung eindeutiger „standards“ im Gesetz, sondern muß — wenn nicht die Gerichte zum Schutz von Individualrechten die Letztentscheidung über Zweck, Inhalt und Ausmaß des Regulierungsprogramms treffen — durch Eingrenzung des Ermessenspielraums aufgrund von selbstbindenden Entscheidungsrichtlinien der Verwaltung selbst erreicht werden. Es ist gezeigt worden, daß die Aufstellung einer „subsidiary policy“, also die Strukturierung der übertragenen Regulierungsbefugnisse durch ermessensbindende Verwaltungsvorschriften vom Supreme Court gelegentlich als Substitut für eine eindeutige gesetzgeberische Programmierung anerkannt worden ist. Die moderne Verwaltungsrechtswissenschaft tendiert in diese Richtung, sieht eindeutige Übertragungs-„standards“ im Ermächtigungsgesetz als zwar zumeist wünschenswert[11], aber entbehrlich an und findet die Lösung in einer frühen Selbstbindung der Verwaltung durch den Erlaß von „rules“: “(T)he chief hope for confining discretionary power does not lie in statutory enactments but in much more extensive administrative rulemaking[12].”

Die aus der geringen Intensität der rechtlichen Bindung der Wirtschaftsverwaltung und der gerichtlichen Nachprüfung ihrer Akte herrührende Freiheit der Verwaltung soll also zum einen durch die internen verfahrensmäßigen Sicherungen und externen Vorkehrungen für eine politische Kontrolle, zum anderen durch die Einengung der Gestaltungsfreiheit aufgrund von ermessenbindenden Entscheidungsregeln durch die Verwaltung selbst begrenzt und gebunden werden.

---

[10] Ebd. S. 565.

[11] Vgl. aber *Davis*, Discretionary Justice, S. 49:
“Legislative clarification of objectives may sometimes be undesirable, even though it is always desirable when the legislative body knows what it wants. When the society is sharply divided, when the problems are new and opinions have had insufficient time to crystallize, when biting off one concrete problem at a time is clearly preferable to trying to legislate in gross, or when sustained staffwork may contribute significantly to policy choices, a legislative body may wisely keep the policy objectives largely open. Vague or meaningless standards may then be preferable to precise and meaningful ones.”

[12] *Davis*, Discretionary Justice, S. 55.

Betrachtet man von diesem Punkt die Delegationsfrage in den USA, so läßt sich folgende Entwicklung aufzeigen: Nachdem der Supreme Court, von einem absoluten Delegationsverbot ausgehend („That Congress cannot delegate legislative power to the President is a principle universally recognized to the integrity and maintenance ot the system of government ordained by the Constitution"), inzwischen die grundsätzliche Delegationsbefugnis anerkannt („Delegation has long been recognized as necessary in order that the exertion of legislative power does not become a futility"), aber die „standard"-Regel als materielle Einschränkung ihrer Zulässigkeit aufgestellt hat („Congress cannot delegate any part of its legislative power except under the limitation of a prescribed standard")[13], wird nun die (ursprüngliche Non-) Delegation-Doctrine des Supreme Court von der neueren Lehre in der Weise modifiziert, daß sie

„merely moves from a requirement of guides furnished by a legislative body, which has little or no hope of success, to a requirement of guides furnished by the administrators themselves, which has great hope of success"[14].

Daß die Praxis in diese Richtung geht und daß das amerikanische Rechtsstaatsverständnis einer solchen Entwicklung, wenn sie nur von den verschiedenartigen Kontrollen und Sicherungen begleitet wird, nicht entgegensteht, ist gezeigt worden. Das muß natürlich die Frage aufwerfen, ob nicht die Exekutive ein derartiges Übergewicht gegenüber dem Parlament auch auf dem Gebiet der Rechtsetzung erhält, daß sich das politische Kräfteverhältnis erheblich zugunsten der Bürokratie verschiebt. Sie kann allerdings nicht von einem für unsere Verfassungsverhältnisse zugeschnittenen und aus unserer Verfassungsgeschichte verständlichen Rechtsstaatsbegriff her beantwortet werden. Es kann dahinstehen, ob *Scharpfs* These von den politischen (d. h. demokratischen) Kosten des deutschen Rechts- (d. h. Justiz-)Staats in vollem Umfang zutrifft[15] und das amerikanische Modell einer in größerem Maße justizfreien, dafür aber politisch verantwortlichen Verwaltung den Vorzug verdient. Sicher aber hat *Ehmkes* Feststellung Gültigkeit, daß ein demokratisches Gemeinwesen, das seinen Gesetzgeber grundsätzlich überfordert und seiner Verwaltung grundsätzlich mißtraut, im Grunde sich selbst überfordert und mißtraut[16].

Die Gestaltungsfreiheit der Verwaltung im untergesetzlichen Bereich, begrenzt und gebunden durch den Vorrang des Gesetzes, die politische Kontrolle und durch in den Verwaltungsprozeß eingebaute demokra-

---

[13] *Field v. Clark*, 143 US 649, 692 (1892); *Fahey v. Mallonee*, 332 US 245 (1947); *United States v. Chicago, M. St. P. & P. R. Co.*, 282 US 311, 324 (1931).

[14] *Davis*, Discretionary Justice, S. 58.

[15] Kritisch *Avenarius*, DÖV 1971, 223 ff.

[16] Ebd. S. 78.

tische und rechtsstaatliche Sicherungen ist nicht gleichbedeutend mit einer Kapitulation des Gesetzgebers vor der Bürokratie, sie mag im Gegenteil einem demokratischen Staat wesensgemäß sein. *Tocquevilles* Beobachtungen mögen hierfür angeführt werden und zugleich zeigen, daß das Problem als solches nicht erst im modernen Verwaltungsstaat entstanden ist:

„In zwei Formen der Staatsführung durchsetzt viel freies Ermessen die Tätigkeit der Behörden: Bei der absoluten Herrschaft des einzelnen und in der Demokratie ... Jederzeit in der Lage, denen, die die Staatsführung innehaben, ihren Willen kundzutun, zieht in einer Demokratie die Mehrheit es vor, sie nach eigenem Gutdünken arbeiten zu lassen, statt sie an eine unveränderliche starre Regel anzuketten, die durch Beschränkung der Führung in gewissem Sinn auch die Mehrheit selbst einschränken würde ... Da in demokratischen Republiken das freie Ermessen der Behörde zu Furcht keinen Anlaß gibt, läßt das Gesetz diesem freien Ermessen nirgends anderswo einen größeren Wirkungsbereich als gerade hier[17].“

[17] *Tocqueville*, Die Demokratie in Amerika, hrsg. von v. d. Heydte, Regensburg 1955, S. 148.

Zusammenfassung in Leitsätzen

1. Die abgeleitete Rechtsetzungsfunktion der Wirtschaftsverwaltung ist Instrument des staatlichen Interventionismus in die Wirtschaft. Als solche hat sie in den USA größere Bedeutung als in Deutschland, da dort Funk- und Fernsehanstalten, sowie Verkehrs- und Versorgungsbetriebe in privatem Eigentum stehen.

2. Die Wirtschaftsregulierung wurde nicht als Aufgabe der Exekutive, sondern als solche des Parlaments bzw. der ordentlichen Gerichtsbarkeit verstanden. Das zunehmende Bedürfnis nach schnellem Eingreifen und einheitlicher nationaler Regelung konnten weder das schwerfällige Gesetzgebungsverfahren, noch das gerichtliche Verfahren mit Dispositionsmaxime und Instanzenzug erfüllen.

3. Der Kongreß schuf aufgrund seiner Organisationsgewalt eine Reihe von unabhängigen Sonderbehörden mit kollektiver Leitung („Independent Regulatory Commissions“), denen die Regelung eines Wirtschaftszweiges als Ganzem oder einzelner funktioneller Phasen der Gesamtwirtschaft übertragen wurde. Diese Behörden werden „unabhängig“ genannt, weil ihre führenden Beamten weder vom Präsidenten, noch vom Kongreß vor dem Ablauf ihrer Amtszeit entlassen werden können. Im übrigen sind die Regulierungskommissionen aber durch ein engmaschiges Netz institutioneller und politischer Abhängigkeiten mit dem Kongreß und der Regierung verbunden.

4. Die Regeltypen administrativen Handelns sind „rule“ und „order“, wobei „rule“ die deutschen Begriffe Rechtsverordnung und Verwaltungsvorschrift umfaßt. Das amerikanische Verwaltungsverfahren ist im Administrative Procedure Act geregelt, der sowohl für das „rule“- als auch für das „order“-Erlaßverfahren weitgehende Mitwirkungsrechte der durch die Regelung oder Entscheidung Betroffenen vorsieht.

5. Die gesetzliche Ermächtigung der untergesetzlichen Regelung ist in der Regel leerformelhaft. Normalerweise bleibt es den Wirtschaftsbehörden überlassen, ob sie sie durch allgemeine Regeln strukturieren und ihre Ermessenfreiheit dadurch im voraus einschränken, oder durch Einzelfallentscheidungen konkretisieren wollen („case-by-case“-Methode).

6. Die Gerichte beschränken sich bei ihrer Nachprüfung administrativer Einzelakte auf Rechtsfragen und ähneln insoweit einer Revisionsinstanz. Auch gemischte Rechts- und Tatsachenfragen werden in der Regel nicht von ihnen nachgeprüft. Im Bereich der Rechtsfragen stellen sie keine Richtigkeits-, sondern eine Vertretbarkeitskontrolle an. Bei der Überprüfung von Verordnungen, die sowohl im abstrakten als im konkreten Normenkontrollverfahren angegriffen werden können, beschränkt sich die Nachprüfung auf die Vereinbarkeit mit der Ermächtigung und die Einhaltung der Verfahrensregeln.

7. Der Supreme Court, der ursprünglich von einem strikten Delegationsverbot („Non-Delegation-Doctrine") ausging, hat inzwischen die generelle Zulässigkeit von Gesetzesdelegationen anerkannt, wenn die Ermächtigung von einem (der Inhalts-, Zweck- und Ausmaßbestimmung des Art. 80 GG vergleichbaren) „standard" begleitet ist. Nur zweimal hat das Gericht Rechtsetzungsermächtigungen aufgehoben, und zwar mit der Begründung, daß sie keine genügend präzisierten gesetzgeberischen „standards" enthielten. Seitdem ist eine Lockerung der Bestimmtheitserfordernisse an die „standards" zu erkennen. Das Gericht hat auch schon Ermächtigungen ohne jeden „standard" für verfassungsgemäß gehalten, wenn die ermächtigte Behörde in der Anlaufzeit des Gesetzes bis zur gerichtlichen Nachprüfung eine klare „subsidiary policy" entwickelt, also die Ermächtigung durch klare selbstbindende Entscheidungsregeln konkretisiert hatte.

8. Die Begründung des ursprünglichen Delegationsverbots, aus einem strikt verstandenen Gewaltentrennungsprinzip und einem Treuhandsverhältnis zwischen dem Volk und dem Kongreß hergeleitet, dient heute als Grenzbestimmung für die Zulässigkeit der Rechtsetzungsdelegation.

9. Entscheidende Bedeutung bei der Grenzziehung zwischen zulässiger und verfassungswidriger Delegation kommt der inhaltlichen Bestimmung des Kernbereichs der Gesetzgebungsfunktion zu, deren sich der Kongreß nicht durch eine Delegation an die Verwaltung entledigen darf.

10. Die neueren politikwissenschaftlichen Theorien des politischen Prozesses haben die amerikanische Rechtswissenschaft hinsichtlich der Frage der Zulässigkeit und Grenzen der Delegation entscheidend beeinflußt. Ihre Fragestellung hat sich von der grundsätzlichen Frage der Zulässigkeit auf das Problem der rechtsstaatlichen Sicherungen und der politischen Kontrolle der Ausübung der übertragenen Regelungskompetenzen verlagert.

11. Der Übertragung der Regulierungsermächtigung auf unabhängige Behörden liegt das Bestreben zugrunde, die Wirtschaftsregulierung als „technische" Materie funktional gegenüber der Politik zu isolieren, um auf diese Weise Stabilität und Kontinuität der Regulierung zu garantieren. Der Ermessensspielraum der Behörden wird jedoch durch eine weitgehende laufende politische Kontrolle durch die Fach- und Haushaltsausschüsse des Kongresses kompensiert.

12. Die Tendenz der Lehre und Rechtsprechung geht dahin, die Verwaltung weniger durch gesetzgeberische „standards" im Ermächtigungsgesetz und der gerichtlichen Nachprüfung ihrer Einhaltung rechtlich zu binden, sondern sie anzuhalten, im Zusammenwirken mit den Kongreßausschüssen und den betroffenen Interessen selbstbindende Regulierungsprogramme aufzustellen.

Literaturverzeichnis

Adam, Robert: Die Administrative Agencies in den USA, DVBl 1959, 641

Adams, Henry C.: Economics and Jurisprudence (1897), and The Relation of the State to Industrial Action (1887). Two Essays, New York 1954

Aiken, Charles: An Impact of the United States Supreme Court on Three Problems of the 20th Century, in: Die moderne Demokratie und ihr Recht, Festschrift für Gerhard Leibholz, Bd. 2, Tübingen 1966, S. 375 ff.

Albert, Gerd: Stellung, Funktion und verfassungsrechtliche Problematik der Independent Commissions in den Vereinigten Staaten von Amerika, Berlin 1971

Almond, Gabriel und James *Coleman:* The Politics of the Developing Areas, Princeton 1960

Almond, Gabriel und G. B. *Powell:* Comparative Politics: A Development Approach, Boston 1966

van Alstyne, Arvo: Judicial Protection of the Individual against the Executive of the United States of America, in: Max Planck Institut für ausländisches öffentliches Recht und Völkerrecht (Hrsg.): Gerichtsschutz gegen die Exekutive, Länderberichte, Bd. 2, Köln 1970, S. 1123 ff.

Anderson, James A.: The Emergence of the Modern Regulatory State, Washington D. C. 1962

Anschütz, Gerhard und Richard *Thoma:* Handbuch des deutschen Staatsrechts, Bd. 2, Tübingen 1932

Avenarius, Hermann: Selbstgesetzte Entscheidungsregeln der Bundesverwaltungsbehörden in den USA, DÖV 1971, 223 ff.

Badura, Peter: Verwaltungsrecht im liberalen und sozialen Rechtsstaat, Tübingen 1966

— Wirtschaftsverwaltungsrecht, in: v. Münch (Hrsg.), Besonderes Verwaltungsrecht, 3. Aufl., Bad Homburg 1972

— Wirtschaftsverfassung und Wirtschaftsverwaltung, Frankfurt 1971

Baker, W. E.: Policy by Rule or Ad Hoc Approach — Which Should it Be?, 22 Law and Contemporary Problems 658 ff. (1957)

Becker, Franz: Das allgemeine Verwaltungsverfahren in Theorie und Gesetzgebung — Eine rechtsvergleichende Untersuchung, Stuttgart 1960

Benjamin, A.: A Lawyer's View of Administrative Procedure — The American Bar Association Program, 26 Law and Contemporary Problems, 203 ff. (1961)

Bernhardt, Rudolf: Eigenheiten und Ziele der Rechtsvergleichung, ZaöRV Bd. 24 (1964), S. 431 ff.

Bernstein, Marver H.: Regulating Business by Independent Commission, Princeton 1955

v. Beyme, Klaus: Das präsidentielle Regierungssystem der Vereinigten Staaten in der Lehre der Herrschaftsformen, Karlsruhe 1967

Bickel, Alexander: The Supreme Court, 1960 Term — Forewood: The Passive Virtues, 75 Harvard Law Review 40 ff. (1961)

Böckenförde, Ernst-Wolfgang: Gesetz und gesetzgebende Gewalt, Berlin 1958

Blachly, Frederick F. und Miriam E. *Oatman:* Administrative Legislation and Adjudication, Washington D. C. 1934

— Federal Regulatory Action and Control, Washington D. C. 1940

Bloch, Ernst: Freiheit und Ordnung — Abriß der Sozialutopien, Hamburg 1969

Boyer, William W.: Bureaucracy on Trial — Policy Making by Government Agencies, Indianapolis 1964

Breuckmann, Elmar: Grundzüge des Federal Administrative Procedure Act, Diss. jur. Mainz 1963

Bullinger, Martin: Staatsaufsicht in der Wirtschaft, VVDStRL 22 (1965), S. 264 ff.

Burns, James MacGregor: The Deadlock of Democracy — Four-Party Politics in America, Englewood Cliffs 1963

— Congress on Trial — The Legislative Process and the Administrative State, 2. Aufl., New York 1966

Buxbaum, Richard M.: Economic Law in the United States of America, in: Rinck, Gerhard (Hrsg.), Begriff und Prinzipien des Wirtschaftsrechts, Frankfurt 1971, S. 11 ff.

Byse, Clark und Robert A. *Riegert:* Das amerikanische Bundesverwaltungsverfahrensgesetz von 1946, in: Külz/Neumann (Hrsg.), Staatsbürger und Staatsgewalt — Verwaltungsrecht und Verwaltungsgerichtsbarkeit in Geschichte und Gegenwart, Bd. 1, Karlsruhe 1963, S. 405 ff.

Cardozo, Benjamin N.: The Nature of the Judicial Process, 14. Aufl., New Haven 1948

Carnegie, Andrew: The Gospel of Wealth and Other Timely Essays, Cambridge 1900

Carner, Thomas N.: Essays on Social Justice, New York 1915

Carr, Cecil T.: Delegated Legislation, Cambridge 1921

Carrow, Milton M.: The Background of Administrative Law, Newark 1948

Cary, William L.: Politics and the Regulatory Agencies, New York 1967

— Why I Oppose the Divorce of the Judicial Function from Federal Regulatory Agencies, 51 American Bar Association Journal, 33 ff. (1965)

Center for the Study of Democratic Institutions: Model for a New Constitution, Santa Barbara 1970

Chamberlain, Lawrence H.: The President, Congress and Legislation, New York 1946

Comer, J. B.: Legislative Functions of National Administrative Authorities, Washington D. C. 1927

Corwin, Edward S.: The Progress of Constitutional Theory 1776 - 1787, 30 American History Review, 385 ff. (1925)

Cotter, Cornelius P. und J. Malcolm *Smith:* Administrative Accountability: Reporting to Congress, 10 Western Political Quarterly, 405 ff. (1957)

Cushman, Robert E.: The Constitutional Status of the Independent Regulatory Commissions, 24 Cornell Law Quarterly, 13 ff. (1938)

— The Independent Regulatory Commissions, New York 1941

Dahl, Robert: A Preface to Democratic Theory, Chicago 1956

Davidson, Roger H.: Congress and the Executive: The Race for Representation, in: Congress: The First Branch of Government, Washington D. C. 1966, S. 377 ff.

Davis, Kenneth C.: Administrative Law Treatise, 4 Bde., St. Paul 1958, Ergänzungsband, St. Paul 1970

— Discretionary Justice, Baton Rouge 1969

De Grazia, Alfred: Toward a New Model of Congress, in: Congress: The First Branch of Government, Washington D. C. 1966, S. 1 ff.

Dexter, Lewis A.: „Check and Balance" Today: What Does it Mean for Congress and Congressmen?, in: Congress: The First Branch of Government, Washington D. C. 1966, S. 83 ff.

Dickinson, John: Administrative Justice and the Supremacy of Law in the United States, New York 1927

Dimock, Marshall E.: Business and Government, 4. Aufl., New York 1961

Ehmke, Horst: Wirtschaft und Verfassung — Die Verfassungsrechtsprechung des Supreme Court zur Wirtschaftsregulierung, Karlsruhe 1961

— „Delegata Potestas Non Potest Delegari" — A Maxim of American Constitutional Law, 47 Cornell Law Quarterly, 50 ff. (1961)

Ellwein, Thomas und Axel *Görlitz:* Parlament und Verwaltung, 1. Teil: Gesetzgebung und politische Kontrolle, Stuttgart 1967

Fainsod, Merle, Lincoln *Gordon* und Joseph *Palamountain:* Government and the American Economy, 3. Aufl., New York 1959

Fanning, John F.: The National Labor Relations Board: Reflections, Footnotes and Perspectives, 9 Boston College Industrial and Commercial Law Review, 805 ff. (1970)

Farrington, Robert L.: The Limitations upon the Delegation of Power by the Federal Legislature, Washington D. C. 1941

Fesler, James W.: Independent Regulatory Agencies, in: Morstein Marx (Hrsg.), Elements of Public Administration, 2. Aufl., New York 1959, S. 191 ff.

Finer, Hermann: Administrative Responsibility in Democratic Government, 1 Public Administration Review, 335 ff. (1941), abgedr. in: Woll (Hrsg.), Public Administration and Policy, New York 1966, S. 247 ff.

Fisher, Ben C.: Rule Making Activities in Federal Administrative Agencies, 17 Administrative Law Review, 252 ff. (1965)

Florian, Winfried: Die Independent Regulatory Commissions im amerikanischen Administrative Process, Diss. jur., Marburg 1953

Forsthoff, Ernst: Montesquieus Esprit des Lois, DRiZ 1948, 405 ff.

Fraenkel, Ernst: Das amerikanische Regierungssystem, 2. Aufl., Köln 1962

Frankfurter und *Davison:* Cases and Materials on Administrative Law, 2. Aufl., Chicago 1935

Freeman, J. Leiper: The Political Process: Executive Bureau — Legislative Committee Relations, 2. Aufl., New York 1965

Freund, Ernst: Administrative Powers over Persons and Property, Lancaster, Pa. 1928

Friedmann, Wolfgang: Law in a Changing Society, Berkeley 1959

Friedrich, Carl Joachim: Constitutional Government and Democracy, 4. Aufl., Waltham 1968, deutsch: Der Verfassungsstaat der Neuzeit, Berlin 1953

Friendly, Henry J.: The Federal Administrative Agencies — The Need for Better Definition of Standards, Cambridge 1962

Fuchs, Ralph F.: Procedure in Administrative Rule-Making, 52 Harvard Law Review, 259 ff. (1938)

— Agency Development of Policy Through Rule Making, 59 Northwestern University Law Review, 781 ff. (1965)

Garner, James W.: Introduction to Political Science, Baton Rouge 1910

Geck, Wilhelm Karl: Die Übertragung rechtsetzender Gewalt in den Vereinigten Staaten von Amerika, in: Die Übertragung rechtsetzender Gewalt im Rechtsstaat, Frankfurt 1952, S. 221 ff.

Gellhorn, Walter und Clark *Byse:* Administrative Law — Cases and Comments, 4. Aufl., Brooklyn 1960

Gellhorn, Walter: Federal Administrative Proceedings, Baltimore 1941

Ginnane, R. W.: The Control of Federal Administration by Congressional Resolution and Committees, 66 Harvard Law Review, 569 ff. (1953)

Goodnow, Frank: Politics and Administration, New York 1900

— Comparative Administrative Law, 2 Bde., New York 1893

Griffith, Ernest S.: Congress — Its Contemporary Role, 4. Aufl., New York 1967

Grimm, Dieter: Aktuelle Tendenzen in der Aufteilung gesetzgeberischer Funktionen zwischen Parlament und Regierung, Zeitschrift für Parlamentsfragen 1970, 448 ff.

— Verfassungsfunktion und Grundgesetzreform, AöR Bd. 97 (1972), S. 489 ff.

Gronlund, Laurence: The Cooperative Commonwealth, Boston 1884

Gulick, Luther: Politics, Administration and the New Deal, 169 Annals of the American Academy, 60 ff. (1933)

Gwyn, W. B.: The Meaning of the Separation of Powers, New Orleans 1965

Hamann, Andreas und Hermann *Lenz:* Grundgesetz, 3. Aufl., Neuwied 1970

Hamilton, Alexander, James *Madison* und John *Jay:* The Federalist Papers (1787/88), New York 1961

Harris, Joseph P.: Congressional Control of Administration, Washington D. C. 1964

Hart, James: Limits of Legislative Delegation, 221 Annals of the American Academy, 87 ff. (1942)

— Some Aspects of Delegated Rule Making, 25 Virginia Law Review, 810 ff. (1939)

Hasskarl, Horst: Die Rechtsprechung des Bundesverfassungsgerichts zu Art. 80 Abs. 1 Satz 2 Grundgesetz, AöR Bd. 94, 85 (1969)

Hector, Louis J.: Problems of the Civil Aeronautics Board and the Independent Regulatory Commissions. Memorandum to President Eisenhower, abgedr. bei Gellhorn/Byse: Administrative Law, S. 56 ff.

Heller, Hermann: Der Begriff des Gesetzes in der Reichsverfassung, VVDStRL 4 (1927), S. 98 ff.

Helstad, O. L. und William *Boyer*: Legislative Controls of Administrative Rule Making, 41 American Bar Association Journal, 1048 ff. (1955)

Herring, Pendleton: Federal Commissioners: A Study of their Carreers and Qualifications, New York 1936

— Public Administration and the Public Interest, New York 1936

Hesse, Konrad: Grundzüge des Verfassungsrechts der Bundesrepublik Deutschland, 6. Aufl., Karlsruhe 1973

Holmes, Oliver W.: The Correspondence of Mr. Justice Holmes and Harold Laski (siehe unter Howe)

Howe, Mark De Wolfe (Hrsg.): The Correspondence of Mr. Justice Holmes and Harold Laski, 2 Bde., Cambridge 1953

Huntington, Samuel P.: Congressional Responses to the Twentieth Century, in: David Truman (Hrsg.), The Congress and America's Future, Englewood Cliffs 1965, S. 5 ff.

Imboden, Max: Montesquieu und die Lehre der Gewaltentrennung, Berlin 1959

— Die Staatsformen — Versuch einer psychologischen Deutung staatsrechtlicher Dogmen, Basel 1959

Jacob, Charles E.: Policy and Bureaucracy, Princeton 1966

Jaffe, Louis L.: Judicial Control of Administrative Action, Boston 1965

— The Independent Agency — A New Scapegoat, in: Gellhorn/Byse, Administrative Law, S. 73 ff.

Jesch, Dietrich: Gesetz und Verwaltung, Tübingen 1961

Jordan, Gerald I.: Three Models of Political and Social Change, 22 Administrative Law Review, 529 ff. (1970)

Kaiser, Joseph: Vergleich im öffentlichen Recht, ZaöRV Bd. 24, S. 391 ff. (1964)

Kales, Albert: Unpopular Government in the United States, Chicago 1914

Kewenich, Wilhelm: Staatsrechtliche Probleme parlamentarischer Mitregierung am Beispiel der Arbeit der Bundestagsausschüsse, Frankfurt 1970

— Reform der Regierungsermächtigung zum Erlaß von Rechtsverordnungen (Art. 80 GG) — Ein Mittel zum Vollzug oder zur Umgehung des parlamentarischen Willens, Zeitschrift für Parlamentsfragen 1973, S. 244 ff.

Key jr., V. O.: Legislative Control, in: Morstein Marx (Hrsg.), Elements of Public Administration, 2. Aufl., 1959, S. 312 ff.

Kirst, Michael W.: Government Without Passing Laws — Congress' Non-Statutory Techniques for Appropiations Control, Chapel Hill 1969

Klein, Friedrich: Verordnungsermächtigungen nach deutschem Verfassungsrecht, in: Die Übertragung rechtsetzender Gewalt im Rechtsstaat, Frankfurt 1952, S. 7 ff.

Koontz, Harold und Richard W. *Gable:* Public Control of Economic Enterprise, New York 1956

Knust, H.: Montesquieu und die Verfassungen der Vereinigten Staaten von Amerika, München 1922

Landis, James M.: The Administrative Process, 7. unveränderte Aufl., New Haven 1966

— Report on Regulatory Agencies to the President-Elect, Committee Print — Subcommittee on Administrative Practice and Procedure of the Senate Committee on the Judiciary, 86th Congress, 2nd Session (1960)

Lange, Hans-Richard: Die neuere Rechtsprechung des Bundesverfassungsgerichts zu Rechtsverordnungsermächtigungen, JZ 1968, 417 ff.

Laski, Harold: The Limitations of the Expert, Harper's Magazine, Bd. 162, S. 101 ff. (1930), abgedr. in: Committee Print — Senate Committee on Government Operations, 90th Congress, 2nd Session (1968), S. 50 ff.

— The American Democracy, New York 1958

— The Correspondence of Mr. Justice Holmes and Harold Laski (siehe unter Howe)

Lavery, Urban A.: Federal Administrative Law — Its Practice and Application, St. Paul 1952

Lees, J. D.: Legislative Review and Bureaucratic Responsibility — The Impact of Fiscal Oversight by Congress on the American Federal Administration, 45 Public Administration, 369 ff. (1967)

Leibholz, Gerhard: Die Kontrollfunktion des Parlaments, in: Leibholz, Strukturprobleme der modernen Demokratie, 3. Aufl., Karlsruhe 1967, S. 295 ff.

Leiserson, Avery: Administrative Regulation — A Study in Representation of Interests, Chicago 1942

Levitan, Davis M.: The Responsibility of Administrative Officers in a Democratic Society, 61 Political Science Quarterly, 562 (1946)

Locke, John: The Second Treatise of Government (1690), zitiert nach der Ausgabe The Library of Liberal Arts, Indianapolis 1952

Loewenstein, Karl: Verfassungsrecht und Verfassungspraxis der Vereinigten Staaten, Berlin 1959

Luhmann, Niklas: Recht und Automation in der öffentlichen Verwaltung, Berlin 1966

— Theorie der Verwaltungswissenschaft, Köln 1966

MacIntyre, Everette und Joachim *Volhard:* The Federal Trade Commission, in: The Federal Regulatory Agencies During the Decade of the 1960s — A Symposium, 9 Boston College Law Review (1970)

MacMahon, Arthur W.: Congressional Oversight of the Administration: The Power of the Purse, 58 Political Science Quarterly, 161 ff., 380 ff. (1943)

v. Mangoldt, Hermann und Friedrich *Klein:* Grundgesetz, 2 Bde., 2. Aufl., Berlin, 1. Bd. 1957, 2. Bd. 1964

Mansfield, Harvey C.: The Congress and Economic Policy, in: David Truman (Hrsg.), Congress and America's Future, Englewood Cliffs 1965, S. 121 ff.

Mayers, Lewis: The American Legal System — The Administration of Justice in the United States by Judicial, Administrative, Military, and Arbitrary Tribunals, 2. Aufl., New York 1964

Maunz, Theodor, Günther *Dürig* und Roman *Herzog:* Grundgesetz, 3. Aufl. (Loseblattsammlung), München 1971

McConnell, G.: Private Power and American Democracy, New York 1966

Merrill, Maurice H.: Standards — A Safeguard for the Exercise of Delegated Power, 47 Nebraska Law Review, 469 ff. (1968)

Montesquieu: De l'Esprit des Lois (1748), zitiert nach der Ausgabe Edition Garnier Frères, Paris 1961

Morstein Marx, Fritz: The Departmental System, in: ders. (Hrsg.), Elements of Public Administration, 2. Aufl., Englewood Cliffs 1959

— Amerikanische Verwaltung — Hauptgesichtspunkte und Probleme, Berlin 1963

— Einführung (zum APA), in: Ule/Becher/König, Verwaltungsverfahrensgesetze des Auslands, 2 Bde., Berlin 1967, Bd. 2, S. 899 ff.

Myrdal, Gunnar: An American Dilemma — The Negro Problem and Modern Democracy, New York 1944

Nagel, Stuart und Martin *Lubin:* Regulatory Commissioners and Party Politics, 17 Administrative Law Review, 39 ff. (1964)

Nelson, Dalmas H.: Administrative Agencies in the USA: Their Decision and Authority, Detroit 1964

Newman, Frank C.: How Courts Interpret Regulations, 35 California Law Review, 509 ff. (1947)

Newman, Frank C. und Harry J. *Keaton:* Congress and the Faithful Execution of Law — Should Legislators Supervise Administrators?, 41 California Law Review, 565 (1953/54)

Nutting, Charles B.: Congressional Delegations since the Schechter Case, 14 Missouri Law Journal, 350 ff. (1942)

Ossenbühl, Fritz: Verwaltungsvorschriften und Grundgesetz, Bad Homburg 1968

Parker, Reginald: Administrative Law — A Text, Indianapolis 1952

Pearson, Drew und Jack *Anderson:* The Case Against Congress — A Compelling Indictment of Corruption on Capitol Hill, New York 1968

Peck, C. J.: The Atrophied Rule-Making Powers of the National Labor Relations Board, 70 Yale Law Journal, 729 ff. (1961)

Pelny, Stefan E.: Die legislative Finanzkontrolle in der Bundesrepublik Deutschland und in den Vereinigten Staaten von Amerika, Berlin 1972

Ranney, Austin: The Doctrine of Responsible Party Government, Urbana 1962

Redford, Emmette S.: National Regulatory Commissions: Need for a New Look, Austin 1959

— Administration of National Economic Control, New York 1952

Rhode, William E.: Committee Clearance of Administrative Decisions, East Lansing, Mich. 1959

Riegert, Robert: Das amerikanische Administrative Law, Berlin 1967

Roosevelt, Theodore: The New Nationalism, New York 1910

Rosenberry, J.: Administrative Law and the Constitution, 23 American Political Science Review, 32 ff. (1929)

Rourke, Francis E.: Bureaucracy, Politics, and Public Policy, Boston 1969

Rupp, Hans Heinrich: Grundfragen der heutigen Verwaltungsrechtslehre, Tübingen 1965

Saipa, Axel: Politischer Prozeß und Lobbyismus in der Bundesrepublik und in den USA, Diss. jur., Göttingen 1971

Saipa, Axel und Hans Georg *Schütze:* Das öffentlich-rechtliche Schrifttum der Vereinigten Staaten von Amerika — Überblick und Analyse, AöR Bd. 96 (1971), S. 113 ff.

Sapp, Carl: Executive Assistance in the Legislative Process, in: Peter Woll (Hrsg.), Public Administration and Policy, New York 1966

Scharpf, Fritz: Die politischen Kosten des Rechtsstaats — Eine vergleichende Studie der deutschen und amerikanischen Verwaltungskontrollen, Tübingen 1970

— Planung als politischer Prozeß, Die Verwaltung 1970, S. 1 ff.

Scher, Seymour: Congressional Committee Members as Independent Agency Overseers, 54 American Political Science Review, 911 ff. (1960)

Scheuner, Ulrich: Ausländische Erfahrungen zum Problem der Übertragung rechtsetzender Gewalt, in: Die Übertragung rechtsetzender Gewalt im Rechtsstaat, Frankfurt 1952, S. 118 ff.

— Die staatliche Intervention im Bereich der Wirtschaft, VVDStRL Bd. 11 (1954)

Schlephorst, Hubert: Amerikanisches Verwaltungsrecht im Spannungsfeld zwischen zunehmender staatlicher Betätigung und bürgerlichen Freiheitsrechten, Diss. jur., Münster 1963

Schmidt, Volkhart: Wirtschaftslenkung und marktgerechte Maßnahmen, Diss. jur., Göttingen 1967

Schneider, Hans: Der Niedergang des Gesetzgebungsverfahrens, in: Festschrift für Gebhard Müller, Tübingen 1970, S. 421 ff.

— Über den Beruf unserer Zeit für Gesetzgebung, NJW 1962, 1273 ff.

Schubert, Glendon: The Public Interest, New York 1960

Schwartz, Bernhard: A Commentary on the Constitution of the United States, 2 Bde., New York 1963 und 1968

Shapiro, D. L.: The Choice of Rule Making or Adjudication in the Development of Administrative Policy, 78 Harvard Law Review, 921 ff. (1965)

Sharfman, I. L.: The Interstate Commerce Commission, 5 Bde., New York 1931 bis 1937

Sharp, M. P.: The Classical American Doctrine of the Separation of Powers, 2 University of Chicago Law Review, 385 ff. (1934)

Simon, Herbert A.: Administrative Behaviour — A Study of Decision Making Processes in Administrative Organization, 2. Aufl., New York 1958, *deutsch:* Das Verwaltungshandeln, Stuttgart 1955

Smead, Elmer E.: Governmental Promotion and Regulation of Business, New York 1969

Starck, Christian: Ermächtigung zum Erlaß von Verordnungen, Baden-Baden 1972

Stason und *Cooper:* The Law of the Administrative Tribunals, 3. Aufl., Chicago 1957

Steffani, Winfried: Amerikanischer Kongress und deutscher Bundestag — Ein Vergleich, in: Kurt Kluxen (Hrsg.), Parlamentarismus, Köln 1967, S. 230 ff.

Stirnberg, Joseph: Die judiziellen Funktionen von Verwaltungsbehörden in den USA, Diss. jur., Marburg 1957

Strebel, Helmut: Vergleichung und vergleichende Methode im öffentlichen Recht, ZaöRV Bd. 24 (1964), S. 405 ff.

Sumner, William G.: Essays, hrsg. von Keller, Albert G. und Maurice Davie, 2 Bde., New York 1934

de Tocqueville, Alexis: Die Demokratie in Amerika, hrsg. von v. d. Heydte, Regensburg 1955

Triepel, Heinrich: Delegation und Mandat im öffentlichen Recht, Stuttgart 1942

Ule, Carl Hermann: Verwaltungsverfahren und Verwaltungsprozeß, Verwaltungsarchiv 1971, S. 114 ff.

Ule/Becker/König: Verwaltungsverfahrensgesetze des Auslandes, 2 Bde., Berlin 1967

Vanderbilt, Arthur T.: The Doctrine of the Separation of Powers and its Present-Day Significance, Lincoln, Nebr. 1953

Vile, M. J. C.: Constitutionalism and the Separation of Powers, Oxford 1967

Vogel, Klaus: Gesetzgeber und Verwaltung, VVDStRL Bd. 24 (1966)

Weber, Werner: Die Teilung der Gewalten als Gegenwartsproblem, in: Festschrift für Carl Schmitt, Berlin 1959, S. 253 ff.

Weeks, Douglas: Legislative Power versus Delegated Legislative Power, 25 Georgetown Law Journal, 314 ff. (1937)

Weyer, Hermann: Das Verordnungsrecht der Exekutive als Gewaltenproblem, Diss. jur., Göttingen 1956

Willis, John: Three Approaches to Administrative Law: The Judicial, the Conceptual, and the Functional, in: Association of American Law Schools (Hrsg.), Selected Essays on Constitutional Law, Bd. 4, Chicago 1938

Wilke, Dieter: Bundesverfassungsgericht und Rechtsverordnungen, AöR Bd. 98 (1973), S. 196 ff.

Wilson, Woodrow: Congressional Government, Boston 1885

— The Study of Administration (1887), abgedr. bei Peter Woll (Hrsg.), Public Administration and Policy, New York 1966, S. 15 ff.

— Constitutional Government in the United States, New York 1908

Winkelmann, Rudolf: Die Rechtsprechung des Bundesverfassungsgerichts zu Art. 80 Grundgesetz, NJW 1959, 961 ff.

Witte, Edwin E.: Administrative Agencies and Statute Law Making, in: Peter Woll (Hrsg.), Public Administration and Policy, New York 1966, S. 153 ff.

Wolff, Bernhard: Die Ermächtigung zum Erlaß von Rechtsverordnungen nach dem Grundgesetz, AöR Bd. 78 (1952), S. 194 ff.

Woll, Peter: American Bureaucracy, New York 1963

Zuleeg, Manfred: Die Ermessensfreiheit des Verordnungsgebers, DVBl. 1970, 157 ff.

Note: Laying on the Table — A Device for Legislative Control of Delegated Powers, 65 Harvard Law Review, 637 ff. (1952)

Note: Judicial Review of Reversals of Policy by Administrative Agencies, 68 Harvard Law Review, 1251 ff. (1955)

Note: Administrative Law Making Through Adjudication: The National Labor Relations Board, 45 Minnesota Law Review, 609 ff. (1961)

Symposium on the Federal Regulatory Agencies during the Decade of the 1960s, 9 Boston College Industrial and Commercial Law Review, 565 ff. (1970)

Symposium on the Regulatory Functions of the Department of Agriculture, 26 George Washington Law Review, 127 ff. (1958)

The Attorney General's Committee on Administrative Procedure: Final Report, Washington D. C. 1941

The President's Committee on Administrative Management: Report: Administrative Management in the Government of the United States, Washington D. C. 1937

U.S. Commission on Organization of the Executive Branch of the Government (Hoover Commission): Concluding Report to Congress, Washington D. C. 1949

Task Force on Regulatory Commissions (Appendix N), Prepared for the Commission on the Executive Branch of the Government, Washington D. C. 1949

U.S. Department of Agriculture: Administrative Procedure and Practice in the Department of Agriculture under the Packers and Stockyard Act, Washington D. C. 1939

House Subcommittee of Legislative Oversight: Budget Bureau Censorship and Control of Independent Agency and Other Matters, 86th Congress H. R., 2nd Session (1960)

Senate Subcommittee on Separation of Powers: Congressional Oversight of Administrative Agencies — Report, 91st Congress, 1st Session (1970)

Office of the Federal Register: United States Government Organization Manual 1970/71, Washington D. C. 1970

FSC
www.fsc.org
MIX
Papier | Fördert gute Waldnutzung
FSC® C083411

Kolibri 360 GmbH
Ferdinand-Jühlke-Straße 7
99095 Erfurt, Deutschland
produktsicherheit@kolibri360.de

Druck:
CPI Druckdienstleistungen GmbH
im Auftrag der
Kolibri 360 GmbH
Ferdinand-Jühlke-Str. 7
99095 Erfurt